DER DICHTER STIRBT

Ernst Pawel

Der Dichter stirbt

Heinrich Heines letzte Jahre in Paris

Aus dem Englischen
von Regina Schmidt-Ott

Berlin Verlag

Der Verlag dankt dem Heinrich-Heine-Institut Düsseldorf
für die freundliche Unterstützung.

Die Originalausgabe erschien 1996
unter dem Titel
The Poet Dying. Heinrich Heine's Last Years in Paris
bei Farrar, Straus and Giroux in New York

Umschlaggestaltung:
Nina Rothfos und Patrick Gabler, Hamburg
Gesetzt aus der Goudy durch
psb – presse service berlin
Druck & Bindung: Franz Spiegel Buch GmbH, Ulm
Printed in Germany 1997
ISBN 3-8270-0233-8

Gedruckt auf chlor- und säurefreiem Papier

I Scheinheilige Achtung und unverhüllte Schadenfreude, dieses fragwürdige Gemisch, mit dem mehrere deutsche Zeitungen Heinrich Heines Tod bereits im Sommer 1847 meldeten, spiegelt nicht nur die geheimen Wünsche derer wider, die diese verfrühten Nachrufe boshaft oder leichtgläubig zusammengebraut hatten, sondern auch Heinrich Heines lange bewahrte höchst zwiespältige Stellung in Literatur und Politik. Er war unbestreitbar der populärste deutsche Dichter seit Goethes Tod, aber auch ein Mann, der es stets darauf angelegt hatte, sich Freunde und Feinde gleichermaßen zu Gegnern zu machen.

Heines besondere Gabe, sich Feinde zu schaffen, mochte zwar in engem Zusammenhang mit seiner poetischen Inspiration stehen, erwies sich aber im Laufe seines Lebens oft als äußerst problematisch. Als glänzender Polemiker wehrte er sich gegen Angriffe mit übertriebener Heftigkeit: mindestens in zwei bekannten Fällen trafen seine Schläge ihn selbst und brachten seinem Widersacher weit mehr Sympathie ein, als dieser verdiente. Ein ausgeprägter Sinn für Gerechtigkeit und ein Hang zur Ironie verleiteten ihn regelmäßig dazu, wild und witzig um sich zu schlagen, ohne in der Wahl des Ziels besonders zimperlich zu sein. Seine überraschenden, dem Angreifer oft zuvorkommenden Attacken und seine entschiedene Vorliebe, Backenstreiche auszuteilen, anstatt sie hinzunehmen, erschienen seinen Zeitgenossen als deutlicher und erschreckender Bruch mit der alten jüdischen Tradition, Aggression Passivität entgegenzusetzen. Aber auch ohne besondere Anstrengung hätte Heine, allein durch seine Art, mühelos breite Schichten der deutschen Öffentlichkeit quer durch das politische Spektrum gegen sich aufbringen können.

Er schien von einem tiefen inneren Konflikt und äußeren Widersprüchen zerrissen, besaß jedoch im Kern eine gefestigte Identität. Über dem Radikalen, der die Revolution fürchtete, dem Monarchisten, der Könige verhöhnte, stand auch in seinen Essays und zahlreichen journalistischen Schriften zuallererst, zuallerletzt und immer der Dichter Heine. Und gerade die fast spielerische Kraft und verblüffende Wendigkeit seiner Sprache machten ihn im tiefsten Wesen rebellisch, auch wenn er sich gelegentlich bemühte, anders zu erscheinen. Provozierende Einfachheit und beißender Witz, die er in die deutsche Prosa ebenso wie in die deutsche Poesie einführte, forderten die gängige teutonische Gespreiztheit heraus, und die wackeren christlichen Bürger des Landes, das er mit unnatürlicher Beharrlichkeit als sein Vaterland beanspruchte, waren gebührend empört über das, was sie zutreffend als Eindringen fremden Geistes erlebten. Seine Bücher waren verboten – ein Grund, warum sie sich so gut verkauften –, Heine selbst ins Exil getrieben – ein Grund, warum er sich zeitlebens nach einem Land sehnte, in dem zu leben er nicht ertragen konnte.

*

Die Nachricht von Heines Tod erwies sich als verfrüht, obwohl sie zu einer Zeit die Runde machte, da sowohl Heine als auch seine Ärzte jeden Augenblick mit seinem Ende rechneten. Bereits im April hatte er »verflucht schlechte brustglucksende Nächte; hätte ich nicht Frau und Papagey, ich würde (Gott verzeih mir die Sünde) wie ein Römer der Misère ein Ende machen!«[1] Hätte er gewußt, daß sich seine Agonie noch über weitere acht Jahre hinziehen sollte, hätte er seine Bedenken vielleicht überwunden.

Heines Geburtsdatum ist von Geheimnis umgeben oder absichtlich zum Geheimnis gemacht worden. Berichtet wird abwechselnd vom Dezember 1797 oder 1799. Alle amtlichen Register sind verschiedenen Feuersbrünsten zum Opfer gefallen. Er selbst bestand auf dem späteren Datum.[2] Als seine Krankheit in ihr letztes zerstörerisches Stadium trat, war er also höchstens neunundvierzig Jahre alt.

Über die wahre Natur seiner Krankheit ist viel spekuliert und gestritten worden. Die ersten Symptome – eine vorübergehende Lähmung der Augenlider und zweier Finger – scheinen bereits 1831 aufgetreten zu sein, aber schon in seiner Studentenzeit litt Heine an jenen quälenden Kopfschmerzen, die einige Experten als Hinweis auf eine mögliche erbliche Krankheit deuteten. 1837 war seine Sehkraft derart beeinträchtigt, daß er fürchtete, unmittelbar zu erblinden. Er erholte sich zeitweise, mit fortschreitender Krankheit traten jedoch immer wieder Sehstörungen auf. 1843 klagt er über eine Lähmung der linken Gesichtshälfte und Taubheit in den linken Gliedmaßen, was den Verdacht auf einen Schlaganfall nahelegte. Sein Gesundheitszustand verschlechterte sich plötzlich im Dezember 1844, unmittelbar nach dem Tod seines Onkels Salomon, des mehrfachen Millionärs und Bruders seines untüchtigen und unbemittelten Vaters. Der lange Kampf zwischen dem Onkel, einem herrischen Kulturbanausen – »hätt' er was gelernt, so braucht er nicht zu schreiben Bücher«[3] –, von dessen finanzieller Unterstützung Heine und seine Familie abhängig waren, und dem arroganten Neffen – »Das Beste, was an Ihnen ist, besteht darin daß Sie meinen Namen tragen«[4] – hatte die ambivalente Heftigkeit eines ödipalen Konflikts mit allen emotionalen Begleiterscheinungen. Der förmliche Bescheid, daß der Onkel ihn in seinem letzten Willen nicht bedacht habe und daß auch die regelmäßige jährliche Unterstützung nicht weitergeführt werde[5], war ein solcher Schock, daß Heine ihn, wohl mit einigem Recht, für die dramatische Verschlechterung seines Gesundheitszustands verantwortlich machte. Er verbrachte den Sommer 1845 in den Schwefelbädern von Montmorency, wo er an einem fast unerträglichen Ausschlag laborierte. Im darauffolgenden Frühjahr wurde er von einer Lähmung der Stimmbänder befallen, die schließlich auch die Beine erfaßte. Bis Ende 1847 kam es jedoch noch immer wieder zu Besserungen, die ihm erlaubten, gelegentlich das Haus zu verlassen, wenngleich Engels nach einem Besuch bei ihm an Marx schrieb, daß es traurig sei, »so einen famosen Kerl so Stück für Stück absterben zu sehen«[6]. Aber nach seinem völligen Zusammenbruch Anfang Februar 1848, als die Beine und die Augenlider gelähmt, die Bewegungen der Arme nur unvollkommen zu beherrschen waren, verließ Heine, von Schmerzanfällen zermürbt, sein Zimmer nicht mehr. Bis zu seinem Tode acht Jahre später am 17. Februar 1856 blieb er mehr oder weniger lebendig in seiner »Matratzengruft« begraben. Es waren acht unendlich qualvolle Jahre. In dieser Zeit schrieb er einige seiner größten und anrührendsten Werke.

Heines Ärzten fehlte es zur damaligen Zeit sowohl an Instrumenten als auch an Wissen für eine zutreffende Diagnose. Das hinderte sie natürlich nicht, ihre fachmännischen Meinungen mit demselben Eifer zu verkünden, mit dem sie unterschiedlichste Behandlungen anwandten, von Blutegeln bis zu Einläufen, von Kauterisation der Wirbelsäule bis zum Einreiben von Opium in künstlich offengehaltene

Wunden. Heine selbst, der sich *faute de mieux* die Ansichten seiner Ärzte zu eigen machte, sprach von seiner Krankheit als syphilitisch bedingten Degenerationserscheinungen der Wirbelsäule, eine Ansicht, die erst fast hundert Jahre nach seinem Tod von verschiedenen Fachleuten mit anderen Diagnosevorschlägen ernsthaft in Frage gestellt wurde. So scheint zum Beispiel eine syphilitische Erkrankung äußerst selten ein fortgeschrittenes Stadium wie *Tabes dorsalis* zu erreichen, ohne geistige Fähigkeiten und emotionale Stabilität des Patienten ernstlich zu beeinträchtigen. Heine dagegen blieb bis zum letzten Lebenstag nachweislich klar und bemerkenswert heiter. Außerdem lebte er von 1834 bis zu seinem Tod mit Crescence Eugénie Mirat – die er als Mathilde unsterblich machte – in einer sicherlich nicht platonischen Verbindung. Mathilde, die er 1843 nach katholischem Ritus ehelichte, überlebte ihn jedoch in geradezu herausfordernder Gesundheit bis 1883.

Seither sind zahlreiche diagnostische Hypothesen aufgestellt worden, darunter angeborene neurologische Störungen, Porphyrie oder, noch wahrscheinlicher, amyotrophische Lateralsklerose und verschiedene Muskeldystrophien. Alle sind nur von rein akademischem Interesse und berühren unseren Eindruck von diesem siebzig Pfund schweren, zum Skelett abgemagerten Mann in keiner Weise, der, fast blind, unter starken Sedativa stand, sich oft nur flüsternd äußern konnte und dem es während seines unendlich langen Aufenthalts in dieser Hölle dennoch gelang, einen nicht versiegenden Strom kraftvoller Poesie und unvergleichlicher Prosa hervorzubringen.

Dieser Beweis für die – manchmal – über sich selbst hinauswachsende Größe des menschlichen Geistes ist um so erstaunlicher, als Heine uns bis zum Beginn seiner Krankheit, oder besser bis zum Ausbruch ihrer ersten ernsten Symptome Anfang seiner vierziger Jahre, in Briefen und polemischen Schriften und in den Berichten vieler Zeitgenossen als ungeheurer Egozentriker entgegentritt: seines Genies sicher, aber ständig mit Gesundheits-, Karriere- und Finanzproblemen beschäftigt. Die Wandlung dieses recht lautstarken Hypochonders zum leidgeprüften Beinaheheiligen zeigt seelische und geistige Kräfte, die weit über die von ihm selbst vermuteten hinausgehen: »Die gräßlichste Hoffnungslosigkeit mit einem Geleite von moralischen Torturen, die ich jedoch ebenfalls wie die physischen mit einer Ruhe ertrage, die ich mir selber nie zugetraut hätte.«[7]

Indem die Krankheit ihn isolierte und zuletzt fast von der ganzen Welt abschnitt, symbolisierte sie auch in grausiger und extremer Weise sein lebenslanges Schicksal: das des Außenseiters.

*

Er war von Anfang an ein Unangepaßter, ein Kuckucksei, ein unerklärlicherweise in einer äußerst prosaischen und kleinbürgerlichen Umgebung ausgebrütetes poetisches Genie. In der Welt seines millionenschweren Onkels war der junge Harry – diesen Namen hatte man ihm bei seiner Geburt angetan – das häßliche junge Entlein, der Taugenichts, der keine Zahlenreihe addieren konnte, aber die Kühnheit besaß, sich in die Tochter des Hauses zu verlieben. Auf der Universität schrieb er deutsche Gedichte, anstatt römisches Recht zu studieren. Die Gedichte brachten Ruhm, die Prosa traurige Berühmtheit. Da Respektlosigkeit und Witz in seinem Geburtsland »verboten« waren, verbrachte der größte deutsche Dichter seiner Generation die letzten fünfundzwanzig Jahre seines Lebens im Exil. Seine Bücher durften nicht erscheinen, gegen ihn selbst bestand ein Haftbefehl.

1834 ging der preußische Außenminister sogar so weit, die Todesstrafe für ihn zu fordern.

So unverschämt, schonungslos und treffend Heine auch schrieb: nichts hätte je diesen Furor teutonicus ganz rechtfertigen können. Was die Politiker Deutschlands in Wahrheit erboste und das Blut deutscher Patrioten in Wallung brachte, war der Umstand, daß der größte deutsche Dichter seiner Zeit zufällig Jude war.

Der Außenseiter per definitionem.

*

Nach dem Holocaust mag die Assimilation der deutschen Juden, angefangen mit Moses Mendelssohn im ausgehenden achtzehnten Jahrhundert, als verhängnisvoller Fehlschlag erscheinen, als schmerzlicher Prozeß der Selbsttäuschung, der schließlich in den Gaskammern endete. Diese etwas vereinfachende Sichtweise läßt außer acht, daß für Tausende ungenannter Juden, die im Laufe von zwei oder drei Generationen ihre religiösen und kulturellen Gewohnheiten so erfolgreich ablegten, daß sie völlig in der Gesellschaft aufgingen, Assimilation tatsächlich eine Option war, jedenfalls bis zur Nazizeit. Heines jüngerer Bruder Gustav gab in Wien eine konservative Zeitung heraus, wurde in Anerkennung seiner Verdienste um die Regierung geadelt und trat, nachdem er den adlig klingenden Mädchennamen seiner Mutter angenommen hatte, als Baron von Heine-Geldern in Erscheinung. Maximilian, der jüngste der drei Brüder, ein Arzt in der russischen Armee, erhob sich schlicht selbst in den Adelsstand und trat in St. Petersburg als Baron von Heine in den Ruhestand. Die Schwester Charlotte mußte sich mit einem Ehemann jüdischer Abstammung ohne Titel begnügen, ihr Sohn aber wurde Baron von Embden, und ihre

Tochter ehelichte einen Principe della Rocca. Innerhalb zweier Generationen wurde der gesamte Heine-Clan – einschließlich Onkel Salomons Sprößling – gründlich entjudaisiert.

Assimilation war also tatsächlich möglich, aber nur für diejenigen, die bereit waren, ihre Identität völlig aufzugeben und die herrschende Kultur anzunehmen. Selbst die judenfreundlichsten deutschen Liberalen – und deren gab es einige – erwarteten von einem Juden als Preis für den Eintritt in die zivilisierte Gesellschaft, daß er aufhörte, Jude zu sein und sich als solcher zu verhalten. Heine war weder fähig noch willens, diesen Preis zu zahlen.

Er war wie seine Geschwister aus rein praktischen Gründen konvertiert – nach Abschluß seines juristischen Studiums, als er in fast grotesk anmutender jugendlicher Selbstverkennung an eine diplomatische Karriere dachte. Für den Atheisten, der er damals war, schien die Konversion reine Formsache ohne jede geistliche Bedeutung, wenngleich er sie später aus prinzipiellen Gründen bedauerte. Er war ohne Frömmigkeit, hielt sich an keine Tradition und hätte vermutlich große Schwierigkeiten gehabt, sein Judentum zu definieren, aber seine deutschen Kritiker hatten natürlich nur allzu recht, wenn sie es in alles, was er je schrieb, hineinlasen. Der größte deutsche Dichter seiner Zeit war ein Jude, der die Deutschen von außen betrachtete – deshalb sah er sie so klar.

Die Krankheit machte den Außenseiter in kurzer Zeit zu einem Eremiten, einem Gefangenen, einem in seinem fast toten Körper begrabenen lebendigen Geist. Oder, wie er selbst in einer öffentlichen Erklärung sagte, »ich bin jetzt nur ein armer todtkranker Jude, ein abgezehrtes Bild des Jammers, ein unglücklicher Mensch!«[8]

II 1847 hatte sich der politische und wirtschaftliche Druck in Frankreich und damit in fast ganz Europa bis zu einem explosiven Höhepunkt gesteigert. Aber Heine – gewöhnlich ein scharfsinniger und außerordentlich sensibler Beobachter – nahm in diesem besonderen Fall die Anzeichen des drohenden Sturms nicht wahr. Das sei ihm angesichts seiner persönlichen Probleme gern verziehen.

Er lebte nun seit 1831 in Paris, war ursprünglich dorthin gelockt worden durch das, was – für kurze Zeit und aus der Entfernung – wie eine Reprise der Französischen Revolution von 1789 anmutete. In ganz Europa übte der Traum von *liberté, égalité, fraternité* immer noch seinen magischen Zauber auf diejenigen aus, die jung genug oder arm genug waren, einen Wandel willkommen zu heißen, während die zu Alten, zu Reichen oder zu Weisen sich vom Schreckgespenst der Guillotine verfolgt fühlten.

Nun verlief die Revolution von 1830 aber innerhalb von Tagen im Sande. Das ernüchternde Ergebnis war eine vor allem kosmetische Veränderung, ein dummer Despot – Karl X. – wurde durch einen gerissenen ersetzt, der als »Bürgerkönig« posierte. Aber Heine hatte andere und letzten Endes weit überzeugendere Gründe, Deutschland zu verlassen, das damals noch ein relativ lockerer Zusammenschluß tyrannischer Kleinstaaten unter preußischer Führung war. Tatsächlich schrieb er bereits 1826 von dem

Wunsch, seinem Vaterland den Rücken zu kehren. »Minder die Lust des Wanderns als die Qual persönlicher Verhältnisse (z. B. der nie abzuwaschende Jude) treibt mich von hinnen.«[9] In der damals herrschenden politisch reaktionären und scheinheilig christlichen Atmosphäre galt seine Prosa als subversiv und seine Dichtung als unanständig. Und während die gnadenlose Verfolgung durch Zensoren verschiedener Rechtsordnungen seinen Ruhm und seinen manchmal zweifelhaften Ruf steigerte, machte sie gleichzeitig Leben und Arbeit für einen Schriftsteller immer schwieriger, der von Natur aus unfähig zur Anpassung war – trotz gelegentlich echter Versuche. Im Frühjahr 1837 verbot Preußen zwei seiner neuen Bücher sofort nach Erscheinen, und Heine hatte Grund, eine Strafanzeige zu befürchten.

Paris, glitzernde Metropole mit fast einer Million Einwohnern und Zentrum der kultivierten Welt, bereitete dem bereits bekannten Dichter und gefeierten Feind der Tyrannei einen herzlichen Empfang, als er dort am 10. Mai eintraf. Sofort war er eine von der literarischen und künstlerischen Welt gefeierte Berühmtheit, so daß er sich zwar nicht zu Hause fühlte – er war jemand, der sich nirgends je zu Hause fühlte –, aber doch zumindest »wie ein Fisch im Wasser«: »Fragt Sie jemand, wie ich mich hier befinde, so sagen Sie: wie ein Fisch im Wasser. Oder vielmehr, sagen Sie den Leuten; daß, wenn im Meere ein Fisch den anderen nach seinem Befinden fragt, so antwortete dieser: ich befinde mich wie Heine in Paris.«[10]

Was als längerer Aufenthalt geplant war, wurde zu lebenslangem Exil, als die deutsche Bundesversammlung auf persönliches Ersuchen Metternichs Heines gesamte Schriften verbot und die preußische Polizei 1844 einen Haftbefehl gegen ihn ausstellte. In diesen idyllischen vortotalitären und technisch rückständigen Zeiten war keine dieser Drohungen besonders wirksam – Heines Bücher wurden weiterhin gedruckt und verkauft, und 1843 und 1844 machte er zwei heimliche, sehr kurze Reisen nach Deutschland. Aber Tatsache ist, daß er den Rest seines Lebens in Paris verbrachte. Mochte er auch noch so oft das harte Leben im Exil beklagen und wortreich seiner Sehnsucht nach der heimatlichen Erde Ausdruck verleihen: er blieb in Paris, weil er dorthin gehörte, nach Paris, der wahren Stadt der Weltbürger und dem einzigen Ort, wo der Außenseiter dazugehörte.

Was hätte er auch sonst für Möglichkeiten gehabt? »Denk ich an Deutschland in der Nacht, / Dann bin ich um den Schlaf gebracht«.[11] Oder die neuerdings unabhängige Heimat der Tapferen, das Land der Freiheit? »[...] soll ich nach Amerika [...]! dort giebt es weder Fürsten noch Adel, alle Menschen sind dort gleich, gleiche Flegel ... mit der Ausnahme freylich einiger Millionen, die eine schwarze oder braune Haut haben und wie die Hunde behandelt werden! Die eigentliche Sklaverey, die in den meisten nordamerikanischen Provinzen abgeschafft, empört mich nicht so sehr wie die Brutalität womit dort die freyen Schwarzen und die Mulatten behandelt werden. [...] Dabey machen die Amerikaner großes Wesen von ihrem Christenthum und sind die eifrigsten Kirchengänger. Solche Heucheley haben sie von den Engländern gelernt«.[12] Geschrieben im Jahre 1830.

Unter den gegebenen Umständen war Paris als Exil annehmbar.

*

Zwischen seiner triumphalen Ankunft in Paris und den unverkennbaren Anzeichen seines bevorstehenden körperlichen Zusammenbruchs im Jahre 1847 lagen sechzehn höchst bewegte Schaffensjahre mit Kontroversen, Skandalen, Erfolgen, Fehlschlägen und nicht enden wollenden finanziellen Schwierigkeiten. Bis zu seinem Tod war Geld seine fast ständige Sorge, obwohl die Gründe hierfür alles andere als klar sind. Er war einer der ersten wirklichen Freiberufler, entschlossen, von seiner Schriftstellerei zu leben, und so auch eines der ersten Opfer der Habgier und Unredlichkeit seines Verlegers. Außerdem verkaufte er den damaligen Gepflogenheiten entsprechend die Rechte an jedem seiner Werke für einen pauschalen Betrag, anstatt Tantiemen einzustreichen. Seine große Popularität brachte ihm daher relativ geringen Gewinn ein, während sein Verleger ein reicher Mann wurde. Aber trotzdem erreichten die Einkünfte allein aus seinen Schriften noch immer eine für die damalige Zeit höchst beachtliche Summe. Auch von seinen vielgeschmähten wohlhabenden Verwandten erhielt er große Hilfe, dazu eine jährliche Unterstützung der französischen Regierung. Diese Beihilfen kosteten ihn zwar einiges an Selbstachtung und Renommee, aber sie hätten ihm gleichwohl akute finanzielle Schwierigkeiten ersparen müssen. Er hauste sehr bescheiden in ungepflegten, spärlich möblierten Wohnungen und frönte keinem kostspieligen Laster, abgesehen von spontaner Freigebigkeit gegenüber vielen seiner Mitverbannten, bei denen er für sein immer offenes Portemonnaie bekannt war. Aber für einen Mann, der Dingen, die für Geld erhältlich waren, so deutlich gleichgültig gegenüberstand, verwandte er unverhältnismäßig viel Zeit und Energie auf Geld. Er schien in all seinen Pariser Jahren ständig in finanziellen Schwierigkeiten zu stecken, obwohl seine Krankheit erst in ihrem Endstadium große Ausgaben nötig machte.

Der Schlüssel zu diesem Rätsel, wie auch zu manch anderem Geheimnis in Heines Leben, ist wahrscheinlich Mathilde.

Crescence Eugénie Mirat war neunzehn – siebzehn Jahre jünger als er –, ein elternloses Ladenmädchen, das kaum lesen und schreiben konnte, als sie einander 1834 zum ersten Mal begegneten. Es schien zunächst nur eine seiner zahlreichen flüchtigen Begegnungen zu sein, die er in einem berühmten Zyklus erotischer Gedichte unsterblich machte. Das Mädchen, das er in Mathilde umtaufte – die Gründe dafür sind ebenso dunkel wie vieles andere in dieser Beziehung –, nahm ihn sofort gefangen. Sie war ein kapriziöses Kind, mäßig intelligent, aber ohne jede Bildung, und die Form ihres Hinterteils gefiel ihm. Zweifellos gab es aber auch noch viel kompliziertere und großenteils unbewußte Gründe für die geradezu besessene Vernarrtheit, der er schließlich nach einjährigem Widerstand erliegen mußte. 1836 zog sie zu ihm, 1841 heiratete er sie, und sie lebten – glücklich oder nicht – bis zu seinem Tod zusammen. Sie liebte Einkaufen über alles, sogar noch mehr als ihren Papagei, und hatte auch nicht die leiseste Ahnung von Stellung, Ruhm und Leistungen ihres Mannes in der Welt, aber sie hielt bis zu seinem Ende zu ihm; das war weit mehr, als alle seine Freunde erwartet oder gewünscht haben mochten. Er hingegen war bis in seine letzten Stunden um ihre finanzielle Zukunft besorgt – völlig unnötigerweise, wie sich herausstellte: sie zeigte nach seinem Tod bei der Verfügung über seine Manuskripte weit mehr Geschäftssinn, als er zu Lebzeiten je gehabt hatte.

*

Die strahlende Lyrik seiner frühen Gedichte, der giftige Sarkasmus seiner Prosa und die unerbittliche Skepsis seiner politischen Ansichten überdeckten einen Wesenszug Heines, der zwar erst im Spätwerk offen zutage trat, aber bereits von Anfang an düster gegenwärtig war – ein zutiefst tragisches Lebensgefühl. Albereien, Selbstgerechtigkeit und Meerwasserbäder waren unter anderem seine Taktiken, mit denen er sich, so gut er konnte, gegen den zerstörerischen Einfluß seiner eigenen Visionen schützte. Aber bewußt oder unbewußt verliehen sie vielem, was er schrieb, Tiefe und Gehalt. Der Mann, der sich für einen modernen Aristophanes hielt, konnte stets an der eigenwilligen Launenhaftigkeit des Allerhöchsten Spötters Gefallen finden:

Laß die heil'gen Parabolen,
Laß die frommen Hypothesen –
Suche die verdammten Fragen
Ohne Umschweif uns zu lösen.

Warum schleppt sich blutend, elend,
Unter Kreuzlast der Gerechte,
Während glücklich als ein Sieger
Trabt auf hohem Roß der Schlechte?

Woran liegt die Schuld? Ist etwa
Unser Herr nicht ganz allmächtig?
Oder treibt er selbst den Unfug?
Ach, das wäre niederträchtig.

Also fragen wir beständig,
Bis man uns mit einer Handvoll
Erde endlich stopft die Mäuler –
Aber ist das eine Antwort?[13]

Der Mann, der diese Zeilen schrieb, kann über die Anzeichen seines bevorstehenden Todes, die sich im Frühjahr 1847 bemerkbar machten, nicht besonders überrascht gewesen sein.

Seine Worte zeigen einen Trotz, der wahrscheinlich am besten die fast herausfordernde Heiterkeit erklärt, mit der Heine sein Kreuz trug. Sie erstaunte ihn selbst noch mehr als andere, die ihn in seinen früheren Auftritten gekannt hatten.

*

Heine fühlte sich wie kein zweiter zum Vermittler zwischen Frankreich und Deutschland berufen, er sah sich als einzigen Schriftsteller, der mit beiden Kulturen hinreichend vertraut war, um die eine der anderen zu vermitteln. Dieser Anspruch ist nicht unbegründet. Er schrieb für verschiedene französische und deutsche Zeitungen, und was seinen Journalismus im Laufe der Jahre neben beißendem Witz und erstaunlich moderner Empfindsamkeit bereicherte, war eine bemerkenswerte, manchmal geradezu prophetisch erscheinende Intuition, wie sie oft schlichter gesunder Menschenverstand hervorbringt. Weder seine *Französischen Zustände* noch sein *De l'Allemagne* (der Titel ist eine Karikatur des berühmten Werks Madame de Staëls, das er verabscheute) strahlen jene gespreizte Gelehrtheit aus, die manchen tiefen Denker so tödlich langweilig macht. Damals waren diese Bücher Bestseller, und noch heute sind sie höchst lesbar – das ist keine geringe Leistung und verdankt sich seinem einzigartigen Stil.

Heines von Eindrücken geleitete und von Wahrnehmung bestimmte Vorgehensweise hat natürlich ihre Grenzen: Tatsächlich hatte er während seines sechzehnjährigen Exils die Lage in Deutschland fast ganz aus den Augen verloren, ohne je in Geist, Art oder Sprache wirklich Franzose geworden zu sein. Er sprach mit einem starken deutschen Akzent, obwohl er während seiner Kindheit im heimatlichen Düsseldorf viel Französisch gehört hatte, und traute sich nur selten zu, Französisch zu schreiben. Er hatte in der politischen und künstlerischen Elite Frankreichs einen großen Bekanntenkreis, schloß aber nur wenige enge oder dauerhafte Freundschaften. Was die einfachen Leute anging, so gab es nur Mathilde und ihr besonderes soziales Umfeld – in welchem Marx nur Zuhälter und Huren vermutete. Dieses Urteil des alten Lästermauls wird seit kurzem allerdings angezweifelt.

Ein anderer Bekanntenkreis Heines setzte sich aus wechselnden Mitgliedern der ständigen Kolonie deutscher politischer Emigranten zusammen, deren Zahl manchmal an die 40000 betrug. Sie zerfiel in Gruppen und Grüppchen unter Führung von Männern wie Börne, Herwegh, Lassalle und Marx. Im Laufe der Zeit gelang es Heine, sich mit jedem von ihnen zu entzweien (mit Ausnahme von Marx, der ihn als Dichter schätzte, aber als politischen Kopf nicht ernst nahm): Die »hiesigen deutschen Jakobiner [wollen mich] dergestalt kompromittiren [...], daß ich mich *für* sie oder *gegen* sie erklären müsse, wovon ich das erstere aus Ueberzeugung und das andere aus Klugheit unterlassen habe. Ich bin nicht der Mann, der sich zwingen läßt und sie bewirken nur, daß ich, aus Degout vor der jakobinischen Unredlichkeit, noch gemäßigter als jemals werde.«[14]

Es braucht nicht betont zu werden, daß eine solche Einstellung den meisten Feuerköpfen unter den deutschen Emigranten nicht besonders zusagte, die rasch bei der Hand waren, ihm seine Neutralität vorzuwerfen. Der Vorwurf war bis zu einem gewissen Grade auch berechtigt. Heine lehnte es oft ab, sich in Dingen, an die er eigentlich sogar glaubte, festzulegen. Der Grund war eher Skepsis als Opportunismus, war jene schlechte Angewohnheit des Neo-Talmudisten, jeder Antwort mit mindestens zwei neuen Fragen zu begegnen. Schon 1840 sah er die kommunistische Revolution als einerseits unausweichlich, andererseits potentiell zerstörerisch an. Aber er verachtete die selbsternannten Führer, die ihre Tage mit dem Aushecken von Komplotten in den Cafés von Montmartre hinbrachten. Und der beißende Sarkasmus, mit dem er gewöhnlich seiner Verachtung Ausdruck verlieh, war nicht dazu angetan, seine Beliebtheit bei den verbannten Vordenkern der kommenden Befreiung Deutschlands zu steigern. Bestenfalls begegnete man ihm mit einem gewissen Respekt; ob er je mehr brauchte oder erwartete, ist eine offene Frage.

*

1847 hatte der »Bürgerkönig« Louis Philippe Heines früheren Verdacht bestätigt. Er entpuppte sich als starrer Demagoge, fest entschlossen, die absolutistischen Praktiken seiner bourbonischen Vorfahren wiederzubeleben. So konnte es geschehen, daß ein halbes Jahrhundert nach der Revolution, die die Menschenrechte verkündet hatte, die französischen Wahlgesetze eine Kopfsteuer von mindestens zweihundert Franc festsetzten. Damit hatten zu einer Zeit, in der ein Handwerker jährlich sechshundert Franc und ein gewöhnlicher Arbeiter ungefähr die Hälfte davon verdiente, neun Millionen männlicher Erwachsener – bis auf die ungefähr 250000 Wahlberechtigten – praktisch kein Wahlrecht. Als der Ruf nach Wahlreformen immer lauter erscholl, verteidigte Premierminister Guizot die Kopfsteuer mit einer Rede, die in der Quintessenz in fataler Weise an Marie-Antoinettes Ausspruch über Kuchenessen erinnert: »Ihr wollt wählen? Da braucht ihr nur reich zu werden.«

Guizot wurde reich, und einige tausend andere Gauner und Betrüger auch. Frankreich war durch und durch korrupt, selbst Wein wurde allenthalben gepanscht, so daß der

Export französischer Marken praktisch unmöglich wurde. Während die unfairen Wahlgesetze die Empörung des Bürgertums anfachten, hatte die Arbeiterklasse andere, dringlichere Sorgen: verbreitete Arbeitslosigkeit, Hungerlöhne, fehlende Hygiene und Lebensbedingungen, die in ihrem Schmutz noch ans Mittelalter erinnerten, und das zu einer Zeit, als Frankreich – gleich nach England – den schwierigen Übergang von der Agrar- zur Industriegesellschaft durchmachte. In einer humanitären Geste, die an seinen Kommentar zu den Wahlgesetzen erinnert, brachte Guizot ein Gesetz ein, das Kinderarbeit auf zwölf Stunden täglich begrenzte und für Kinder unter acht Jahren überhaupt verbot.

Die heraufziehende Krise war schwerlich zu übersehen. Im Abgeordnetenhaus warnte der erzkonservative Alexis de Tocqueville: »Merken Sie [...] den Revolutionssturm nicht, der in der Luft liegt? [...] Aber Sie wissen, daß der Sturm am Horizonte steht und über Ihnen heraufzieht.«[15] Im Frühjahr des Jahres 1848 veröffentlichten dagegen am anderen Ende des politischen Spektrums Marx und Engels das Kommunistische Manifest. Heine hatte sich oft in apokalyptischen Prophezeiungen ergangen – zunächst mit revolutionärem Elan, später mit leiser Besorgnis. Sechzehn Jahre lang hatte er das Frankreich Louis Philippes vom Standpunkt des privilegierten Außenseiters beobachtet und darüber geschrieben; privilegiert in dem Sinne, daß er wie ein Eingeweihter Zugang zu höchsten Kreisen in Regierung und Kultur hatte. In seinen Berichten für die *Augsburger Allgemeine Zeitung*, die er später überarbeitete und in Buchform veröffentlichte, verhalfen ihm seine intuitiven und höchst subjektiven Ansichten in politischen und künstlerischen Dingen auch zu glänzenden Erkenntnissen und dezidierten Meinungen neben einem Gutteil banalen Geschwätzes, nie aber zu irgendeinem konsequenten Standpunkt. Und während es viele pragmatische Gründe für sein Schwanken, seine schillernd zwiespältige Haltung gegenüber König, Regierung, öffentlicher Meinung und Revolutionspolitik gibt, liegt doch der Hauptgrund dafür in einem Wesenszug Heines: er sah nichts Inkonsequentes darin, verschiedene Ansichten zu ein und demselben Thema zu vertreten, und eine gewisse Naivität half ihm, sich hier wie anderswo seine jugendliche geistige Frische zu bewahren.

1847 allerdings verkannte er alle Anzeichen – verständlich genug, denn mit seiner fortschreitenden Lähmung verloren abstraktere und weniger persönliche Sorgen entsprechend an Bedeutung. Wahr ist allerdings auch, daß er nach all den Jahren in Paris nicht mehr über den Scharfblick und die Unvoreingenommenheit des Neuankömmlings verfügte. Einerseits war er dem Geschehen zu nah, als daß er hätte merken können, wie die Stimmung um ihn herum umschlug, andererseits ließ er sich in seinem Urteil nur allzuoft durch seine engen Verbindungen zu führenden Politikern beeinflussen, die alle entweder den Ernst der Lage herunterzuspielen oder aber ganz zu ignorieren trachteten.

Was Heine sich im Frühling 1847 jedenfalls vor allem wünschte, war, seine Gesundheit wiederzuerlangen und entweder wirklich zu leben oder sonst zu sterben.

III Mit der Zeit war das verbannte Enfant terrible der deutschen Literatur zu einer heimlichen Touristenattraktion der französischen Hauptstadt geworden, einer Pflichtunterbrechung der Grand Tour für Besucher von jenseits des Rheins, für neugierige Dummköpfe, Prominentenjäger und alle Arten von Anhängern literarischer oder politischer Ränkeschmiede. Im allgemeinen gefielen Heine diese Besuche, mochte er sich auch noch so wortreich über sie beklagen. Sie versicherten ihn nicht nur seines Ruhms und seiner fortdauernden Bedeutung zu Hause, sie hielten ihn auch über literarischen Klatsch und Intrigen auf dem laufenden.

Viele dieser Besucher berichteten über ihre Eindrücke. Die detailliertesten finden sich in den Memoiren Alfred Meißners, eines wendigen Prager Literaten, Verfassers zahlreicher Gedichte, Theaterstücke und Romane. Heute ist er aber nur noch wegen seiner Erinnerungen an Heine bekannt. Deren Zuverlässigkeit ist allerdings angezweifelt worden, sicherlich zu Recht – Erinnerung ist ihrem Wesen nach schöpferisch, auch wenn sie keinen Nebenzweck verfolgt. Marx ging noch einen Schritt weiter. In einem Brief an Engels nach Heines Tod behauptet er, »der brave ›Meissner‹, der so weichen Kuhmist apropos von Heine dem deutschen Publikum ums Maul geschmiert hat, hat bares Geld von der ›Mathilde‹ erhalten, um dies Saumensch, das den poor Heine zu Tode gequält, zu verherrlichen.«[16] Heine selbst dagegen gefiel der junge Mann sofort. Er hatte eine hohe Meinung von seinen Talenten und – ein seltener Fall bei Heines Bekanntschaften und vielleicht auf Meißners Takt zurückzuführen – blieb ihm bis zu seinem Tode freundschaftlich verbunden. Das macht Meißners Zeugnis weder zuverlässiger noch unzuverlässiger als das der Feinde Heines, ermöglichte ihm aber in späteren Jahren einen ungehinderteren Zugang zu Heine.

Ihre erste Begegnung fand am 10. Februar 1847 statt, als der damals Fünfundzwanzigjährige »drei hölzerne, schmale, gefährlich glatt-polirte Treppen«[17] zu Heines Wohnung in der rue Faubourg Poissonnière 41 im neunten Arrondissement hinaufstieg. »Die Wohnung eines der größten Dichter, die Deutschland je gehabt, stand gewiß hinter der eines französischen Autors zweiten oder dritten Ranges weit zurück. Drei ganz kleine Zimmer im dritten Stockwerk waren mit bescheidenem Comfort geziert, die Aussicht, wenn sie so zu nennen, ging auf einen engen nicht eben lichten Hof hinaus. Der Kamin hatte die übliche Marmorverkleidung, über ihm hing ein breiter Spiegel, eine Uhr im Porzellangehäuse, zwischen den in Frankreich unausweichlichen Blumenvasen mit künstlichen Bouquetten aufgestellt, ließ ihr Tiktak vernehmen; sie war der auffallendste Schmuck.«[18]

Wie Meißner sich erinnert, war Heine zu der Zeit »bei Weitem noch nicht der kranke Mann, als den wir einige Jahre später ihn uns zu denken gewohnt wurden. Freilich war das rechte Auge geschlossen, aber andere Spuren des vorangegangenen Schlagflusses waren auf seinem Gesichte kaum bemerkbar. Dies Gesicht war von eigenthümlicher Schönheit, die Stirn hoch und breit, die Nase fein und edel geschnitten; den Mund von zierlicher Bildung beschattete ein Bart, der auch das ganze Kinn umkleidete. Dieser Bart war schon weiß gesprenkelt, während das braune Haupthaar, das tief in den Nacken hinabhing, in seiner Ueppigkeit noch keine Spur des Alters verrieth. Der Gesamteindruck seines Gesichtes war schwärmerische Schwermuth, doch wenn er sprach oder sich bewegte, brach eine ungeahnte Energie und ein überraschendes, fast dämonisches Lächeln hervor. Er war noch so ziemlich gut auf den Füßen und konnte, auch nur um eines Zeitungsartikels willen, den weiten Weg vom Faubourg Poissonnière bis zum Palais Royal in das Cabinet de Lecture zurücklegen.«[19]

Aber fünf Monate früher, am 19. September 1846, hatte Engels in einem Brief an Marx Heines Gesundheitszustand weitaus düsterer dargestellt: »Der arme Teufel ist scheußlich auf dem Hund. Er ist mager geworden wie ein Gerippe. Die Gehirnerweichung dehnt sich aus, die Lähmung des Gesichts desgleichen[.] E[werbeek] sagt, er könne sehr leicht einmal an einer Lungenlähmung oder irgendeinem Kopfzufall sterben, aber auch noch drei bis vier Jahre abwechselnd besser oder schlechter sich durchschleppen. Er ist natürlich etwas deprimiert, wehmütig, und was am bezeichnendsten ist, äußerst wohlwollend (und zwar ernsthaft) in seinen Urteilen. [...] Sonst aber bei voller geistiger Energie, aber sein Aussehen, durch einen ergrauenden Bart noch kurioser gemacht (er kann sich um den Mund nicht mehr rasieren lassen), reicht hin, um jeden, der ihn sieht, höchst trauerklötig zu stimmen.«[20]

Die Diskrepanz im Urteil der Zeitgenossen ist vermutlich eher eine scheinbare als eine wirkliche: die unerbittlich fortschreitende Krankheit Heines war von wiederholten, wenn auch im Laufe der Jahre immer kürzeren Besserungen gekennzeichnet, und im Frühjahr 1847 scheint er in relativ guter Verfassung gewesen zu sein – zum allerletzten Mal, wie sich zeigen sollte. Alexandre Weill, ein elsässischer jüdischer

Autor, der mehr seiner Klatscherei als seiner Schriften wegen bekannt ist, beschreibt ein Essen, das er zu Jahresbeginn für Heine, Balzac und Eugène Sue gab. Sue, ursprünglich Arzt, dann Romancier, hatte zahlreiche sehr beliebte Romane veröffentlicht, zu den bekanntesten gehörten *Les Mystères de Paris, Le Juif errant, Les Sept Péchés capitaux*. Seine große Produktivität und sein leidenschaftlicher Einsatz für soziale Reformen legen einen Vergleich mit Dickens nahe. Er war vier Jahre jünger als Heine und erpicht darauf, den berühmten deutschen Rebellen kennenzulernen. Balzac aber sträubte sich anfangs; zwar stand der Verfasser der *Comédie humaine*, der posthum zu einem quasimarxistischen Kritiker des Kapitalismus stilisiert wurde, mit Heine auf freundschaftlichem Fuß, aber er verachtete den Sozialismus im allgemeinen und im besonderen den sozialen Aktionismus Suescher Prägung. Schließlich fand die dreistündige Zusammenkunft aber doch statt, und wenn man Weills ausführlichen Notizen Glauben schenken darf, führte Balzac das Wort. Er eröffnete die Diskussion und verkündete mit einem königlichen Trompetenstoß: »Meine Ansichten sind schon ziemlich betagt. Die Wahrheit braucht nicht neu zu sein. Ich weiß sehr wohl, daß mein System, so fest es scheint, seine schwachen Stellen hat. Freund Heine wird sie schon selbst herausfinden. Ich will vor allem beweisen – dazu bin ich hergekommen –, daß das sogenannte Neue fauler Zauber ist, nichts weiter als Utopie. [...] Lassen Sie mich Ihnen sagen: Der Sozialismus, der sich für so neu hält, wütete von altersher gegen sein eigenes Blut, er mordete die Republik, seine Mutter, und die Freiheit, seine Schwester. [...] Das ist der ewige Widerstreit zwischen Gnade und Freiheit, zwischen Plato und Aristoteles, zwischen Augustinus und dem heiligen Thomas«.[21]

Von einer gelegentlichen bissigen Bemerkung abgesehen,

hielt sich Heine anscheinend aus dem immer hitziger werdenden Streit zwischen den beiden kämpferischen Romanciers heraus, bis sie schließlich darauf bestanden, daß er seine eigene Meinung dazu sagen solle. »Als guter Deutscher«, sagte er, »bin ich verschiedener Ansicht. Wenn ich zusammenfasse, denke ich so. [...] Es ist mir aufgefallen, daß der Tag von vierundzwanzig Stunden aus Tag und Nacht besteht. Zwei Kontraste. Der Tag ohne die Nacht, so schön er auch sein mag, würde sehr unbequem sein. Ebenso die Nacht ohne den Tag. Es ist mir weiter aufgefallen – da bin ich schon bei der Sündflut –, daß zum Kinderkriegen zweie nötig sind, ein Mann und eine Frau, besonders eine Frau. Wieder zwei Kontraste, die sich ab und zu einigermaßen harmonisch verbinden. Des weiteren habe ich beobachtet, um ein gutes Geschäft zu machen, braucht der Schlaukopf einen Dummen. Zwei Dissonanzen – so sagte mir, glaube ich, Berlioz, denn mit Meyerbeer bin ich verkracht – ergeben stets eine Harmonie, und der vollkommene Akkord setzt sich zusammen aus einer Terz, einer Quinte und einer Oktave, ein Mysterium, das die Kabbalisten auf die Liebe angewendet haben [...] Kurz, alles was von Dauer, was zum Vergnügen da ist, besteht aus Kontrasten. Genau so, liebe Freunde, steht es mit Republik und Monarchie. Nicht die eine *oder* die andere, sondern die eine *und* die andere, beide zusammen. [...] *Was wir brauchen, ist eine Republik, geleitet von Monarchisten, oder eine Monarchie, beherrscht von Republikanern.* Ich habe mehr als zweihundertfünfzig unwiderlegliche Beweise für meine These [...] Aber ich muß aufhören. Ich habe eine Frau, oder vielmehr: meine Frau hat mich. Sie wird mir nie glauben, daß ich anderswo mit Genies frühstücke. Ich muß heim, aber ich darf Sie hoffentlich bald einmal bei mir sehen. Wir werden die Republik ausrufen, Balzac wird Präsident, Sue Generalsekretär. Ich bringe Ihren Ruhm in deutsche Verse, denn einem Romanschriftsteller werden die Franzosen nie politisches Genie zugestehen. Meyerbeer wird die Verse in Musik setzen und der kleine Weill mit seinem Heldentenor wird sie singen.«[22]

Ob nun Weills Notizen wirklich das Ereignis wahrheitsgetreu wiedergeben oder nicht, sie erfassen jedenfalls Heines zwiespältige Haltung gegenüber den großen politischen Fragen seiner Zeit. Die drei Autoren sollten einander nicht mehr begegnen: Balzac starb 1850 mit einundfünfzig Jahren, und Sue überlebte Heine um ein knappes Jahr.

*

Heines Zwiespältigkeit reichte natürlich weiter zurück. Auch in seiner politisch radikalsten Phase, die ungefähr mit Marx' Aufenthalt in Paris von 1843 bis 1845 zusammenfällt, war er immer eher Rebell als Revolutionär, eher Neinsager als Prophet. Der Unterschied war allerdings dadurch verwischt, daß er und die Radikalen des linken Flügels so viele gemeinsame Feinde hatten. Während aber die Kommunisten *glaubten* – sei es an die kollektive Weisheit des Proletariats, die erlösende Kraft der Revolution oder an was auch immer –, legte Heine seine Skepsis auch nicht einen Augenblick lang ab. Seine Weltsicht war im Grunde ohne Hoffnung, was, wie die Welt nun einmal ist, für beträchtlich genauere Voraussagen sorgte als der revolutionäre Optimismus seiner zeitweiligen radikalen Freunde.

Wenn aber diese Skepsis nur allzuoft für reinen Zynismus gehalten wurde, so war dies vor allem Heines eigene Schuld; er konnte nur selten der Versuchung zu einer witzigen oder sarkastischen Bemerkung widerstehen, gleichgültig gegen wen oder was sie sich richtete. Marie d'Agoult, die Geliebte

Liszts und selbst Gastgeberin eines berühmten Salons, sagte 1844 in der *Revue des Deux Mondes* von Heine, er hätte »in Versen und in Prosa mit Gott und allen Göttern seinen Spott getrieben. Keine Überzeugung, kein Gefühl, keine Idee haben ihn je überzeugt oder begeistert, er hat sich über sein Vaterland, über Liebe, Kunst, Natur, über seine Freunde, seine Nächsten und sich selbst lustig gemacht.«[23] Dieses Pauschalurteil der in Deutschland geborenen ehemaligen Klosterschülerin Madame d'Agoult, der Heine zumindest ebenso reserviert wie ihrem Geliebten gegenüberstand, gibt den Eindruck ziemlich genau wieder, den er in der Gesellschaft machte, vielleicht auch machen wollte. Mit dem wahren Menschen Heine hat das indessen nichts zu tun. Dem kurzsichtigen Auge mag der Unterschied zwischen Skeptiker und Zyniker vielleicht entgehen, aber auch wenn er gering erscheint, ist er doch ein wesentlicher.

In einer Überzeugung war Heine allerdings nicht zu erschüttern und ohne jede Spur von Zwiespältigkeit – und auch dies trug zu seiner Isolierung bei. Ungefähr zehn Jahre vor 1848 begannen genau die gleichen Spannungen, die schließlich zu den blutigen Aufständen in Frankreich, Deutschland und Österreich-Ungarn führten, ihren nachhaltigen Einfluß auf Poesie und Prosa dieser Länder auszuüben. So nahm vieles, was deutsche Radikale in dieser Zeit zusammenschrieben, wenn auch in bescheidenerem Ausmaß, die Experimente des sozialistischen Realismus in unserem Jahrhundert vorweg. Heine war hingegen nie bereit, politische Kriterien über künstlerische zu stellen, aber so, wie er war, ließ er sich auch nicht die Gelegenheit entgehen, diejenigen zu verhöhnen, die es taten.

Ein Ergebnis dieser Haltung war das zweitausend Zeilen lange Gedicht *Atta Troll*, an dem er 1842 zu arbeiten begann und von dem einige Fragmente, von Zensur und redaktionellen Kürzungen übel entstellt, im folgenden Jahr in einer deutschen Zeitschrift erschienen. 1844 nahm er die Arbeit daran wieder auf, brachte es aber erst Anfang 1847 in die für die Veröffentlichung endgültige Form. Er versah es mit einem beißenden Vorwort, in dem er die radikalen Kollegen – »die wackern Kämpen für Licht und Wahrheit«[24] – attakkierte, die ihn in den frühen vierziger Jahren des Ausverkaufs bezichtigt und es sich jetzt in Selbstgefälligkeit, Patriotismus und Staatsdienst bequem gemacht hätten, während er, steckbrieflich auf jeder Zollstation entlang der deutschen Grenze gesucht, sein Leben im Exil werde beschließen müssen.

In der Periode, in welcher der *Atta Troll* entstanden ist, »blühte die sogenannte politische Dichtkunst«.

> Die Musen bekamen strenge Weisung, sich hinführo nicht mehr müßig und leichtfertig umherzutreiben, sondern in vaterländischen Dienst zu treten, etwa als Marketenderinnen der Freiheit oder als Wäscherinnen der christlich germanischen Nazionalität. Es erhub sich im deutschen Bardenhain ganz besonders jener vague, unfruchtbare Pathos, jener nutzlose Enthusiasmusdunst, der sich [...] in einen Ocean von Allgemeinheiten stürzte [...]. Das Talent war damals eine sehr mißliche Begabung, denn es brachte in den Verdacht der Charakterlosigkeit. Die scheelsüchtige Impotenz hatte endlich [...] ihre große Waffe gefunden gegen die Uebermüthen des Genius; sie fand nämlich die Antithese von Talent und Charakter. Es war fast persönlich schmeichelhaft für die große Menge, wenn sie behaupten hörte: die braven Leute seyen freilich in der Regel sehr schlechte Musikanten, dafür jedoch seyen die guten Musikanten gewöhnlich

nichts weniger als brave Leute, die Bravheit aber sey in der Welt die Hauptsache, nicht die Musik. Der leere Kopf pochte jetzt mit Fug auf sein volles Herz, und die Gesinnung war Trumpf. Ich erinnere mich eines damaligen Schriftstellers, der es sich als besonderes Verdienst anrechnete, daß er nicht schreiben könne; für seinen hölzernen Styl bekam er einen silbernen Ehrenbecher.[25]

Atta Troll, ein Gedicht in ungereimten trochäischen Tetrametern, ist eine Tierfabel, damals für satirische Zwecke eine sehr beliebte literarische Gattung. Ihr Titelheld, ein zotteliger übelriechender Bär, der sich seines mitleiderregenden kleinen Tanzes wegen für einen begnadeten Künstler hält, ist ein aufgeblasener puritanischer Radikaler, der sich, der Gefangenschaft entronnen, in die Wälder schlägt, um den Tieren den Aufstand gegen die Menschenrechte zu predigen. Er verkörpert alles, was Heine an den radikalen Literaten seiner Zeit verachtete: ihr leeres Gerede, ihre Selbstgefälligkeit, ihren Chauvinismus, ihren engstirnigen Moralismus und ihre schwächliche anthropozentrische oder in diesem Fall ursozentrische Religiosität, denn Atta Trolls Gott ist der Große Weiße Polarbär am Himmel. Die Jagd nach dem rebellischen Flüchtling, bei der der Erzähler widerstrebend eine Nebenrolle spielt, erweitert sich in wilde allegorische Phantasien, die in einer charakteristischen Mischung von Scherz, Ironie und Melancholie verschiedene Konflikte anklingen lassen – zwischen Realismus und Romantik, hellenischem Geist und judaistischer Tradition –, die Heine nie zu seiner eigenen Zufriedenheit lösen konnte. Noch treffender ist allerdings die klare Gegenüberstellung des Humanismus der Aufklärung und der berechtigten Forderungen der unterdrückten Massen. Obwohl er sich gefühlsmäßig dem ersteren verpflichtet wußte, war er gleichzeitig davon überzeugt, daß die Revolution trotz ihrer beklagenswerten Ergebnisse nicht nur berechtigt, sondern wahrscheinlich auch unvermeidlich war. Der schallende Aufruf des Tanzbären zum Kampf gegen den Unterdrücker enthält selbst dort, wo er die leere Rhetorik seiner menschlichen Pendants parodiert, genug überzeugende Argumente, um dem Gedicht eine große innere Spannung zu verleihen.

Vieles davon ist dem modernen Leser unverständlich, weil er weder mit den Anspielungen noch mit der Sprache Äsops, noch mit den von Heine karikierten Zeitgenossen vertraut ist. Aber zum Zeitpunkt seines Erscheinens war *Atta Troll* ein großer Erfolg in Deutschland, obwohl das Buch dort sofort verboten wurde. Auch in Frankreich stieß es auf beachtliches Interesse; es erschien am 15. März 1847 in einer Übersetzung von Edouard Grenier in der *Revue des Deux Mondes*.

Heine tat allerdings mehr, als die Tanzbären unter den politischen Dichtern anzugreifen: Er praktizierte, was er predigte, das verlieh seiner Kritik besondere Schärfe. Seine eigenen Lieder waren zwar bei den zunehmend aufständischen deutschen Arbeitern beliebt, aber er ließ sich in ihnen nie zu billigem proletarischem Patriotismus herab. Hervorragendstes Beispiel hierfür ist das Gedicht »Die Schlesichen Weber«, eines der bedrückendsten Revolutionslieder überhaupt. Sein Anlaß war der erste Aufstand der Arbeiterklasse in Deutschland – der Streik der verzweifelten schlesischen Weber von Peterswaldau im Jahre 1844. Das Gedicht ist in seiner Art immer noch ein selten gelungenes Werk – leidenschaftlicher Protest und politische Anklage –, das seine packende emotionale Wucht allein aus seiner kraftvollen Sprache gewinnt.

*

Selbst unter günstigsten Umständen war Heine das Schreiben nie leichtgefallen, aber während der zweijährigen »Erbschaftsfehde« – vom Tod seines Onkels Salomon im Dezember 1844 bis zum Februar 1847 – schrieb er wenig mehr als das Vorwort zu *Atta Troll* und das Szenario für ein Ballett im Auftrag von Benjamin Lumley, dem Direktor des Theaters Ihrer Majestät in London. Es handelte sich um Heines Version der Faustsage. Lumley sah sich indessen zu seinem Bedauern aus technischen wie aus moralischen Gründen außerstande, das Ballett in einem Theater aufzuführen, das häufig von Königin Victoria besucht wurde, obwohl er Heine mit 6000 Franc großzügig bezahlte.

Die Erbschaftsfehde zwischen Heine und seinem Vetter Carl wurde in einer Art Versöhnung förmlich beigelegt. Carl erklärte sich bereit, Heine eine lebenslängliche Rente zu zahlen, die Hälfte davon – 2400 Franc jährlich – sollte Mathilde nach seinem Tod erhalten, unter der Bedingung, daß er es unterließ, irgend etwas über die Mitglieder der Familie Heine, selbst die entfernteren, zu veröffentlichen. Klatschereien, die Heine teilweise selbst in Umlauf gesetzt hatte, versuchten Vetter Carls nur allzu wirksame Erpressung als eifersüchtigen Racheakt hinzustellen – angeblich sollte dessen französische Frau Cécile lange vor ihrer Heirat mit dem Dichter ein Verhältnis gehabt haben. Aber der kleinliche Geist eines arroganten Spießers von ausgesuchter Dummheit und unermeßlichem Reichtum wäre wohl eine mehr als hinreichende Erklärung für Carl Heines Benehmen. Jedenfalls könnte er das Verschwinden der berühmten Memoiren erklären, von denen Heine jahrelang gesprochen hatte. Anscheinend verbrannte Heine viel von bereits Geschriebenem aus Furcht, eine Veröffentlichung nach seinem

Tod könnte Vetter Carl dazu veranlassen, die verwitwete Mathilde nicht mehr zu unterstützen. Die des Deutschen unkundige Mathilde selbst scheint einige Manuskripte aus ihrem Besitz nach Heines Tod der Familie übergeben zu haben. Wie auch immer, von den Memoiren fehlt jede Spur.

*

Wenn Sorge um die Zukunft seiner Witwe auch zu zahlreichen Kompromissen führte, war sie ihm doch gleichzeitig Ansporn, trotz Krankheit weiterzuarbeiten. »[...] sie ist so verwöhnt und unerfahren, daß ich nicht genug für sie sorgen kann«, schreibt er im Februar 1847 an seine Mutter. »Wär sie klüger würde ich mich minder mit ihrer Zukunft beschäftigt haben, und auch hier siehst Du wie die Dummheit eine glückliche Gottesgabe ist, denn Andre müssen für sie sorgen.«[26] Er tat für sie, was er konnte. Zu seinen Bemühungen gehörten gelegentlich recht riskante Geldanlagen. Der Börsenkrach von 1847 brachte ihm beträchtliche Verluste, scheint ihm aber auch zu einigen Grunderkenntnissen über die Ursachen seines wiederholten kaufmännischen Versagens verholfen zu haben. »Sehen Sie«, sagte er am Morgen nach der Katastrophe zu einem Freund, »der Rabbi Ben Schloime in Prag hat ganz recht gehabt. [...] das ist eine alte Geschichte, die mir schon in meiner Knabenzeit erzählt worden ist [...]. Der Rabbi geht in Prag über die Moldaubrücke, da stürzt ihm eine alte Jüdin entgegen und schreit: ›Gott über die Welt! Gott über die Welt! Rabbileben helft! – Das Unglück!‹ – ›Was für ein Unglück?‹ fragt der Rabbi. – ›Mein Sohn, der Itzig hat sich gebrochen ein Bein!‹ – ›Wie so hat er sich gebrochen ein Bein?‹ – frägt der Rabbi. – ›Weil er gestiegen ist auf eine Leiter und hat wollen‹ – ›Was?‹ unterbricht sie der Rabbi, ›auf eine Leiter ist der Itzig gestiegen? Recht ist ihm geschehn, *was hat ein Jud' zu steigen auf eine Leiter?*‹ – Sehen sie«, schloß Heine, »gerade so geht es auch mir. *Was hat ein Dichter auf der Börse zu thun?*«[27]

Heine teilte den Glauben des neunzehnten Jahrhunderts an die gesunde Wirkung von frischer Luft und Umgebungswechsel. Die Schlammbäder der Vorjahre hatten sich als wirkungslos erwiesen. So zog er Mitte Mai in ein gemietetes Häuschen in Montmorency, einem Städtchen von einigen tausend Einwohnern ungefähr fünfzehn Kilometer nördlich von Paris, wo Jean-Jacques Rousseau zwei Jahre an seiner *Nouvelle Héloïse* gearbeitet hatte. Seinen Ruf als Sommerkurort verdankte es vor allem einem großen Wald mit zahlreichen Reitwegen. Heine verbrachte dort einen relativ ruhigen Sommer. Er war wegen ständiger Schwierigkeiten mit den Augen nicht in der Lage zu arbeiten, empfing aber bis Mitte September zahlreiche Gäste. Dann verstärkte sich die Lähmung in besorgniserregender Weise, und er beschloß, in seine Pariser Wohnung zurückzukehren.

Am Jahresende war er kaum noch in der Lage, das Haus zu verlassen. Caroline Jaubert, eine geborene Comtesse d'Alton-Shée, die Frau eines hohen Beamten im Justizministerium und eines der wenigen Mitglieder der Gesellschaft, das ihm bis zum Schluß die Treue hielt, schildert einen seiner letzten Ausflüge:

> Anfangs Januar 1848 besuchte mich Heinrich Heine zum letzten Male. Vom Wagen bis zu meiner Wohnung im zweiten Stock hatte er sich auf dem Rücken seines Dieners tragen lassen. Als er nach dieser Anstrengung kaum auf einem Sopha im Salon niedergesetzt war, befiel ihn eine jener furchtbaren Krisen, die sich bis zu seinem Ende wiederholten: es waren Krämpfe, die vom Gehirn ausgingen und sich bis zur

äußersten Fußspitze hinzogen. Dieser entsetzliche Schmerz konnte nur durch Morphiumaufschläge gelindert werden. Man bestreute damit Brennkegel, welche stets rasch aufeinander folgend längs des Rückgrats aufgelegt wurden; später erfuhr ich von ihm, daß er dahin gelangt war, bis für 500 Franken jährlich von diesem lindernden Gift zu verbrauchen.

Während des Anfalls, dessen unfreiwillige Zeugin ich war, ergriff mich ein heftiges Zittern und die lebhafteste Theilnahme, ihn so leiden zu sehen. Ich konnte nicht umhin, zu mir selbst zu sagen: ›Welche Idee, welche Thorheit, sich in solchem Zustande herbringen zu lassen.‹ Sobald er ruhiger zu werden schien, bat ich ihn, seine Ausgänge zu unterlassen, bis eine verständige Behandlung seinen Zustand gebessert habe.

›Meine Krankheit ist unheilbar‹, antwortete er. ›Ich werde mich niederlegen und nicht wieder aufstehen. Ich bin deshalb hier, liebe Freundin, um Ihnen das feierliche Versprechen abzunehmen, mich zu besuchen und mich nie zu verlassen. Wenn Sie nicht schwören, lasse ich mich zurückbringen und verursache Ihnen noch einmal die soeben ausgestandene Angst!‹

Alsdann begann Heinrich Heine, welcher vollständig zu sich gekommen war, ein klägliches und komisches Gemälde von der Verlegenheit zu entwerfen, in der ich mich befunden hätte, wenn er auf meinem Sopha gestorben wäre; die Leute hätten sogleich die Liebe mit dem Ereigniß in Verbindung gebracht. ›Von welch reizendem Roman wäre ich der Held geworden!‹ sagte er.

›Schreibt mir eine Novelle hierüber, würde Buloz

einem seiner Lieutenants befohlen haben.‹ Er hielt inne: [...] ›Nein, um mir Ehre zu erweisen, würde er einen Kapitän damit beauftragt haben.‹

Tausend Thorheiten folgten noch, ohne daß er jedoch das Versprechen, welches er mir abringen wollte, aus den Augen verloren hätte. Da es mir sehr darum zu thun war, ihn zu Hause zu wissen, so verstand ich mich zum Scherze. Kaum hatte ich das gewünschte Versprechen gegeben, als er von neuem zu spaßen anfing. Er besaß Gewandtheit darin, aus einem traurigen Vorfall Nutzen zu ziehen, ebenso in der Art, mit der er sich das ›Recht des Todtkranken‹ (droit de moribondage, Lieblingsausdruck Heine's) zulegte. In der That erhob er sich von diesem Tage an nicht mehr und immer folgte ich seinem Rufe.[28]

IV Der Funke, der die Revolution im Februar 1848 in Frankreich auslöste, war ein Bankett, das nicht stattfand.

Die Franzosen hatten den alten englischen Brauch politischer Bankette im Sommer 1847 übernommen, um auf diese geordnete Weise gegen das Verbot von Massenversammlungen zu protestieren. Die im wesentlichen reformerische Kampagne sollte ihren Höhepunkt in einer Galaveranstaltung zur Feier des Endes der parlamentarischen Sitzungsperiode haben, bei der führende Bürger des fünften Pariser Arrondissement als Gastgeber fungieren würden. Das Fünfte war ein berüchtigter, unruhiger Bezirk auf dem linken Seineufer um das Panthéon, in dem sich auch die Universität befand. Damals wie heute war es Quelle nicht enden wollender Scherereien für die Ordnungskräfte, die denn auch sofort heftige Einwände erhoben. Schließlich wurde das Bankett ordnungsgemäß von einer Regierung verboten, die selbstgefällig die sozialen Spannungen in einer Stadt von fast einer Million Einwohnern ignorierte, von denen ein Drittel arbeitslos war und ein weiteres Drittel für einen Hungerlohn arbeitete, kaum in der Lage, sich selbst zu ernähren. Wieder waren es die Studenten, die zunächst den Protest gegen das Verbot anführten. Am Dienstag morgen, dem 22. Februar, dem Datum des abgesagten Banketts, marschierten ungefähr siebenhundert von ihnen zum Palais

Bourbon, wo die Kammer tagte, und überquerten dann den Fluß zu den Champs Elysées. Dort stießen sie auf eine Elitekompanie der Dragoner. Anstatt den Marsch der Studenten aufzuhalten, zügelten die Soldaten ihre Pferde und salutierten. Als der Tag zu Ende ging, war zwar nicht viel passiert – ein Mann wurde getötet, ein paar Kinder warfen Steine, einige Barrikaden wurden errichtet –, aber Louis Philippes Herrschaft hatte ein ruhmloses Ende gefunden.

Der König selbst merkte es allerdings erst am nächsten Morgen, als die Nationalgarde, auf deren Schutz er gerechnet hatte, mit den Aufständischen fraternisierte. Am frühen Nachmittag entließ er Guizot, seinen unpopulären Premierminister. Doch diese Opfergeste kam viel zu spät, zumal er keinen Ersatz fand; niemand wollte diesen Posten haben. Unterdessen rotteten sich auf den Straßen die Menschen zusammen, und als eine Reihe von Demonstranten auf das Außenministerium zumarschierte, befahl ein verängstigter Offizier der Wache, in die Menge zu schießen. Sechzehn Männer und Frauen starben auf der Stelle, Hunderte wurden verletzt. Es war wie einst beim Sturm auf die Bastille, der Geist von '89 war zurückgekehrt.

Die Leichen wurden auf einen riesigen Wagen geladen und die ganze Nacht bei Fackelschein überall in Paris herumgefahren. Bis zum Morgen hatte eine Bürgerarmee von schätzungsweise weit über 100 000 Mann Barrikaden errichtet – nach abschließender Zählung waren es 1512 – und einen Angriff königstreuer Truppen zurückgeschlagen. Nach mehreren Versuchen, eine neue Regierung zu bilden und die militärische Gewalt in der Stadt zurückzugewinnen, dankte Louis Philippe am Donnerstag nachmittag, dem 24. Februar, ab zugunsten seines Enkels, des neunjährigen Comte de Paris, dessen Vater, der Duc d'Orléans, sechs Jahre vorher bei einem Kutschenunfall den Tod gefunden hatte.

Auf einer stürmischen Sitzung des Abgeordnetenhauses, die von bewaffnetem Mob gestört wurde, verkündete der aristokratische Dichter Alphonse de Lamartine – George Sand sagte von ihm, er hantiere mit allen möglichen Ideen und allen möglichen Menschen, ohne an eine einzige Idee zu glauben, ohne einen einzigen Menschen zu lieben – das Ende der Monarchie. Im Rathaus hielten die zwölf Mitglieder der provisorischen Regierung, eher durch das Gebrüll der Menge ernannt als durch förmliche Wahl gewählt, ihre erste Sitzung ab. Am Freitag, dem 25. Februar, war die Revolution vorbei und Frankreich wieder Republik.

*

Heines Gesundheitszustand hatte sich seit Jahresbeginn so weit verschlechtert, daß er am 6. Februar zusammen mit Mathilde, ihrer Haushälterin und Freundin Pauline und dem unvermeidlichen Papagei in ein von seinem Freund Louis-Grégoire Faultrier geführtes Pflegeheim zog. Er war jetzt fast ganz gelähmt und brauchte offensichtlich mehr Pflege, als die beiden Frauen zu Hause leisten konnten oder wollten. Man hoffte, seinen Zustand durch intensive medizinische Behandlung so weit zu bessern, daß er sich wenigstens um seine intimsten Bedürfnisse selbst kümmern konnte. Neben Jules Sichel, einem elsässischen Augenarzt, dem Heine die Erhaltung seines verbleibenden Augenlichts zuschrieb, waren unter seinen Ärzten der leidgeprüfte Leopold Wertheim, ein deutscher Jude, dem Mathilde einmal ins Gesicht schlug, weil er ihre Pflege kritisierte, und David Gruby, ein von Pariser Berühmtheiten konsultierter ungarischer Arzt. Keiner hatte auch nur die geringste Vorstellung von der Natur der Krankheit ihres Patienten, aber gerade ihre Unwissenheit mag sich in gewissem Maße therapeutisch günstig ausgewirkt haben, da sie eine ganze Weile die Hoffnung auf mögliche Besserung aufrechterhielt. Diese Hoffnung vermittelten sie Heine durch Worte und die bloße Bereitschaft, die eine oder andere Behandlungsmethode anzuwenden. Andererseits können viele ihrer Verfahren, wie die üblichen Blutegel und die Kauterisationen der Wirbelsäule, die Leiden ihres Patienten eigentlich nur vermehrt haben.

Am 22. Februar, zufällig an dem Abend, an dem die Revolution ausbrach, war Heine für einen kurzen Aufenthalt zu einem von Mathilde für ihn und Dr. Gruby gekochten Essen in seine Wohnung in der rue de Berlin zurückgekehrt. Beim ersten Gefechtslärm verlangte er einen Wagen, der aber unterwegs von den Aufständischen angehalten und als Material für eine Barrikade verwendet wurde. Erst spät am Abend konnte er in das Pflegeheim zurückkehren.

Unter solchen Umständen ist seine fehlende Begeisterung für die Revolution kaum erstaunlich. Neben physischem Unbehagen hatte er aber einem Regierungswechsel gegenüber auch andere Vorbehalte – aus gutem Grund, wie sich zeigen sollte: »Meine Gefühle bei dem Umschwung, den ich unter meinen Augen vor sich gehen sah, können Sie sich leicht vorstellen«, schrieb er an Meißner. »Sie wissen, daß ich kein Republikaner war, und werden nicht erstaunt sein, daß ich noch keiner geworden. Was die Welt jetzt treibt und hofft, ist meinem Herzen völlig fremd, ich beuge mich vor dem Schicksal, weil ich zu schwach bin, ihm die Stirn zu bieten, aber ich mag ihm den Saum seines Kleides nicht küssen, um keinen nackteren Ausdruck zu gebrauchen [...] Gerne wollte ich aus dem mich beängstigenden Getümmel des öffentlichen Lebens wegflüchten, in den unvergänglichen Frühling der Poesie und der unvergänglichen Dinge, wenn ich nur besser gehen könnte und nicht so krank wäre.«[29] Ob er, wenn er gekonnt hätte, wirklich weggeflüchtet wäre, scheint, gelinde gesagt, fraglich. Selbst auf das Pflegeheim beschränkt, von jedem direkten Kontakt zu den Ereignissen draußen abgeschnitten, gelang es ihm, drei Artikel über die Februarrevolution für die *Augsburger Allgemeine Zeitung* zu schreiben, die er mit einem recht verzweifelten Zusatz für den Herausgeber versah: »Liebster Kolb! Ich kann gar nicht mehr sehen und keine zwey Schritt gehen. Ihr armer Freund H. Heine.«[30] Noch stand er erst am Beginn seiner Leiden; solche unnützen Ausbrüche von Selbstmitleid wurden in späteren Jahren seltener.

Die Artikel offenbaren seinen Abstand vom Mittelpunkt des Geschehens, obgleich Glück oder Unglück ihm am ersten entscheidenden Abend einen »Sperrsitz«, wie er es nannte, verschafft hatte: »da die Straße, wo ich mich zufällig befand, von beiden Seiten durch Barrikaden gesperrt wurde. [...] Gelegenheit hatte ich hier vollauf das Talent zu bewundern das die Franzosen bey dem Bau ihrer Barrikaden beurkunden. Jene hohen Bollwerke und Verschanzungen, zu deren Anfertigung die deutsche Gründlichkeit ganze Tage bedürfte, sie werden hier in einigen Minuten improvisirt [...]. Die Todesverachtung womit die französischen Ouvriers gefochten haben, sollte uns eigentlich nur deßhalb in Verwunderung setzen weil sie keineswegs aus einem religiösen Bewußtseyn entspringt und keinen Halt findet in dem schönen Glauben an ein Jenseits, wo man den Lohn dafür bekömmt daß man hier auf Erden fürs Vaterland gestorben ist. Ebenso groß wie die Tapferkeit, ich möchte auch sagen eben so uneigennützig, war die Ehrlichkeit [...]. Die Reichen waren nicht wenig darüber erstaunt daß die armen Hungerleider, die während drey Tagen in Paris herrschten, sich doch nie an fremdem Eigenthum vergriffen. [...] Die Strenge, womit das Volk gegen etwelche Diebe verfuhr, die man auf der That ertappte, war manchen sogar nicht ganz recht, und es ward gewissen Leuten beynahe unheimlich zu Muthe als sie vernahmen daß man Diebe auf der Stelle erschieße. Unter einem solchen Regimente, dachten sie, ist man am Ende doch seines Lebens nicht sicher.«[31]

Die bereits recht gezwungen wirkende Ironie fehlt in den beiden folgenden Artikeln ganz, die er einige Tage später noch im Pflegeheim diktierte. Ihr unverbindlicher, philosophierender Ton spiegelt die wachsende Verzweiflung eines Mannes, der zunehmend von der Außenwelt abgeschnitten ist und darum kämpft, seine eigene Stimme zu hören. Sie enden ganz untypisch in einer blumigen Lobrede auf Lamartine und die Führung der provisorischen Regierung. Die Artikel wurden nie veröffentlicht.

Als Heine am 7. Mai die Faultriersche Institution verließ und in seine eigene Wohnung zurückkehrte, hatte er zweifellos seine Ansichten über die neue Führung geändert, und seine Verbitterung über die Revolution war vermutlich noch größer geworden. Ein heruntergekommener Journalist namens Taschereau, ein Vorläufer des Enthüllungsjournalismus unserer Tage, hatte sich auf irgendeine Weise geheimen Zugang zu den Archiven der früheren Regierung verschafft – oder, noch wahrscheinlicher, dieser Zugang war ihm gewährt worden – und sich dadurch einen zweifelhaften Ruf erworben, daß er sein Publikum mit deftigen Skandalgeschichten unterhielt. Er enthüllte unter anderem die Existenz eines Reptilienfonds, aus dem die frühere Regierung gewisse prominente Autoren heimlich unterstützte, unter ihnen Henri Heine, der seit April 1840 eine jährliche Pension von 4800 Franc erhielt.

Diese Enthüllung war mehr als peinlich; sie schien zu bestätigen, was viele von Heines Feinden die ganze Zeit behauptet hatten. Von Deutschland aus beschuldigte man ihn, sein Vaterland für ein Linsengericht verraten zu haben; viele

Emigranten hatten ihn im Verdacht, weniger für das, was er geschrieben, als vielmehr für das, was er über bestimmte Themen *nicht* geschrieben hatte, bezahlt worden zu sein, Dinge, die die französische Regierung lieber nicht an die Öffentlichkeit hatte dringen lassen wollen. Der Skandal hätte sich zu keinem schlechteren Zeitpunkt ereignen können: Heine war in diesem Frühjahr fast blind und fast völlig gelähmt. Er war unfähig, die Feder zu führen, die einzige Waffe, in der er unbestrittener Meister war. Gleichzeitig begann die Lähmung auch seinen Kiefer zu befallen und machte damit sogar Diktieren zunehmend schwieriger. Seine Selbstverteidigung muß ihn fast übermenschliche Anstrengung gekostet haben, aber er tat sein Bestes:

In einer öffentlichen Erklärung, die am 23. Mai in der *Augsburger Allgemeinen Zeitung* erschien, protestierte er gegen die tendenziöse Darstellung, mit der die Zeitung, deren Pariser Korrespondent er über zwanzig Jahre gewesen war, über die verleumderischen Anschuldigungen gegen ihn berichtete:

> Die Redakzion der Allgem. Ztg., die seit zwanzig Jahren, nicht sowohl durch das was sie von mir druckte, als vielmehr durch das was sie *nicht* druckte hinlänglich Gelegenheit hatte zu merken, daß ich nicht der servile Schriftsteller bin, der sich sein Stillschweigen bezahlen läßt; besagte Redakzion hätte mich wohl mit jener *levis nota* verschonen können. [...] die Unterstützung welche ich von dem Ministerium Guizot empfing, war kein Tribut, sie war eben nur eine Unterstützung, sie war, ich nenne die Sache bey ihrem Namen, das große Almosen, welches das französische Volk an so viele Tausende von Fremden spendete, die sich durch ihren Eifer für die Sache der Revoluzion in ihrer Heimath mehr oder weniger glorreich kompro-

mittirt hatten und an dem gastlichen Heerde Frankreichs eine Freystätte suchten. Ich nahm solche Hülfsgelder in Anspruch kurz nach jener Zeit, als die bedauerlichen Bundestagsdekrete erschienen, die mich, als den Chorführer eines sogenannten jungen Deutschlands, auch finanziell zu verderben suchten, indem sie nicht bloß meine vorhandenen Schriften, sondern auch alles was späterhin aus meiner Feder fließen würde, im Voraus mit Interdikt belegten, und mich solchermaßen meines Vermögens und meiner Erwerbsmittel beraubten, ohne Urtheil und Recht. […] Vielleicht auch wollte die französische Regierung nicht ostensibel einen Mann unterstützen, der den deutschen Gesandtschaften immer ein Dorn im Auge war und dessen Ausweisung bey mancher Gelegenheit reklamirt worden. Wie dringend meine königl. preußischen Freunde mit solchen Reklamazionen die französische Regierung behelligen, ist männiglich bekannt. Herr Guizot verweigerte jedoch hartnäckig meine Ausweisung und zahlte mir jeden Monath meine Pension, regelmäßig, ohne Unterbrechung. Nie begehrte er dafür von mir den geringsten Dienst. Als ich ihm, bald nachdem er das Portefeuille der Auswärtigen Angelegenheiten übernommen, meine Aufwartung machte und ihm dafür dankte, daß er mir trotz meiner radikalen Farbe die Fortsetzung meiner Pension notifiziren ließ, antwortete er mit melancholischer Güte: ›Ich bin nicht der Mann, der einem deutschen Dichter, welcher im Exile lebt, ein Stück Brod verweigern könnte.‹ Diese Worte sagte mir Herr Guizot im November 1840, und es war das erste- und zugleich das letztemal in meinem Leben, daß ich die Ehre hatte ihn zu sprechen.[32]

Das war ein tapferer, wenn auch nicht ganz überzeugender Versuch, seine Feinde zu entwaffnen. Seine wahren Gefühle sprach er einige Wochen später deutlicher aus in einem Brief an seinen Freund und zeitweisen Übersetzer, Edouard de la Grange (den er dem neuen Erlaß gemäß ironisch als Citoyen-Marquis titulierte): »Es hat meinen Stolz viel gekostet, in der Augsburger Zeitung und vor ganz Deutschland zu sagen, daß ich wie alle andern armen Flüchtlinge die Franzosen um Almosen gebeten habe; und ich habe dieses demütigende Bekenntnis gemacht, ohne die Bemerkung hinzuzufügen, daß bei den Unterstützungen, die mir die französische Regierung bewilligte, die Berühmtheit meines Namens großen Anteil hatte und daß Frankreich einem Autor, der immer so unerschrocken für Frankreich gegen jene Ihnen bekannten *Franzosenfresser* gekämpft hat, wohl einige Erkenntlichkeit schuldete [...]. Aber was Sie noch mehr verwundern wird, ist, daß diese unglückselige Pension von jemand, von dem ich es am wenigsten erwartet hätte, aufgehoben wurde – von Monsieur de Lamartine! Ja Monsieur de Lamartine hat einem armen und kranken Dichter namens Henri Heine die Pension entzogen. [...] Indessen habe ich selbst diesen Vorfall ein wenig verursacht, indem ich den Vorsteher des Rechnungsbüros ermächtigte, in meinem Namen Monsieur de Lamartine zu bitten, meine Pension lieber vollständig aufzuheben, als einer der Einschränkungen zu unterwerfen, die die Leidenschaften und Notwendigkeiten des Februar erfordern könnten. Ich hätte mich gern, wie viele andere, in eine solche Einschränkung gefügt. [Aber] Monsieur de Lamartine hat meinen Namen aus der Liste der Pensionen des Departements für Auswärtige Angelegenheiten gestrichen. Ich habe seitdem erfahren, daß Monsieur de Lamartine, als er so handelte, mich für sehr reich hielt, daß er glaubte, ich hätte 25 000 Francs Rente.«[33]

Es ist zweifelhaft, ob Heine das moralisch Zwiespältige seiner Situation je wirklich erfaßt hat. Er ist durchgehend – nicht nur von seinen Feinden – als etwas zwielichtiger Charakter von zweifelhafter Moral beschrieben worden, der zu Selbstüberschätzung neigte, keine Grundsätze außer dem des Eigennutzes hatte und so gut wie immer aus reinem Opportunismus handelte. Die meisten dieser Anschuldigungen erscheinen in der Rückschau reichlich übertrieben, sie sind die Ernte jener Drachensaat, die er so großzügig und hingebungsvoll in Gestalt beißender Kommentare, polemischer Attacken und sarkastischer Verrisse aussäte. Er hielt sich wirklich für den größten deutschen Dichter seiner Generation, und die Nachwelt hat sein Urteil in diesem Punkt eindeutig bestätigt. Sein Werk, die Gedichte ebenso wie die Prosaschriften, forderte die frömmelnde und spießige Moral seiner Zeit nachdrücklich heraus. Heines Liebesleben scheint dagegen wesentlich harmloser gewesen zu sein, als er sein Publikum mit betonter Diskretion glauben machen wollte. Tatsächlich schockierte seine spätere Häuslichkeit viele Freidenker und Anhänger der freien Liebe unter seinen Pariser Bekannten (obwohl hier auch Klassenvorurteile eine Rolle spielten; mit einem ungebildeten Ladenmädchen zusammenzuleben war in seinen Kreisen durchaus akzeptabel, es aber tatsächlich zu heiraten war moralisch beleidigend). Wahr ist auch, daß seine Überzeugungen im Laufe seines Lebens starken Veränderungen unterworfen waren, was ihm kaum vorgehalten werden kann. Wie gesagt, neigte er eher zu Zweifel als zu Gläubigkeit; jedenfalls waren seine Streitereien mit Eiferern der einen oder anderen Couleur letzten Endes meist persönlicher und nicht so sehr grundsätzlicher oder ideologischer Natur. Allerdings gab es eine Seite in seinem Leben, wo ihn nicht allein Stolz, sondern auch Moral und gesunder Menschenverstand leicht im Stich ließen.

Natürlich hat Geld oft diese Wirkung auf Menschen. Aber die Zugeständnisse und Kompromisse, die Heine um seiner Finanzen willen machte, berühren uns als eigentümlich inkonsequent, besonders angesichts seiner unbekümmerten Großzügigkeit und seiner oft belegten Gleichgültigkeit gegenüber Luxus und äußerem Schein. In seinen letzten Jahren – dem Zeitraum, den wir hier im Auge haben – verschlang seine medizinische und rein physische Betreuung natürlich erhebliche Beträge; außerdem kämpfte er um die künftige Versorgung seiner Witwe. Aber seine finanziellen Schwierigkeiten gehen bis in seine früheste Jugend zurück und haben eindeutig sehr viel mehr mit dem symbolischen Wert des Geldes als mit dessen Kaufkraft zu tun.

Zuverlässige Zeugnisse über Heines Kindheit sind zu spärlich, als daß sie sinnvolle Schlüsse auf persönlichkeitsbildende Einflüsse zuließen. Die Beziehung zu seiner Mutter in den letzten drei Jahrzehnten seines Lebens kann, nach seinen Briefen an sie zu urteilen, allenfalls als herablassend liebevoll bezeichnet werden. Er sandte ihr regelmäßig vergnügte, geschwätzige Berichte, die keinerlei Aufschluß über seine körperliche oder seelische Verfassung geben. Jahrelang verschwieg er ihr sogar die Schwere seiner Krankheit, bis eine Geheimhaltung nicht mehr möglich war. Die Tochter eines wohlhabenden Arztes galt als eigenwillige, ehrfurchtgebietende Persönlichkeit und war relativ gebildet. Ihre wahre Rolle bei der Charakterformung ihres Erstgeborenen muß ganz im Bereich der Spekulation bleiben. Einige verwirrende Anspielungen auf Hexenmütter in Heines späten Gedichten liefern allerdings Hinweise, bei denen ein echter Biograph schwerlich einem Deutungsversuch widerstehen kann. Der Vater, Samson Heine, scheint einer jener liebenswerten Schlemihls gewesen zu sein, denen es – Freud zum Trotz, dessen Vater ein weiteres Beispiel für diesen Typus war – gelingt, die uneingeschränkte Zuneigung ihrer Söhne auf Kosten jeder Spur von Respekt zu gewinnen. Als Samson 1828 starb, schien Heine zutiefst getroffen und trauerte Monate, obwohl dieser geckenhafte kleine Mann nie auch nur ein Buch seines damals schon recht berühmten Sohnes gelesen hatte. Während Heines Kindheit war Samson als Händler mit englischem Tuch zu bescheidenem Wohlstand gelangt. 1818 machte er bankrott, und sein Bruder Salomon, der Hamburger Multimillionär, leistete eine Bürgschaft für ihn, liquidierte aber nicht nur Samsons geschäftliche Schulden, sondern ließ ihn außerdem für geistig unzurechnungsfähig erklären. Psychisch geschwächt, möglicherweise nervlich gestört, verbrachte Heines Vater die letzten zehn Jahre seines Lebens in einem Zustand vegetativen Verfalls, während Onkel Salomon die volle Verantwortung für den Unterhalt der Frau und Kinder seines Bruders übernahm; so wurde er tatsächlich zum Paterfamilias und als solcher zur Zielscheibe der jugendlichen Rebellion Heines.

Salomon Heine war einer jener überlebensgroßen Charaktere, die zu hassen leicht ist – sein Neffe bedurfte dazu allerdings keines besonderen Ansporns. Obwohl der Onkel ihm reichlich Anlaß gab, über seine barsche, herrische Art gekränkt zu sein, war Heines Wut in diesem Fall durch Ehrfurcht und eine Prise schlichter Habgier gemildert, die er als Liebe zu interpretieren beschlossen hatte. Das mag durchaus zutreffen, wenn man an die Dehnbarkeit dieses schwer zu bestimmenden Begriffs denkt.

Salomon, der ursprünglich aus Hannover stammte, hatte die Mitgift seiner Frau von zehntausend Mark bis zu seinem Tod im Jahre 1844 auf gut vierzig Millionen vermehrt. Damit bewies er, daß ein ungebildeter Fast-Analphabet eine höchst erfolgreiche Karriere als Geschäftsmann und Financier machen konnte und, was noch wichtiger ist, daß sogar ein nichtkonvertierter Jude sozial akzeptiert wurde, wenn er genug Geld hatte. Salomon hatte davon nicht nur mehr als genug, man muß zugeben, daß er auch viel davon für wohltätige Zwecke ausgab, unter anderem spendete er großzügig nach der Brandkatastrophe von 1842 und für das Hamburger Jüdische Krankenhaus, das er zur Erinnerung an seine Frau Betty gegründet hatte. Die bedeutendsten Männer seiner Zeit zählten zu seinen regelmäßigen Gästen. In einem seiner Briefe schwärmt Heine von dem »homerisch göttlichen« Feldmarschall Blücher, dem Helden des Feldzugs gegen Napoleon, dessen Bekanntschaft er an der Tafel seines Onkels gemacht hatte. Meistens fühlte er sich aber wie der sprichwörtliche arme Verwandte, der er in der Tat war. Salomon ermöglichte ihm die Gründung eines eigenen Geschäfts, und als er in weniger als Jahresfrist bankrott machte, finanzierte er Heines juristisches Studium. Bis zu Heines vierzigstem Lebensjahr trug er mehr oder weniger zu dessen Lebensunterhalt bei. Eine solche Abhängigkeit mußte tiefe zwiespältige Empfindungen wecken. Einem ungehobelten Parvenü Dank zu schulden, der sich die Vaterrolle angemaßt hatte, das angehende Genie aber mit erniedrigender Verachtung behandelte, während er dessen Rechnungen bezahlte, weckte im Begünstigten einen ungeheuren Groll. Heines weitgehend unbegründete Klagen über die Knauserigkeit seines Onkels sind nur durch eine unbewußte Verdrängung zu erklären, die ihn sich als echten Sohn und nicht als armen Verwandten fühlen ließ, und das bis zu einem Punkt, wo die Höhe der Zuwendung – die ihn nie zufriedenstellen konnte – zum Maßstab väterlicher Liebe wurde. Das ist zwar nur eine Vermutung, aber sie würde die böse, selbstzerstörerische Wut erklären, die Heine zwei Jahre lang körperlich und geistig fast lähmte, als er nach seines Onkels Tod feststellen mußte, daß er in Salomons Augen nur ein armer Verwandter gewesen war und ein ungezogener dazu. Der alte Mann hinterließ ihm nicht einmal ein Andenken.

Für die Öffentlichkeit stellte Heine ihr Verhältnis als einen ständigen Konflikt zwischen dichterischem Genie und geldgieriger Vulgarität dar, und da von der anderen Seite keine gegenteilige Meinung geäußert wurde, hatte er in dieser Sache das letzte Wort. Man kann darüber streiten, ob er wirklich glaubte, daß die Welt – angefangen mit Salomon Heine – ihm den Lebensunterhalt schuldete, weil er ein großer Dichter war, oder ob er auf diese Weise Bedürfnissen Ausdruck gab, die weit über die rein finanziellen hinausgingen. Nicht streiten läßt sich aber über die Tatsache, daß er, als er von der französischen Regierung eine Unterstützung als Tribut an seine literarische Größe annahm, vielleicht sich selbst, aber sonst niemandem etwas vormachte. Die Stellung eines angeblich unabhängigen Journalisten mit bekannten radikalen Überzeugungen, der auf der geheimen Lohnliste einer reaktionären Regierung steht, ist moralisch unhaltbar. 1840, als ihm das Geld zum ersten Mal angeboten wurde, hatte Heine keinen dringenden Geldbedarf. Aber das Geld schmeichelte seinem Ego, und er akzeptierte es als Zeichen der Anerkennung seines Genies und als demonstrative Umarmung durch eine bekanntlich literarisch interessierte französische Bürokratie – und das, obwohl er viel zu intelligent war, um es nicht besser zu wissen.

Und nun, acht Jahre später, als er zum Teil enterbt und todkrank das Geld wirklich brauchte und diese 4800 Franc sehr gut hätte verwenden können, stellte die neue Regierung die Pensionszahlung plötzlich ein. Was diese Verletzung noch beleidigender machte: der Mann, der die Axt ansetzte, war ein Dichterkollege. Kein wirklicher Kollege und auch kein großer Dichter, aber trotzdem …

V

Am 7. Mai verließen Heine und seine Angehörigen das Pflegeheim und zogen wieder zurück in die Wohnung in der rue de Berlin. Sein Befinden schien etwas gebessert: er konnte die Hände wieder bewegen, hatte auch seinen Geschmackssinn zum Teil wiedergewonnen, und ein Augenlid blieb jetzt halb geöffnet. »[...] der Kranke rechnet immer auf bessere Tage«, schrieb er an seinen Verleger. »Mein Kopf ist frey, geistesklar, sogar heiter. Auch mein Herz ist gesund, fast lebenssüchtig, lebensgierig gesund – und der Leib so gelähmt, so makulaturig.«[34]

Einige Tage später wollte er seine teilweise Besserung offenbar durch einen Besuch des Louvre auf die Probe stellen. »Es war im May 1848, an dem Tage, wo ich zum letzten Male ausging, als ich Abschied nahm von den holden Idolen, die ich angebetet in den Zeiten meines Glücks«, schrieb er im Nachwort zum *Romanzero*. »Nur mit Mühe schleppte ich mich bis zum Louvre, und ich brach fast zusammen, als ich in den erhabenen Saal trat, wo die hochgebenedeite Göttin der Schönheit, Unsere liebe Frau von Milo, auf ihrem Postamente steht. Zu ihren Füßen lag ich lange und ich weinte so heftig, daß sich dessen ein Stein erbarmen mußte. Auch schaute die Göttin mitleidig auf mich herab, doch zugleich so trostlos als wollte sie sagen: siehst du denn nicht, daß ich keine Arme habe und also nicht helfen kann?«[35]

Caroline Jauberts Fassung derselben Geschichte, wie er sie

ihr erzählte, geht weiter, sie zitiert ihn: »›Ach! weshalb bin ich nicht dortselbst in jenem Augenblick gestorben!‹ rief er aus. ›Das wäre ein poetischer, heidnischer, prächtiger Tod gewesen, und den ich verdiente. Ja, in dieser Bangigkeit hätte mein Lebenslicht erlöschen müssen.‹ Nach kurzem Schweigen fuhr er in spottendem Tone fort: ›Aber die Göttin hat mir nicht die Arme entgegengestreckt! Sie kennen ihr Schicksal? Wie meine Menschheit, so ist auch ihre Gottheit auf die Hälfte reduzirt. Und allen mathematischen und algebraischen Regeln zum Trotze können unsere zwei Hälften kein Ganzes machen.‹«[36]

Ob diese Anekdote wahr ist, scheint ziemlich unerheblich: so sah er sich selbst in die dunkle Nacht des Vergessens tauchen, selbstironisch, verzweifelt – und voller Leben.

Er war vor allem verzweifelt, als er schließlich im Frühjahr 1848 begriff, daß die leichte Besserung nur vorübergehend gewesen war und daß es trotz allem, was seine Ärzte sagen oder tun mochten, für ihn keine wirkliche Hoffnung auf auch nur teilweise Besserung mehr gab. Während dieser traurigen Wochen kam Fanny Lewald, eine höchst produktive deutsche Romanautorin mit liberal-feministischen Überzeugungen, zu einem Besuch bei ihm hereingeschneit. Sie überschüttete ihn mit einem endlosen Schwall von hehren Gemeinplätzen, die ihr, was immer der Patient von ihnen gehalten haben mag, in voller Länge zitierenswert erschienen.

> Nachher gedachte er seiner großen, unzerstörbaren Lebenslust. ›Sie kommt mir ordentlich spukhaft vor bei meinen Leiden. Meine Lebenslust ist wie das Gespenst einer zärtlichen Nonne in alten Klostermauern; sie spukt noch bisweilen in den Ruinen meines Ich!‹ – ›Warum wählen Sie solch schauriges Bild? Es war in Ihnen so viel gesundes Heidenthum, daß die

> Götter einem Dichter wie Ihnen bis zum letzten Athemzuge Daseinsfreude gönnen müssen!‹ – ›Ach die Götter! Die heidnischen Götter hätten einem Dichter nicht angethan, was mir geschieht; so etwas thut bloß unser alter Jehovah! Selbst die Lippen, mit denen ich so vergnügt gesungen und geküßt, sind mir ja halb gelähmt.‹[37]

Am 24. Mai, nach nur zweiwöchigem Aufenthalt in der Wohnung, zog er für den Sommer in den Vorort Passy. »[...] ganz und gar gelähmt, so daß ich nur im Lehnsessel und auf dem Bette seyn kann; meine Beine wie Baumwolle und werde wie ein Kind getragen. Die schrecklichsten Krämpfe. Auch meine rechte Hand fängt an zu sterben [...] Diktiren peinigend wegen der gelähmten Kinnladen. Meine Blindheit ist noch mein geringstes Übel«.[38]

Trotzdem gelang es ihm eine Woche später, einen genauen Plan für eine achtzehnbändige Ausgabe seiner gesammelten Werke aufzustellen, den er seinem Verleger Julius Campe mit der dringenden Bitte um sofortige Stellungnahme zusandte. »Est periculum in mora. [...] Ich bin ein armer, sterbender Mann; arm in jeder Beziehung und hab kaum die Bedürfnisse und Kosten meiner Krankheit zu bestreiten. Es geht mir sehr schlecht. [...] Welch ein schauderhaftes, verfluchtes Schicksal verfolgt doch die deutschen Dichter! Möge sich auch dieses in Deutschland ändern.«[39] Wie immer unterzeichnete er seinen Brief mit »Ihr Freund Heinrich Heine«.

*

Das war eine krasse Vereinfachung. Wie die Beziehung zwischen Heine und seinem Verleger auch ausgesehen haben mag: als Freundschaft im üblichen Sinne war sie nicht zu bezeichnen. Beide Seiten verglichen sie hin und wieder mit einer stürmischen Ehe; aber wenn man die rein persönlichen und gefühlsbedingten Komponenten betont, läßt man andere wichtigere Tendenzen außer acht, die ständige Spannungen zwischen ihnen in ihrer jeweiligen Rolle als Verleger und Autor geradezu schaffen mußten – abgesehen von dem ohnedies vorhandenen explosiven Kräftepotential zweier monumentaler Persönlichkeiten.

Campe war fünf Jahre älter als Heine, ein Riese von Mann, eigensinnig, Verächter der Behörden, mit denen er häufig vor Gericht aneinandergeriet, aber gleichzeitig entschlossen, seinen Verlag, den er 1823 übernommen hatte, sicher durch oft sehr unruhige Gewässer zu steuern. Einerseits hatte er es mit einem undurchschaubaren Geflecht von Zensurbestimmungen zu tun, denen zufolge alle Veröffentlichungen von weniger als zwanzig Bogen – 320 Seiten – separate Druckerlaubnis jedes deutschen Staates erforderten (dem lag die Vorstellung zugrunde, daß nur Gelehrte oder andere harmlose Spinner noch dickere Bücher lesen würden). Andererseits mußte er vermeiden, bankrott zu gehen. Für einen Verleger mit Urteilsvermögen und politischen Überzeugungen brachte das einige schwierige Kompromisse mit sich.

Schon in guten Zeiten war das kein leichter Balanceakt, im Zeitalter Metternichs aber eine regelrechte Herausforderung. Mehr als dreißig Jahre, von 1815 bis 1848, hatte Clemens Wenzel Nepomuk Lothar Fürst von Metternich, Henry Kissingers Vorbild, die politische Bühne Europas durch bloße persönliche Brillanz im Verein mit einem System rücksichtsloser Unterdrückung beherrscht. Wie das ungeheure Netz einer giftigen Spinne erstreckte sich dieses System über den Kontinent und beschäftigte ganze Armeen von Polizeispitzeln, Folterknechten, Informanten, Verschwörern und gedungenen Mördern. Schlüsselelement war dabei eine rigorose Zensur. Im Maße, wie Autoren und Verleger Mittel und Wege fanden, sie zu umgehen, wurden ihre Regeln und Vorschriften immer zahlreicher.

Campe war bei diesem institutionalisierten Katz-und-Maus-Spiel besonders geschickt. Er fand so viele Mittel, die Zensoren herauszufordern oder zu verwirren, daß er sich damit einen Platz weit oben auf der Feindesliste Metternichs verdiente. Campe hatte einen kleinen Vorteil, da er seine Geschäfte von Hamburg aus führte, einem selbständigen und relativ freien Stadtstaat, der noch nicht zum Deutschen Bund gehörte.[40] Andererseits war aber Preußen mit seinen dreizehn Millionen mehr oder weniger gebildeten Einwohnern der größte Markt, produzierte allerdings auch die eingriffsfreudigsten Zensoren; jedes von ihnen geächtete Buch war so gut wie unverkäuflich. Gegen sie führte Campe einerseits aus einem ihm selbstverständlichen Liberalismus, andererseits aus angeborenem Eigensinn einen hartnäckigen lebenslangen Kampf. Er ersann immer neue Tricks, wie Einfügen von falschen Titelseiten, falsche Angaben über Erscheinungszeitpunkt und -ort, Zusammenstellung harmloser Schriften mit politisch inopportunen in einem Band. Allerdings verlor er auch manches Gefecht, und jede Niederlage bedeutete erhebliche finanzielle Einbußen. Wenn er solvent bleiben wollte, mußte er seine Risiken aufs Zumutbare begrenzen. Heine schien weder willens noch fähig, dieses Argument zu begreifen. Immer wieder klagte er, daß sein Verleger sich viel zu schnell einschüchtern ließe. Wie Campe ihm schließlich in einem Zornesausbruch bedeutete, war das ein billiger Vorwurf für jemanden, der sicher außerhalb der Schußlinie in Paris saß.

Ein weiterer Anlaß für ständige Reibereien zwischen ihnen war natürlich Geld. Von Anfang an war dem Verhältnis ein Interessenkonflikt eingebaut: Autor und Verleger handelten einen festen Betrag für die Rechte an einem bestimmten Werk aus; dazu kamen gewöhnlich zusätzliche Zahlungen, wenn die Nachfrage weitere Auflagen rechtfertigte. Campe liebte seinen Verlag und widmete sich ihm regelmäßig achtzig Stunden in der Woche. Er war risikofreudig, veröffentlichte die meisten Dissidenten unter den deutschen Autoren und war unter den Umständen seiner Zeit nicht besonders geldgierig. Aber er wollte Geld verdienen, und er verstand sich auf zähes Verhandeln. Heine seinerseits war ein schwieriger Kunde, hielt Fristen nicht ein, überschätzte seine Verkaufschancen, erregte sich über Gestaltungs- und Produktionsfragen und kritisierte jeden Kompromiß mit den Behörden. Aber beim Aushandeln von Terminen und Vertragsbedingungen erwies er sich trotz seines juristischen Doktorgrads Campe als dem völligen Autodidakten nicht gewachsen. Es mag schon zutreffen, daß der Verleger zu ungewöhnlich hohen Erstauflagen neigte, um neue Kosten für die folgenden zu sparen. Wahr ist aber auch, daß die Beträge, die er Heine als Honorare und jährliche Zuschüsse zahlte, relativ großzügig bemessen waren. In seinem Verlag waren sie die höchsten und im allgemeinen den Summen vergleichbar, die andere Verleger ihren besten Autoren zahlten. Und obwohl Heines Bücher sich zu seinen Lebzeiten recht gut verkauften, ging Campes Rechnung erst wirklich auf, als er und sein Autor längst tot waren. Gegen Ende des neunzehnten Jahrhunderts wurde Heine Hoffmann und Campes jahrelanger Bestsellerautor und verdiente ein Vermögen für sein Patenkind Julius Campe II. Der Verlag floriert bis heute.

*

Nichts von alledem kann indessen das Verhalten Campes erklären oder entschuldigen: In einer entscheidenden Zeit in Heines Leben, als er Campe dringender als je zuvor brauchte, brach der Verleger einfach die Verbindung zu ihm ab und hüllte sich in ein undurchdringliches dreijähriges Schweigen. Er leistete gewissenhaft alle vereinbarten Zahlungen, aber von Mai 1848 bis Juli 1851 beantwortete dieser pünktlichste und weitschweifigste aller Briefschreiber nicht einen von mindestens einem Dutzend Briefen seines bettlägerigen Autors. Die Gründe für diesen einseitigen Bruch sind immer noch unklar; Campe selbst beschränkte sich auf einige vage Äußerungen, er hätte genug gehabt und dergleichen. Als er mit vierundfünfzig zum ersten Mal Vater wurde, hatte er Heine zum Paten seines Sohnes gemacht und die Taufe um zwei Jahre verschoben in der Hoffnung, daß sein Starautor ihr persönlich beiwohnen könnte. Im Februar 1848 wurde der Junge schließlich getauft. Heine ließ sich durch einen Bevollmächtigten vertreten. Es besteht die Vermutung, daß Campe Heines Abwesenheit als Beleidigung auffaßte, zumal er, an jahrelange Klagelitaneien gewöhnt, sich einfach weigerte, an den Ernst von Heines Zustand zu glauben. In weniger nachsichtigen Interpretationen erscheint Campe als gewissenloser Profitmacher, der auf Heines bevorstehendes Ableben spekulierte, um den Wert seiner Rechte am Werk zu steigern.

Welche Gründe Campe auch gehabt haben mag, seine unmenschliche Grausamkeit ist unentschuldbar. Der wahre Grund liegt zweifellos tief verborgen in der Zwiespältigkeit dieser Beziehung. Sie erinnerte weniger an eine unglückliche Ehe, sie hielt vielmehr ein schon lange bestehendes Muster gegenseitiger Eltern-Kind-Abhängigkeit aufrecht – mit den zugehörigen zwiespältigen Gefühlen auf beiden Seiten. Campe war mit seinem untrüglichen Instinkt unter den ersten, die Heines Genie erkannten und darauf setzten, und lange Zeit spielte er den abwechselnd nachsichtigen, ungeduldigen, zornigen oder verzeihenden Vater; was er aber wirklich für die Person des Autors empfand, ist höchst unklar. Die Tatsache, daß er die Verbindung abbrach, kurz nachdem er selbst doch noch leiblicher Vater geworden war, mag hier vielleicht aufschlußreich sein.

Heine seinerseits behandelte Campe sehr ähnlich, wie er Onkel Salomon behandelt hatte. Beide waren Vaterfiguren, die er dazu bringen wollte, ihn zu lieben. Wie er Salomon gesagt hatte, daß das Beste an ihm sein Name sei, den er mit seinem Neffen teile, so glaubte er auch, daß Campes größtes Kapital in der Verbindung mit ihm liege. In seiner Verachtung für die meisten anderen Dissidenten-Schriftsteller, auf die sich Campe als Verleger spezialisiert hatte – Börne, Gutzkow, Grün usw. –, schwang eindeutig ein Gutteil Eifersucht mit. Er verdächtigte sie, gegen ihn zu intrigieren, und führte darauf letzten Endes auch Campes unerklärliche Weigerung zurück, mit ihm in Verbindung zu bleiben. So ließ sich die Zurückweisung etwas leichter ertragen.

*

Passy ist heute Teil des sechzehnten Arrondissement, zwischen Seine und Bois de Boulogne gelegen. Aber als Heine dort 1848 den Sommer verbrachte, hatte es noch einen recht ländlichen Charakter. Es lag jedenfalls noch weit genug vom Pariser Stadtzentrum entfernt, um ihm die schlimmsten Kämpfe, die die Stadt erschütterten, zu ersparen. Jedoch sein gefühlsmäßiger und intellektueller Abstand war weit größer als der einstündige Fußmarsch, der ihn vom Palais Bourbon trennte. Natürlich war diese Entfernung von den Ereignissen wesentlich durch seinen körperlichen Verfall bedingt, sei es auch nur durch die Unmöglichkeit, sich Informationen aus erster Hand zu verschaffen. Aber seine Einstellung zur Februarrevolution und den darauffolgenden Entwicklungen hatte ohnehin schon vorher weitgehend festgestanden; wie die meisten Sterblichen nahm er nicht wahr, was nicht in seine Vorstellungswelt paßte.

Sosehr ihm die Republik mißfiel, das neue Regime hatte tatsächlich durchgreifende Veränderungen in erstaunlich kurzer Zeit zuwege gebracht – allzu durchgreifende und in allzu kurzer Zeit, wie sich zeigte. Aber der unerbittliche Druck von unten beschleunigte das Programm der großenteils wohlmeinenden, wenn auch dilettantischen Intellektuellen, die die provisorische Regierung bildeten. Sie schufen das allgemeine – oder jedenfalls halballgemeine – Wahlrecht, das jeden männlichen Bürger zur Wahl berechtigte. Dieses Recht verurteilte die Demokratie zum Untergang in weniger als Jahresfrist, da die Stimmen der konservativen Bauern denen der städtischen Liberalen zahlenmäßig weit überlegen waren – eine paradoxe Entwicklung, die sich seither manches Mal wiederholt hat. Für Unterstützung der Arbeitslosen sollten Nationalwerkstätten sorgen, ein Arbeiterhilfsprogramm, das im März 28 000 Menschen erfaßte und einen Monat später auf weit über hunderttausend anschwoll, als Arbeits- und Mittellose aus dem ganzen Land in die Hauptstadt strömten und Mittel beanspruchten, die die verfügbaren weit überstiegen. Es entstand eine explosive Lage, die durch freie Theaterkarten, die die Regierung als Teil ihres Programms zur Hebung des allgemeinen kulturellen Niveaus verteilte, nicht wesentlich entspannt wurde. Lamartine bot Victor Hugo das Erziehungsministerium an, aber Hugo zögerte, angeblich weil er sich nicht als Republikaner betrachtete. Mit der Abschaffung der Zensur entstanden in Paris zwischen Februar und Dezember nicht weniger als 479 Zeitungen. Die offiziellen Regierungs-*Bulletins* wurden jeden zweiten Tag in ganz Frankreich verschickt. Die meisten von ihnen waren von Heines ehemaliger Freundin und vielleicht Geliebten, der Baronin von Dudevant alias George Sand, verfaßt. Ihre leidenschaftlichen republikanischen Neigungen hatte sie bei der ersten Nachricht vom Ausbruch der Revolution aus ihrem Landhaus in Nohant nach Paris eilen lassen. Sie hatte sich im Innenministerium installiert und den Propagandaapparat übernommen. Sie begriff anscheinend bald, daß die Situation schnell außer Kontrolle geriet. Tocqueville berichtet in seinen *Erinnerungen:* »Madame Sand schilderte mir in allen Einzelheiten und mit erstaunlicher Lebhaftigkeit die Lage der Arbeiter in Paris, ihre Organisation, ihre Zahl, ihre Waffen, ihre Vorbereitungen, ihre Gedanken, ihre Leidenschaften und ihre finstere Entschlossenheit. Ich hielt ihre Darstellung für übertrieben, aber sie war es nicht; das zeigte sich klar in der Folgezeit. Sie befürchtete vom Siege des Volkes das Schlimmste für sich und beklagte aufs tiefste das Schicksal, das uns erwartete.«[41]

Am 15. Mai fanden die ersten Zusammenstöße statt. Sie wurden ausgelöst durch eine Parlamentsdebatte über Polen, ein der äußersten Linken am Herzen liegendes Thema; sie wollte Preußen und Rußland den Krieg erklären, falls Polens Unabhängigkeit nicht sofort wiederhergestellt würde. Der Schaden war gering, aber einige wichtige Führer der Arbeitervereine wurden verhaftet. Dies war ein erster Schritt des Rechtsbündnisses in der Absicht, eine Kraftprobe zu erzwingen.

Der nächste Schritt war die Auflösung der vom einflußreichen katholischen Block in der Nationalversammlung als sozialistisch bezeichneten Nationalwerkstätten. Das Kabinett nahm die unausweichliche Konfrontation voraus, indem es die Arbeitervereine ebenso wie alle bewaffneten Versammlungen verbot. Das ging so weit, daß sich strafbar machte, wer auch nur unwissentlich neben einer Person stand, die eine verborgene Waffe bei sich führte. Alle nicht in Paris ansässigen Arbeitslosen sollten vor die Wahl gestellt werden, entweder in die Armee einzutreten oder dorthin zurückzukehren, woher sie kamen. Am Freitag, dem 23. Juni, lehnte die Nationalversammlung mit knapper Mehrheit einen Gesetzentwurf über die sofortige Abschaffung der Nationalwerkstätten ab. Als Versuch, in letzter Minute die unausweichliche Kraftprobe zu verschieben, genügte dieser Mehrheitsbeschluß nicht und kam außerdem zu spät. Draußen in den Straßen wurden wieder einmal Barrikaden errichtet.

Dieses Mal jedoch antwortete die Regierung mit tödlicher Schnelligkeit. In der Person des Kriegsministers General Cavaignac hatte sie einen Verfechter, der schonungslos durchgriff. Neben regulären Truppen wurden Tausende von Mitgliedern der Nationalgarde mobilisiert, und aus dem ganzen Land strömten Bauern, Ladeninhaber und deklassierte Adlige nach Paris, um sich am Kampf gegen die proletarischen Untermenschen zu beteiligen. Die Zahl der Aufständischen betrug dagegen nie mehr als ungefähr 50000. Ihre Forderungen – hauptsächlich Fortbestand der Nationalwerkstätten und Freilassung ihrer verhafteten Führer – waren verhältnismäßig bescheiden. Ihnen standen die vereinten Kräfte von Kirche und Staat gegenüber, die sich auf erbitterte Klassengegnerschaft und ein überwältigendes Waffenpotential stützen konnten.

Das Ergebnis war ein dreitägiges Morden, bei dem 1460 Menschen ihr Leben verloren und schändliche Greueltaten von beiden Seiten begangen wurden. Cavaignac, der von der Nationalversammlung mit diktatorischen Vollmachten ausgestattet worden war, erklärte in Paris das Kriegsrecht und rief den Belagerungszustand aus, der bis Oktober dauerte. Damit schuf er für die später im Jahr in Wien und Berlin belagerten Regierungen einen Präzedenzfall. Von den 15 000 Gefangenen wurden etwa fünfhundert nach Algerien deportiert, die meisten anderen über ein Jahr gefangengehalten. 50 000 Soldaten bezogen in Paris Quartier, ihre Pferde weideten jeden Grashalm entlang den Champs Elysées ab. Die konservative Fraktion hatte auf ganzer Linie gesiegt. Sie machte die Aufhebung großer Teile der im Februar verabschiedeten Sozialgesetze zu ihrer ersten Aufgabe.

Für Marx und Engels bedeutete die blutige Niederschlagung des Aufstands die Zerstörung letzter Illusionen und traditioneller Bindungen. Sie glaubten, dies würde der Arbeiterklasse helfen, sich auf den bevorstehenden Endkampf vorzubereiten. Der große russische Dissident Alexander Herzen, der in Paris im Exil lebte, sah hierin nicht die Vernichtung von Illusionen, sondern die Vernichtung von Idealen: das Ende aller Hoffnung auf Liberalismus und Demokratie.

Heine enthielt sich aller Kommentare zur Lage, er beruhigte am 26. Juni lediglich seine Mutter, daß es ihm gutgehe.

VI

Es ging ihm natürlich gar nicht gut. Er war vom Oberkörper abwärts völlig gelähmt, fast ganz blind, mit einer Frau verheiratet, die weder für ihn sorgen wollte noch konnte, nicht einmal fähig war, ihm die Zeitung vorzulesen, so daß er selbst für den geringsten Dienst auf bezahlte Helfer oder die Gefälligkeit von Freunden angewiesen war. Seine erste Pflegerin, eine hübsche junge Frau, an die er sich anschloß, wurde aus ebendiesem Grund von der stets eifersüchtigen Mathilde hinausgeworfen und durch ein Ungeheuer ersetzt, das er »la Vieille Garde« nannte (ein Wortspiel mit Bezug auf Napoleons Leibgarde) und vor deren Pflege er sich schließlich fürchtete. Campe ließ nicht nur seine Briefe unbeantwortet, sondern ignorierte auch seine Bitte, alle ihm zustehenden Zahlungen lieber bar als in Bankschecks zu leisten: »Ich kann [...] nicht mehr ausgehen und mich nicht vom Stuhl erheben, und muß daher brieflich alle Geschäfte betreiben.«[42]

Noch neigte er zu Anfällen von Selbstmitleid, beherrschte noch nicht mit so vollendeter Meisterschaft eiserne Selbstkontrolle, unbekümmerte Konversation und Galgenhumor, mit denen er später seine Besucher – seine einzige lebenswichtige Verbindung zur Außenwelt – anzog und unterhielt. Er half dadurch seinen Besuchern, Schrecken, Mitleid und Scheu zu überwinden, half auch sich selbst, der Verzweiflung nicht zu unterliegen. Die Tage und Nächte des Sommers 1848 in Passy müssen zu den entsetzlichsten in Heines Leben gehört haben. Einerseits hatte er begriffen, daß es keine Hoffnung auf Gesundung mehr gab, daß er sein restliches Leben gefangen in einem fast toten Körper verbringen würde, andererseits fühlte er, daß die Welt aus den Fugen geraten war und er außerhalb eines Geschehens stand, das er sogar in der Abgeschiedenheit des Vororts als historischen Augenblick wahrnahm. Wie sich zeigen sollte, wurde jetzt über die Zukunft mindestens eines kommenden Jahrhunderts entschieden. Mit historischem Gespür sah Heine dies instinktiv klarer als die meisten selbsternannten Propheten seiner Zeit.

Im August klagte er in einem Brief an Jean-Jacques Dubochet, einen Pariser Verleger, der die Publikationen von Hoffmann und Campe in Paris auslieferte, bitterlich.

> Es ist sehr hart, auf einer Matratze festgenagelt zu sein, wenn alle Welt auf den Beinen ist und alle Dinge im Fluß sind. Die Nachrichten, die ich aus meinem Vaterland erhalte, vergrößern meine Qual. In dem Augenblick, wo es darum geht, mit größter Anstrengung das Werk meines ganzen Lebens fortzuführen, bin ich zur Trägheit verdammt, und ich kann nicht einmal den Notschreien meiner Freunde antworten, die von mir die gewohnte Hilfe erwarten. Unsere Feinde haben in Deutschland die Oberhand. Die sogenannte ›nationale‹ Partei, die Teutomanen, brüsten sich in ihrem Übermut, der ebenso lächerlich wie rücksichtslos ist, ihre Großsprechereien sind unglaublich. Sie träumen von nichts anderem als davon, ihrerseits die Hauptrolle in der Weltgeschichte zu spielen, alle im Osten und Westen verlorenen Stämme Deutschland wieder einzuverleiben, und wenn Sie

sich nicht beeilen, ihnen das Elsaß wiederzugeben, werden sie nicht säumen, auch Lothringen zu verlangen, und Gott weiß, wo sie mit ihren teutomanischen Ansprüchen haltmachen werden. Sie wollen den Krieg, und sie sympathisieren in diesem Punkt mit unseren Fürsten, die nichts Besseres begehren, als das kriegerische und kämpferische Feuer ihrer aufrührerischen Untertanen gegen das Ausland zu hetzen. Ich habe vom Rheinufer sehr betrübliche Nachrichten erhalten; die ergebensten Freunde Frankreichs, die seit zwanzig Jahren in den Rheinprovinzen an der Zerstörung der preußischen Macht arbeiteten, wagen nicht mehr, gegen das Umsichgreifen des nationalen Geistes zu kämpfen, und haben die Farben des deutschen Kaiserreiches gehißt.[43]

*

Es scheint zweifelhaft, ob Heine, selbst auf der Höhe seiner Kraft, in irgendeiner Weise den Lauf der deutschen Geschichte hätte beeinflussen können.

Die deutsche Verehrung für Ordnung, Organisation und Gehorsam kommt einer Art Nationalcharakter gleich. Unabhängig von allen seinen Errungenschaften, die die Welt bewegt haben – Auschwitz ist eine von ihnen –, macht er eine wirkungsvolle Rebellion außerordentlich schwierig, eine erfolgreiche Revolution aber fast unmöglich. Die liberalen und progressiven Kräfte von 1848/49 wurden nicht nur durch die Feuerkraft der preußischen Armee geschlagen, sondern auch durch den Geist des Gründers dieser Armee, den flötespielenden, homosexuellen, philosophierenden Zuchtmeister Friedrich II. – Brust raus, Bauch rein, Maul zu. Der zweite große Umsturz in der deutschen Geschichte, die Revolution von 1918, ereignete sich unter der Führung von Männern, die sich mit Tränen in den Augen beim Kaiser dafür entschuldigten, daß sie ihn absetzen müßten. Die militärische Verschwörung gegen Hitler im Jahre 1944 schließlich war mit pedantischer Sorgfalt in allen Einzelheiten vorbereitet, mit solcher Sorgfalt, daß die ganze Verschwörung zusammenbrach, als ihr Kernstück – Hitlers Ermordung – mißlang. Denn keiner der hochrangigen Verschwörer schien fähig, aus dem Augenblick heraus selbständig zu handeln. Der Mangel an Eigeninitiative war ihnen anerzogen, und dafür bezahlten sie mit ihrem Leben. In einem bissigen Gedicht, das er ungefähr um diese Zeit in einer seiner schlaflosen Nächte verfaßte, zeigt Heine eine geradezu verblüffende prophetische Gabe. Zunächst erinnert er an die Exekution Karls I. und Ludwigs XVI. und stellt sich dann in der letzten Strophe eine ähnliche Revolution in Deutschland vor:

Franzosen und Britten sind von Natur
Ganz ohne Gemüth; Gemüth hat nur
Der Deutsche, er wird gemüthlich bleiben
Sogar im terroristischen Treiben.
Der Deutsche wird die Majestät
Behandeln stets mit Pietät.

In einer sechsspännigen Hofkarosse,
Schwarz pannaschirt und beflort die Rosse,
Hoch auf dem Bock, mit der Trauerpeitsche,
Der weinende Kutscher – so wird der deutsche
Monarch einst nach dem Richtplatz kutschirt
Und unterthänigst guillotinirt.[44]

Heine irrte bei der Guillotine, aber sicherlich erfaßte er den Geist der sogenannten Revolution vom November 1918 gut siebzig Jahre zuvor.

1848 war die Lage äußerst verwickelt, es handelte sich nicht nur um einen Konflikt zwischen drei Klassen – Aristokratie, Bürgertum und entstehendem Proletariat –, sondern auch um den letzten Grabenkampf zwischen dem protestantischen Preußen im Osten und den weit liberaleren Gebieten im Westen mit Frankfurt als Zentrum des Deutschen Bundes. Das führte zu hoffnungsloser ideologischer Verwirrung und regionalen Konflikten. Ende 1849 waren alle Aufstände im ganzen Land niedergeschlagen, die besiegten Rebellen gehetzt und zu Hunderten getötet, die schweigende Mehrheit braver Bürger wollte keine Mißstände wahrnehmen und stimmte für Ordnung – die in Deutschland noch stets Vorrang vor Recht gehabt hat – und einen fanatischen Nationalismus, der für die Vereinigung unter preußischer Herrschaft eintrat.

Man kann wohl sagen, daß sich Deutschland nie ganz von der verhängnisvollen Niederlage des Liberalismus im Jahre 1848 erholt hat – obgleich der siegreiche preußische König in seltener Großmut seinen reuigen Untertanen die Erlaubnis erteilte, im städtischen Park, dem Berliner Tiergarten, zu rauchen. Die Niederlage beendete wirksam den mäßigenden politischen Einfluß der aufstrebenden Mittelschicht, ehe er sich überhaupt recht hatte geltend machen können, und vergiftete das geistige Klima mindestens ein Jahrhundert lang. Zwischen 1848 und 1945 waren Deutschland und Österreich die einzigen Länder in der westlichen Welt, in denen Studenten die Vorhut der nationalistischen und später faschistischen Reaktion bildeten und in denen Rechtsextremisten die Fakultäten beherrschten.

Aber in Wien und Budapest fanden die blutigsten, vielversprechendsten und gleichzeitig tragischsten Aufstände des Jahres 1848 statt. Nahezu sechs Monate lang herrschte in Wien ein einmaliges Bündnis von Studenten und Arbeitern; es verbannte Metternich, verkündete Pressefreiheit, führte eine Reihe liberaler Maßnahmen ein und wurde Ende Oktober von einer Armee kroatischer Söldner geschlagen. Nachdem sie Wien zurückerobert hatten, rückten die kaiserlichen Armeen auf das revolutionäre Budapest vor, das unter der Führung Lajos Kossuths Ungarns Unabhängigkeit erklärt hatte. Budapest wurde am 4. Januar 1849 genommen, Hunderte von Widerstandskämpfern wurden getötet. Antisemitismus wurde zur offiziellen Politik erhoben und die ganze jüdische Gemeinde mit einer hohen Geldstrafe belegt. Aber die Ungarn sammelten sich wieder und besiegten auf Anhieb die regulären österreichischen Truppen. Im Juni hatten sie das ganze Land wieder in der Hand. Zu diesem Zeitpunkt bat ein verzweifelter österreichischer Kaiser den russischen Zaren um Unterstützung, und in schauriger Vorwegnahme der Ereignisse unseres Jahrhunderts wurden die Ungarn im August 1849 von einer 140 000 Mann starken russischen Armee geschlagen; sie hatten Amerika und England vergeblich angefleht zu intervenieren. Nach einem an eine Orgie gemahnenden Massenmord und einer langen österreichischen Schreckensherrschaft stolperten die kaiserlichen Habsburger in einen derartigen Sumpf aus Trägheit, Dummheit und Absolutismus, daß in der Rückschau sogar das Metternichsche Regime dagegen liberal wirkt. Die verheerenden langfristigen Wirkungen sind bis zum heutigen Tag in ganz Osteuropa spürbar. Kossuth selbst entkam in die Türkei, wurde in die Vereinigten Staaten gebracht und dort wie ein Held begrüßt. Er sammelte Geld für eine Befreiungsarmee, die nie zustande kam. Unter den Opfern war Sandor Petöfi, einer der größten ungarischen Dichter. Er fiel, sechsundzwanzigjährig, in der Schlacht bei Segesvár, gerade als die erste deutsche Übersetzung einer Auswahl seiner Gedichte erschien. Der Übersetzer widmete das Buch Heinrich Heine.

*

Heines Reaktion auf diese denkwürdigen Ereignisse war im ganzen eher gedämpft. Er war keine politische Natur und kaum zum objektiven Beobachter geeignet. Wenn er aber über einen sarkastischen Kommentar hinausging und sich statt dessen auf sein wahres inneres Gefühl verließ, konnte er bemerkenswert scharfsinnig sein – nicht selten gegen die eigene Überzeugung. Bis zum Ende seiner Tage betonte er immer wieder seine Stellung und Berufung als ein *deutscher Dichter*. So sollte seine Grabinschrift lauten; in seinen Gedichten wie in seiner Prosa hat er die hoffnungslose Sehnsucht des Verbannten nach seinem Vaterland unsterblich gemacht. Seine geistige Heimat war indessen eher die Sprache als das Land, wo Bigotterie und Unterdrückung herrschten. Oft schwingt ein deutlich falscher Ton im lyrischen Ausdruck seiner Sehnsucht mit. Was immer es mit seinen Träumen von »Deutschland in der Nacht« auf sich hatte, bei hellem Tageslicht verwandelten sie sich leicht in Alpträume. Er war und blieb ein Außenseiter, unfähig zu dem überschwenglichen Chauvinismus, wie ihn sogar die Mehrheit seiner Mitverbannten in Paris so lautstark verkündete. Das verstärkte zwar noch seine Isolierung, ermöglichte ihm aber Einsichten in die Natur des deutschen Nationalismus, die sich als verhängnisvoll realistisch erweisen sollten.

*

Am 19. September kehrte Heine nach Paris zurück. »Ich will in Passy nicht begraben sein; der dortige Friedhof muß sehr langweilig sein. Ich will mich in die Nähe des Montmartrefriedhofs begeben, den ich seit langem zu meinem letzten Aufenthaltsort gewählt habe.«[45] Wohlmeinende Freunde drängten ihn, in den Süden an die damals noch unzerstörte Riviera zu ziehen, aber er machte sich über die Idee lustig: »Es gibt kein noch so mildes Klima, keine noch so lieblich duftende Luft, keine noch so entzückende Gegend, die mir den stinkenden Dunst von Paris aufwiegen könnte, dem ich meinen Husten verdanke. [...] ein wirklich intelligenter Mensch kann nur in Paris leben und sterben. Zugegeben, die Luft, die man hier atmet ist verseucht, das Leben ist abgehetzt; aber man befindet sich in einem geistigen Klima, einer Luft, die auch in die abgeschlossensten und einsamsten Wohnungen dringt. Paris ist das gestaltgewordene Leben, das kondensierte Weltall. Man verschone mich mit Nizza und dem Süden und lasse mich in Ruhe hier mein Leben enden! Heinrich Heine darf man aus Paris ebensowenig wegholen wie einen Fisch aus dem Wasser.«[46]

Anstatt in die rue de Berlin zurückzukehren, ließ sich Heine jetzt in der rue d'Amsterdam 50 im neunten Arrondissement nieder. Es war ein dunkler bedrückender Ort, der in den Erinnerungen vieler seiner Besucher eine wichtige Rolle spielt. Heine sollte dort die nächsten sechs Jahre seines Lebens verbringen. Die Wohnung lag nach hinten hinaus im zweiten Stock eines sechsstöckigen Gebäudes, hatte Flur, Küche, Wohnzimmer, Eßzimmer, Schlafzimmer und eine Toilette, einen Vorder- und einen Dienstboteneingang sowie eine Mädchenkammer im sechsten Stock. Hauptvorteil scheint die Miete gewesen zu sein, die mit 700 Franc im Jahr ungewöhnlich billig war. Aber für die fünf bis sechs Personen und einen kreischenden Papagei, die sich den begrenzten Raum teilten, gab es kaum Ruhe und Privatsphäre. Heine benötigte eine ständig anwesende oder zumindest rund um die Uhr verfügbare Pflegerin, zeitweise auch die Dienste eines Sekretärs; Mathilde hatte neben der Köchin ihre Haushälterin und Freundin Pauline, von der sie unzertrennlich war.

Unter diesen Umständen hätte selbst ein gesunder, nur mäßig sensibler Mensch unter starker Belastung gestanden. Heine scheint sich damit – auch für ihn selbst unerklärlich – mit der Heiterkeit eines Heiligen abgefunden zu haben. Seine körperlichen Leiden, angefangen mit lähmenden Kopfschmerzen und grausigen spastischen Krämpfen bis zu den Torturen seiner mittelalterlichen medizinischen Behandlung, mochten die Anstrengungen eines beengten und lärmenden Haushalts vergleichsweise harmlos erscheinen lassen. Zweifellos hatte auch das Opium lindernde Wirkung, auf das er immer mehr angewiesen war; er nahm es entweder oral oder in Form von Kompressen zu sich, die auf eine zu diesem Zweck offengehaltene Nackenwunde gelegt wurden. Aber der Ton seiner Briefe und Berichte von Augenzeugen zeigen deutlich, daß sich Ende 1848 in ihm eine Art geistiger Wandel vollzogen hatte: Er war vor die Wahl zwischen sinnloser Wut und resignierter Annahme seines Schicksals gestellt, und er wählte das letztere.

Es war unvermeidlich, daß seine auffallende neugewonnene Heiterkeit große Neugier weckte und Gerüchten über die Heimkehr eines weiteren reuigen Sünders zu Gott Nahrung gaben. Eine Konversion *in extremis* zu einer Zeit, in der Furcht und Verzweiflung den Verstand betäuben, scheint diejenigen besonders zu befriedigen, die an einen höchsten Richter glauben, der sich durch Reue auf dem Totenbett umstimmen läßt; und Heine hatte zahlreiche Besucher, die begierig waren, ihn bei der in ihren Augen späten Suche nach göttlicher Gnade zu ermutigen. Eine seiner Besucherinnen, die Prinzessin Belgiojoso, eine nahe Freundin und politische Exilantin, die in den vierziger Jahren zur katholischen Kirche zurückgekehrt war und eine Pilgerfahrt ins Heilige Land unternommen hatte, hielt Heines lebhaftes Interesse an ihrer Reise fälschlich für religiöses Erwachen. Sie überredete ihn, den Abbé Caron zu empfangen, einen Priester, der damals durch einige aufsehenerregende Konversionen Pariser Intellektueller von sich reden machte. Nach drei Besuchen erklärte Heine jedoch, daß er, was Erleichterung und Trost anlangte, die Kompressen der Religion vorzöge: »Die Linderung ist prompter.«[47]

In einem Brief vom September 1848 an Caroline Jaubert heißt es: »Meine Krämpfe haben nicht aufgehört, im Gegenteil, sie haben das ganze Rückgrat ergriffen und steigen bis ins Gehirn, wo sie vielleicht mehr Schaden anrichten, als ich selbst feststellen kann; religiöse Gedanken tauchen auf …«[48]

Damit soll Heines geistliches Suchen im Angesicht des Todes nicht geleugnet werden, ein Suchen, das in diesem Stadium gerade erst begonnen hatte. Aber wie in so vielen anderen Dingen auch trotzte er zuletzt den üblichen ideologischen und religiösen Lösungen, um in der einen Welt, die er als seine ureigenste bezeichnen konnte, Erfüllung zu finden, oder dieser doch wenigstens nahe zu kommen.

VII Nach dem Juniaufstand in Paris mit seinen mehreren tausend Opfern – unter ihnen der Erzbischof von Paris, Monseigneur Affre, der versucht hatte, eine friedliche Kapitulation auszuhandeln – regierte General Cavaignac bis zur Ratifizierung der neuen Verfassung am 12. November 1848 das Land praktisch als Diktator. Die Verfassung verlangte eine starke Exekutive, und die Debatte konzentrierte sich auf die Frage, nach welcher Methode der Präsident gewählt werden sollte. Eine größere Gruppe wünschte, daß die Wahl von der Nationalversammlung getroffen würde, die ohne Zweifel Cavaignac gewählt hätte. Aber Lamartine, der geistige Vater der Zweiten Republik, glaubte sich törichterweise seiner Beliebtheit sicher und bestand darauf, daß die Wahl durch eine Volksabstimmung entschieden werden sollte. Er setzte sich durch – zum letzten Mal.

In der Wahl vom 10. Dezember erhielt er ganze 8000 Stimmen, 38 000 gingen an den militanten linksorientierten Raspail, 370 000 an Ledru-Rollin, den Vorkämpfer des allgemeinen Wahlrechts, 1 450 000 an General Cavaignac. Aber 5,5 Millionen Wähler, das heißt ungefähr 75 Prozent der Wahlberechtigten, stimmten für einen Mann, der im Schweizer Exil aufgewachsen und noch bis zum Jahresbeginn aus Frankreich ferngehalten worden war. Noch einige Wochen vor der Wahl war er praktisch unbekannt, aber sein Name ließ das Herz jedes wahren Franzosen höher schlagen: Louis-Napoléon, Neffe des jüngst verstorbenen und unvergessenen Empereur.

Er sprach Französisch mit starkem deutschem Akzent, zeigte sich vorsichtig, legte sich in keiner Frage fest, um keine Gruppe gegen sich aufzubringen. Er wurde für viel zu dumm gehalten, als daß er für die Republik oder einen ihrer führenden Politiker eine Bedrohung hätte darstellen können, zumal er nach der neuen Verfassung nur für eine einzige vierjährige Amtszeit gewählt worden war und nicht sein eigener Nachfolger sein konnte.

Wie sich zeigte, war die angebliche Dummheit Teil einer raffinierten Inszenierung, in der sich Louis-Napoléon schließlich als ausgezeichneter Schauspieler entpuppte, der seine Umgebung höchst erfolgreich an der Nase herumführte. Mehrere Jahre lang brachte er es fertig, äußerste Rücksichtslosigkeit und ungezügelten Ehrgeiz hinter der Maske einfältiger Gutmütigkeit zu verbergen, während er schlau den Staatsstreich ausheckte. Dieser sollte ihn als rechtmäßigen Erben seines Onkels auf dem ihm seiner Meinung nach gebührenden Platz wieder einsetzen. Ein Engländer, der ihm damals begegnete, meinte, er habe nicht erwartet, einen derartig unbedeutenden Mann zu treffen, der so schlecht angezogen sei. Als Prinz Louis-Napoléon die Hand ausstreckte und er ihm ins Gesicht sah, sei er fast versucht gewesen, ihn für einen Opiumsüchtigen zu halten. Zehn Minuten später sei er überzeugt gewesen, daß Louis-Napoléon selbst die Droge wäre und wer mit ihm in Berührung käme, müsse ihr erliegen. Und Louis-Napoléons Vetter Prince Napoléon sagte über ihn, er sage nie etwas und lüge immer. Er sei ein solcher Lügner, daß man nicht einmal das Gegenteil von dem, was er sagt, glauben könne.

Als lebenslanger Bewunderer des Onkels war Heine zunächst angetan vom Auftauchen eines anscheinend besonnenen und unschädlichen jungen Mitglieds des Klans. Und wenn diesem auch die Brillanz fehlte, so wog doch der Name selbst das fehlende Charisma bei weitem auf. Die Vergötterung Napoleon Bonapartes beschränkte sich keineswegs nur auf die Franzosen. Seine anfangs siegreichen Armeen trugen die Botschaft der Französischen Revolution über den Rhein und nach Mitteleuropa. Zu den unmittelbaren Nutznießern der Egalité gehörten die Juden, die in allen von Franzosen besetzten Gebieten zum ersten Mal uneingeschränkte Bürgerrechte genossen. Außerdem scheint die Bevölkerung von Heines Geburtsstadt Düsseldorf besonders herzliche Beziehungen zu den Besatzungstruppen gehabt zu haben. In Heines Kindheit gehörten französische Soldaten praktisch zum Haushalt; die folgende Befreiung durch die Preußen wurde durchaus nicht überall geschätzt.

Heine selbst hat seine Verehrung für den Kaiser immer offen bekannt. Worüber er allerdings nicht sprach und was er sich womöglich nicht einmal selbst eingestand, war das Ausmaß, in welchem diese Verehrung ihn in früher Jugend isolierte und seinen Haß auf preußisch-deutschen Chauvinismus schürte. Er war vierzehn Jahre alt, als Napoleons Armee in Rußland ihre vernichtende Niederlage erlitt. Ein Jahr später, im Herbst 1813, schlug die antifranzösische Allianz Napoleon in der Schlacht bei Leipzig. Am 31. März 1814 wurde er zur Abdankung gezwungen, als preußische Truppen in Paris einmarschierten.

Dieser sogenannte Befreiungskrieg und Preußens führende Rolle darin wurden zum Grundstein eines neo-teutonischen Mythos, den Erzählungen legendärer heldenhafter Taten passend erweiterten und ehrfürchtig ausschmückten. Er löste eine patriotische Begeisterung aus, die besonders in den ersten Nachkriegsjahren heftig grassierte. Diese Zeit fiel mit Heines spätem Jugendalter zusammen, und es ist trotz seines respektvollen Berichts über das Essen mit dem Kriegsidol Blücher bei Onkel Salomon nicht leicht vorstellbar, daß er den schwärmerischen Chauvinismus seiner Altersgenossen teilte – ihre Helden schickten sich an, die göttlichen Rechte der preußischen Junker wiederherzustellen, während sein eigener Held nach Elba unterwegs war.

Als sich das siegreiche Preußen beeilte, die von den Franzosen eingeführte und im wesentlichen fortschrittliche Gesetzgebung abzubauen, und neben anderen rückschrittlichen Maßnahmen die strenge gesetzliche Diskriminierung der Juden wieder einführte, hätten die deutschen Juden Heines Bedenken eigentlich teilen sollen. Die Tatsache, daß viele, vielleicht die meisten von ihnen nicht nur ihre Enttäuschung unterdrückten, sondern es dem überschwenglichen Patriotismus ihrer nichtjüdischen Landsleute gleichtaten, zeugt von einer bemerkenswerten Fähigkeit zur Selbsttäuschung, deren tragisches Ende wir in unserem Jahrhundert erleben mußten. Heine entzog sich diesem besonderen Loyalitätskonflikt zumindest teilweise durch Flucht in die romantische Dichtung. Mit einundzwanzig hatte er seinen ersten größeren Erfolg. Aber es wäre seltsam, wenn diese unharmonischen Erfahrungen zusammen mit der krassen Zunahme von offenem Antisemitismus in seiner Studentenzeit (1822 waren Juden von allen akademischen Ämtern in Preußen ausgeschlossen) nicht seine Ansichten über sein Vaterland und dessen Bewohner für immer geprägt hätten.

Über Louis-Napoléon, den späteren Kaiser Napoleon III., urteilte Heine 1852, er habe sich als Löwe im Eselsgewand erwiesen, während gemeinhin für Politiker das Gegenteil zutreffe. Obwohl selbst ein Fall von anhaltendem sentimentalem Bonapartismus, wie er es nannte, war Heine über den

Staatsstreich empört und sah das Unheil kommen. Als es dann eintraf, war er tot; und am Ende hatte sich der Löwe doch als Esel erwiesen.

*

Eine berühmte Anekdote, die Alfred Meißner erzählt, wirft nicht nur auf Heine, Mathilde und ihre Ehe, sondern auch auf Meißner selbst ein merkwürdiges Licht.

Im Winter 1849 war er ein fast täglicher Besucher, auf den Heine für Zeitungen und Nachrichten von draußen, aber auch für gebildete Gespräche und literarischen Klatsch in seiner eigenen Sprache angewiesen war. Mathilde ihrerseits beklagte sich unausgesetzt bei Meißner über das beleidigende Betragen »dieser Deutschen«, die Tag und Nacht hereingetrampelt kamen und Henri besuchen wollten. Sie beschwerte sich auch über die fehlende Achtung, mit der sie sie behandelten. Meißner sah sich schließlich genötigt, ihr gegenüber einiges klarzustellen und ihren Klagen ein Ende zu setzen:

> ›Von einem halben oder ganzen Dutzend Literaten, die hier leben,‹ bemerkte ich, ›ist doch kein Schluß auf den Charakter einer Nation zu ziehen [...]. Ich will Ihnen aber das Rätsel lösen, und Sie werden dann zu ihrer größten Verwunderung sehen, daß, wenn Sie Seufferts Eigenschaften im Gegensatze zu den Eigenschaften der übrigen preisen, Sie den Deutschen, unbeabsichtigt, ein großes Kompliment machen. Seuffert nämlich ist unter allen, die Sie da im Auge haben, der einzige richtige Germane –. Die andern sind wohl auch Deutsche, aber auch – nun ja, die Juden leben seit Jahrhunderten mit uns und sind im bürgerlichen

und politischen Leben der betreffenden Nation aufgegangen – dennoch – dennoch muß ein Komplex von Eigenschaften, guten oder bösen, in ihnen erhalten geblieben sein, der sie unterscheidet [...].‹

›Was?‹ rief Frau Mathilde ganz frappiert. ›Juden wären sie? Juden – ja, allerdings, Alexander Weill ist ein Jude, er hat mir selbst gestanden, daß er Rabbiner hat werden wollen – aber die übrigen, alle die übrigen – da ist zum Beispiel Jeiteles – Jeiteles – der Name klingt doch so urdeutsch, so echt deutsch –‹

›Sagen Sie vielmehr griechisch, altgriechisch,‹ erwiderte ich, ›dennoch glaube ich behaupten zu können, daß unser Freund Jeiteles ebensowenig altgriechischem wie altgermanischem Blute entsprossen ist.‹

›Nun gut. Aber Abeles – Bamberg –‹

›Sind in gleichem Falle.‹

›O nein, Sie irren sich, das sind alles keine Juden!‹ rief Frau Mathilde. ›Das machen Sie mir nimmermehr weis. Sie werden vielleicht gar behaupten wollen, daß Kohn (Cohen) ein Jude sei? Aber Kohn ist verwandt mit Henri, und Henri ist ja Protestant –‹

Ich hielt plötzlich stille. Ganz wie ein Mensch, der, auf einem gefrorenen See daherschreitend, unverhofft das Wasser durch einen Spalt aufbrodeln sieht, stockte ich und zog das nächste Wort zurück. Auf das zufälligste hatte ich etwas scheinbar Unglaubliches entdeckt, nämlich, daß Heine in betreff seiner Abstammung seiner Frau keine Mitteilung gemacht habe und daß sie, naiv wie ein Kind, von dieser gar nichts wisse.[49]

Heine selbst hat verschiedentlich bestätigt, daß Mathilde nichts von seiner jüdischen Abstammung wisse und er nichts zu ihrer Aufklärung unternommen habe. Welche Beweggründe er auch gehabt haben mag – Angst vor Zurückweisung oder die realistische Einsicht in ihre höchst beschränkten intellektuellen Fähigkeiten –, sie werfen ein flüchtiges Licht auf eine Beziehung zwischen einem nachsichtigen älteren Herrn von Welt und einem kapriziösen, nicht allzu intelligenten kleinen Mädchen, die wenig mit einer Ehe zwischen Erwachsenen gemein hat. 1834 begann sie ja auch als eine übliche Affaire zwischen einem väterlichen spendablen Herrn und einer Grisette; sieben Jahre später heiratete er sie am Vorabend eines möglicherweise tödlichen Zweikampfes mit seiner Krankheit. Er beabsichtigte damit, die Verbindung aus Sorge um ihre Zukunft zu legalisieren. Diese anrührende väterliche Besorgtheit bestand während seiner Krankheit nicht nur fort, sondern verstärkte sich. Noch auf dem Totenbett ließ sie ihn verzweifelte Anstrengungen unternehmen, Vorsorge für diejenige zu treffen, die er als alterndes, zum Fettansatz neigendes, ewig hilfloses Kind sehen wollte oder sehen mußte. Immer wieder schildert er in Briefen und Gesprächen Mathildes eheliche Leidenschaft in so glühenden Farben, daß es verdächtig wirken mußte und viele seiner Freunde an der angeblich idyllischen Natur dieser Ehe ernsthafte Zweifel hegten – und auch an der kindlichen Naivität einer Frau, die den meisten Außenstehenden als harte, zänkische und schamlos egoistische Person erschien.

Hier bleibt zu bedenken, daß viele seiner Freunde Snobs oder »Deutsche« waren, und tatsächlich harrte Mathilde bis zu seinem Ende bei dem Kranken aus; das heißt fast bis zu seinem Ende. Höchstwahrscheinlich sah sie in ihm wenig mehr als eine recht großzügige Versorgung. Es besteht aller Anlaß zur Vermutung, daß sie die Ursache der vielen ständigen Geldschwierigkeiten war, die Heine trotz eines relativ guten Einkommens bedrängten. Andererseits liebte sie ihn möglicherweise wirklich, auf ihre Art, wenn sie auch sicherlich von einem kranken Papagei mehr Aufhebens machte als von einem kranken Ehemann.

In jedem Fall wäre die Behauptung, diese beiden so verschiedenen Menschen hätten nur intellektuell nichts gemein, eine grobe Untertreibung. Mathilde konnte schon Französisch kaum lesen oder schreiben; sie hatte nie auch nur eine Zeile ihres Mannes gelesen und keine Vorstellung von dem Ansehen, das er in der Welt genoß. Ihren Eindruck von ihm faßte sie in ein oft zitiertes Urteil: »Heine ist ein lieber, guter Kerl, aber Geist besitzt er nicht viel!«[50]

Dies alles läßt Heines unerschütterliche innige Zuneigung zu ihr rätselhaft erscheinen. Aus der sexuell anziehenden blutjungen Geliebten wurde mit der Zeit die rundliche Kindfrau, mehr Kind als Frau, und als solche von Heine aus Gründen geliebt, die etwas mit seinem eigenen unterentwikkelten Gefühlsleben zu tun haben mochten. Er wich vor jeder Intimität zurück, in der Freundschaft wie in der Liebe. Sicherlich hätte er eine dauerhafte Beziehung zu einer ihm geistig Ebenbürtigen, George Sand oder der Prinzessin Belgiojoso, nicht aufrechterhalten können. Das erklärt allerdings noch nicht, warum er Mathilde so väterlich zugeneigt blieb, warum er ihre Wutanfälle hinnahm und sich unaufhörlich um ihre Zukunft als seine Witwe Sorgen machte. Es mag zwar psychologisch vereinfachend klingen, entspricht aber doch weit mehr dem verfügbaren Material und der Meinung vieler seiner Zeitgenossen, wenn man davon ausgeht, daß diese von preußischen Zensoren, Spießern und Königen gefürchtete Geißel hinter allem Gelärme ein außergewöhnlich ehrenwerter und zartfühlender Mensch war, bekannt für seine Kinderliebe und geradezu besessen von einem Verantwortungsgefühl für das einzige Wesen, das er, wie Pygmalion, vergeblich von einer Crescence in eine Mathilde – von einer Grisette in eine »Hausfrau« – hatte verwandeln wollen und statt dessen ohne festen Standort zwischen zwei Welten zurückließ.

*

Man kann Meißners Ausführungen zu seinen Gunsten auslegen und annehmen, daß die schulmeisterlichen Belehrungen, die er als seinen eigenen Beitrag zu dem Gespräch mit Mathilde zitiert, nur eine spätere Ausschmückung sind. In jedem Fall aber schwingt in seinen Bemerkungen, die er sich nicht einmal bei der Niederschrift zu entkräften veranlaßt sah, ein Gedanke mit, der deshalb interessant ist, weil er von einem ziemlich aufgeschlossenen und progressiven deutschen Liberalen stammt: Ihre Besucher, so sagt er de facto zu Mathilde, benehmen sich schlecht, weil sie Juden sind. Sie haben zwar jahrhundertelang unter uns Deutschen gelebt, aber sie sind in gewisser Hinsicht immer noch nicht ganz zivilisiert, nicht wie wir.

Er gibt ein unbeabsichtigtes, deshalb aber um so überzeugenderes Beispiel für eine Einstellung zu Juden, wie sie im neunzehnten Jahrhundert bei nur allzu vielen Deutschen vorherrschte, die sich stolz als unvoreingenommen und liberal verstanden.

Einer der »Deutschen«, die Mathilde offensichtlich mißfielen, war zufällig Dr. Leopold Wertheim, ein geflüchteter Arzt, der solides medizinisches Wissen mit der Art von Humanität verband, die den meisten seiner Kollegen traurigerweise abzugehen schien. Er war fast der einzige Arzt, dem Heine rückhaltlos vertraute, so daß es ihm einen großen Schock versetzte, als Mathilde Dr. Wertheim in einem Wutanfall ein blaues Auge beibrachte. Sie hatte sich über eine kritische Bemerkung des Arztes, ihre Krankenpflege betreffend, geärgert. Dr. Wertheim weigerte sich daraufhin, das Haus noch einmal zu betreten. Heine entschuldigte sich einige Wochen später bei ihm:

> Sie haben keinen Begriff davon, wie oft und ungestüm ich jeden Tag an Sie denke, mich bei jeder Gelegenheit Ihrer freundschaftlichen Theilnahme erinnere und wie groß die Lücke ist, die bei mir entstanden, seitdem Sie sich zurückgezogen. Ich habe erst diese Tage wieder einen deutschen Secretär, sonst hätte ich mich unterdessen öfter darüber expectoriert, wie sehr ich durch das Ereignis leide, das aus ein und derselben Unglücksquelle entsprang, die mich schon so oft mit Bitternissen tränkte. Ich meine nämlich *den Wahnsinn* einer geliebten Person, der mehr oder minder hervorbricht, und der eben so unzurechnungsfähig wie unheilbar ist. Hier ist weder zu klagen noch etwas zu ändern, sondern nur mit Ruhe zu dulden und mit Barmherzigkeit zu verzeihen. Mein theurer Freund, es ist für mich das größte Mißgeschick, daß ich Sie nicht sehe, und jetzt Niemand habe, mit dem ich mich mit abandon über Alles aussprechen kann, was mich drückt und plagt, körperlich wie geistig. […] Ich fühle mich etwas weniger sterbend und pflege jeden Tag eine halbe oder auch eine ganze Stunde lang auf dem Sessel zu sitzen. Doch die Betrübnis über meinen Zustand ist in Zunahme und ich will darüber schweigen.[51]

Es spricht für Dr. Wertheim, daß er schließlich nachgab und sich dazu überreden ließ, Heines Behandlung wiederaufzunehmen.

Im Laufe des Jahres hatte sich Heines Zustand stetig verschlimmert. Das berichtet er seinem Bruder Max, dem Arzt am St. Petersburger Hof:

> [...] ich leide noch immer Tag und Nacht an den entsetzlichsten Krämpfen und da diese jetzt besonders meinen Unterleib bis zur Herzgrube ergriffen haben und ich zusammengezogen in einem Knäul nur auf einer Seite liegen kann, so sind auch meine Constipationen viel peinlicher geworden und ich muß oft 14 Tage lang mich unmenschlich abmartern, ehe ich zu Stuhle kommen kann. Dabei weiß ich mir nur durch Morphine Erleichterung zu schaffen. Ich nehme zuweilen 7 Gran in 24 Stunden und lebe in einer wüsten Betäubniß. Wie wird dieses endigen? [...] Nichtsdestoweniger habe ich in der jüngsten Zeit noch einiges gedichtet [...]. Ich habe dadurch meinen Geist manchmal aus seinem Trübsinn in andere Gebiete zu lenken gesucht; doch muß auch diese Ressource bald vertrocknet seyn, da mein Kopf durch die vielen Schmerzen den Gesichts- und Kinnladenkrampf, so wie auch durch die Opiate sehr ermüdet und gedankenlos wird. [...] Man hat mir soviel Böses gethan, daß ich jetzt nimmermehr im Stande bin zu vergelten, und so habe ich dem lieben Gotte die ganze Liquidation meines Lebens übergeben.[52]

Welche Wirkung die Opiate auch auf seine Verdauung ausgeübt haben mögen, den Kopf machten sie ihm nicht »gedankenlos«. Auf die Dauer waren sie die einzige Medizin, die diesen Namen verdiente. Sogar mehr als eine Medizin: »Denken sie nur nicht daß ich ohne Religion bin«, witzelte er einmal, »Opium ist auch eine Religion.«[53] Es steht außer

Frage, daß er ohne die uneingeschränkte Verfügbarkeit von Opium und seinen Derivaten, die großzügig verschrieben und in hohen, sich steigernden Dosen verabreicht wurden, längst nicht so lange gelebt hätte. Und, was für ihn und die Welt noch wichtiger ist: das Werk seiner letzten Lebensjahre wäre ohne Opium undenkbar.

Bereits im April 1849 verkündete er dem immer noch schmollenden und schweigsamen Campe, daß er einen großen Teil seiner Zeit mit Verseschreiben verbrächte und daß einige dieser Verse die seltsame Kraft besäßen, seine Schmerzen zu lindern, wenn er sie sich wie magische Anrufungen immer wieder aufsagte. Wenige von ihnen, meist Ergebnis seiner gewöhnlich schlaflosen Nächte, hielten der strengen Prüfung stand, der er alle seine Arbeiten unterzog. Er verließ sich bzw. mußte sich auf das eine noch halbwegs brauchbare Auge verlassen, während er das Lid mit Daumen und Zeigefinger seiner linken Hand festhielt. Seine Vorstellungskraft war in erster Linie visuell, so sehr, daß er außerstande war, ein Gedicht zu seiner Zufriedenheit abzuschließen, ohne vorher das geschriebene Wort auf der Seite gesehen zu haben. Er führte dieses Bedürfnis auf die »plastische Natur« des Deutschen zurück. »Unsere Sprache ist für das Auge mitberechnet. [...] und im Reime entscheidet nicht nur der Klang, sondern auch die Schreibart.«[54] Jeder Künstler hat ein Recht auf seine Lieblingstheorie.

Obwohl er wie im Sarg lag, gelang es ihm nahezu bis an sein Ende, eigenhändig in riesigen Buchstaben noch etwas zu kritzeln. Er war durch Kissen gestützt auf die Seite gebettet und berührte, wie er schildert, mit der Nase fast das Papier auf dem niedrigen Tisch neben seinem Bett. Gewöhnlich wartete er auf die Morgendämmerung und seinen Sekretär, um die schöpferische Ausbeute der Nacht zu diktieren und dann bei nüchternem Tageslicht festzustellen, daß sich nur wenige aufhebenswerte Perlen darunter befanden. Karl Hillebrand, später ein bekannter Autor und Historiker, floh 1849 im Alter von zwanzig Jahren nach Paris, nachdem er sich am badischen Aufstand beteiligt hatte. Er diente Heine vom Oktober 1849 bis zu seiner Ausweisung aus Paris im Sommer 1850 als Sekretär. Obwohl er es ablehnte, intime Einzelheiten über den Haushalt Heines preiszugeben – er sah das als »Mißbrauch des in mich gesetzten Vertrauens« an –, erinnert er sich an folgendes:

> Seine Leiden waren so heftig, daß er, um nur etwas Ruhe, meist nur vier Stunden Schlafes zu erlangen, Morphium in drei verschiedenen Gestalten einnehmen mußte. In seinen schlaflosen Nächten dichtete er dann wohl seine wunderbarsten Lieder. Den ganzen ›Romancero‹ hat er mir diktiert. Das Gedicht war jedesmal ganz fertig am Morgen. Dann aber ging's ans Feilen, das Stunden lang währte [...]. Dabei ward dann jedes Präsens und Imperfektum genau erwogen, jedes veraltete und ungewöhnliche Wort erst nach seiner Berechtigung geprüft, jede Elision ausgemerzt, jedes unnütze Adjektiv weggeschnitten [...].
> Auch Privatbriefe diktierte er mir öfters, meist auf Geldverhältnisse bezüglich. Der übrige Teil meines Besuches, der täglich drei bis vier Stunden dauerte, ward dem Lesen gewidmet. Von den Schriftstellern, die ich ihm vorlas, entfallen mir die gelehrten beinahe sämtlich, da ich gar kein Interesse daran nahm, und sie nur mechanisch hinlas: waren es doch meist theologische Werke oder wenigstens kirchenhistorische [...]; freilich auch die Bibel, die er fast auswendig wußte, und in der ich ihm oft ganze Kapitel vorlas, vornehmlich im Alten Testamente. Von Zeitungen

wollte er nichts wissen, höchstens las er das Journal des Débats [...]. Dichter aber lasen wir viele [...]. Ich will, wie gesagt, nicht auf Persönliches eingehen, doch darf und muß ich sagen, daß der Dichter mich stets mit einer Güte und liebevollen Rücksichtnahme behandelte, die tief in meinem Herzen eingeprägt geblieben. Auch nachdem ich Paris im Sommer 1850 hatte verlassen müssen, vergaß er mich nicht, half mir sogar mit seinem Wenigen aus, als ich in der Noth war, und ich konnte ihn nur mit Mühe dazu bewegen, sein kleines Darlehen zurück zu nehmen, das er mir als nachträgliche Zahlung geleisteter Dienste aufdrängen wollte.[55]

VIII

Die stachelige Aggressivität, mit der Heine sein kompliziertes und verwundbares Inneres gegen ständig drohende Lächerlichkeit oder Zudringlichkeit abschirmte, begann sich zu ändern. Die immer größer werdende Anforderung an seine psychische und physische Belastbarkeit ließ kaum mehr Raum für Posen. Das Überleben in seiner Matratzengruft, wie er sie nannte – die Matratze ein elender Strohsack, die Gruft sein eigener sterbender Körper –, erforderte unermüdliche Konzentration auf die ihm verbleibenden Kräfte. Er entdeckte, daß ihm die Waffen, die er stets mit dem Ziel geschwungen hatte, sich die Welt vom Leibe zu halten, genau den gleichen Dienst im Kampf gegen sich selbst leisten konnten – gegen die furchtbare Verzweiflung, das vergiftende Selbstmitleid und andere Todesnöte. Wenn er mit grimmigem Galgenhumor und aufblitzender Ironie seine Besucher unterhielt und seine Korrespondenz würzte, um das Grauen seines langsamen Sterbens wenn auch nur für einen Augenblick vergessen zu machen, handelte er nicht mehr wie das innerlich einsame Düsseldorfer Kind. Zwar änderte sich sein Schutzpanzer im Laufe der Jahre, die dreiste Herausforderung wandelte sich zu mehr oder weniger subtiler Ironie, aber der ungeheure Unterschied zwischen dem, der er war, und dem, der er zu sein schien, blieb bestehen. Allein das Werk selbst wirft gelegentlich ein helles, wenn auch flüchtiges Licht auf einen

Mann, der sich offenbar in der Rolle des Advocatus Diaboli nicht mehr wohlfühlte, die er jahrelang mit so vollendetem Witz gespielt hatte.

Mit seinem physischen Zusammenbruch wurde indessen die zur Abwehr eingesetzte Schauspielerei zu einem Akt der Selbstbeherrschung, der von Tapferkeit nicht zu unterscheiden war. Es kann nicht leicht gewesen sein, unter ständigen Schmerzen noch einen Rest Würde zu bewahren. Selbst die gewohnte tägliche Pflege bedeutete eine ständige Erniedrigung seines Selbstwertgefühls. Aber wenn die Pflegerin, eine ältere Mulattin, diesen leblosen Knochensack in Anwesenheit von Besuchern herumtrug, als wäre er eine Stoffpuppe, legte er ihnen ans Herz, nicht zu vergessen, der Welt zu sagen, »wie man mich in Paris auf Händen trägt«[56]. Zunehmend wurde er zu dem Menschen, der er immer hatte sein wollen. Und wie Tag und Nacht für ihn ihren Sinn verloren hatten und in zeitlosen Nebel verschwammen, so lösten sich allmählich auch viele innere Konflikte und Widersprüche, und seine Einsichten gewannen neue Tiefe. Die Gedichte, die ans Licht kamen, waren anders als alles, was er vorher geschrieben hatte. Es ist unklar, wann er nach seinem völligen körperlichen Zusammenbruch das erste Mal die Kraft fand, die Arbeit wiederaufzunehmen. Das ganze Jahr 1850 hindurch trotzte er körperlichem und seelischem Elend und schrieb weiter. Er schrieb, um zu leben, und er lebte weiter, um zu schreiben. Das tatsächliche Ausmaß seines Schaffens unter diesen quälenden Arbeitsbedingungen läßt sich nur ahnen, da er nicht alles aufbewahrte. Er veröffentlichte in jenem Jahr nichts mit Ausnahme von »Im Oktober 1849«, einer bitteren Klage über die Niederlage der Freiheit in Deutschland und Ungarn, die als Pamphlet kursierte. Das läßt vermuten, daß er für die Umwelt trotz allem noch am Leben war:

Gelegt hat sich der starke Wind,
Und wieder stille wird's daheime;
Germania das große Kind,
Erfreut sich wieder seiner Weihnachtsbäume.

Wir treiben jetzt Familienglück –
Was höher lockt, das ist von Uebel –
Die Friedensschwalbe kehrt zurück,
Die einst genistet in des Hauses Giebel.

Gemütlich ruhen Wald und Fluß,
Von sanftem Mondlicht übergossen;
Nur manchmal knallt's – Ist das ein Schuß? –
Es ist vielleicht ein Freund, den man erschossen.

Nachdem er seiner Wut über das Morden in Wien und Ungarn Ausdruck gegeben hatte, wurde ihm schließlich die eigene Hilflosigkeit erschreckend klar:

Das heult und bellt und grunzt – ich kann
Ertragen kaum den Duft der Sieger.
Doch still, Poet, das greift dich an –
Du bist so krank, und schweigen wäre klüger.[57]

Er ließ nur die Verbreitung dieses einen Gedichts zu. Alle anderen sammelte er für das, was er in einem Brief an Campe als »die dritte Säule meines lyrischen Ruhmes« ankündigte – nach dem *Buch der Lieder* und den *Neuen Gedichten* –, die »vielleicht ebenfalls von gutem Marmor, wonichtgar von besserem Stoffe sein« werde.[58]

*

Not und Geldgier können Kreativität anspornen; sie können den Künstler aber auch lähmen. Die Geldschwierigkeiten, mit denen Heine neben allen anderen in seinem letzten Lebensjahrzehnt zu kämpfen hatte, haben vielfach Mitgefühl erregt, auch war er nie abgeneigt, sich in dieser Hinsicht wortreich zu bedauern. Dadurch wird der Unterschied eher verschleiert, der auch hier zwischen Heines tatsächlicher Lage und seiner Einschätzung dieser bestand. Er hatte, wie schon gesagt, in Wirklichkeit ein ziemlich gutes Einkommen, und auch in seinen letzten Lebensjahren, als seine Krankheit große zusätzliche Ausgaben nötig machte, war er nie ernsthaft in Schwierigkeiten. Selbstverständlich hätte ihm die Bande banausischer Multimillionäre, die er durch seine Zugehörigkeit zur Familie ehrte, mit Leichtigkeit ein Leben und einen Tod frei von kleinlichen Sorgen ermöglichen können. Statt dessen behandelten sie ihn wie einen unfähigen Wohlfahrtsempfänger. Andererseits hätten sie ihn wohl kaum verhungern lassen – sei es auch nur des unliebsamen Aufsehens wegen –, und seine Freunde auch nicht; zu ihnen zählten der Baron de Rothschild und vor allem dessen Frau Betty, eine begeisterte Verehrerin von Heines Schriften. Daß er trotzdem häufig akute finanzielle Schwierigkeiten hatte, trifft zu, ist aber eher auf Mathildes Verschwendungssucht und ihre unzureichenden haushälterischen Fähigkeiten zurückzuführen als auf echte Armut.

Er machte sich ständig Geldsorgen. »Es ist schon theuer genug, in Paris zu leben«, schrieb er an Campe im November 1849, »aber in Paris sterben, ist noch unendlich theurer. Und dennoch könnte ich jetzt daheim in Deutschland oder in Ungarn so wohlfeil gehenkt werden!«[59] Aber solange er sich mit Geld als bloßem Tauschmittel befaßte, das ihm ermöglichte, Brot auf den Tisch zu bringen, einen Sekretär einzustellen, den Arzt zu bezahlen, Opium zu kaufen und

Mathilde mit Einkaufen und Flanieren auf den Boulevards zu beschäftigen und zufriedenzustellen, so lange war er mit alltäglichen Problemen konfrontiert, die ihn nicht in tiefster Seele berührten, ihn vielleicht sogar noch anspornten, sich auf seine Arbeit zu konzentrieren. Er spekulierte an der Börse hauptsächlich mit Eisenbahnaktien, erzielte auch dank der Tips und gelegentlichen Geschenke von James de Rothschild einige bescheidene Gewinne. Wie aber anläßlich des Börsenkrachs von 1847 deutlich wurde, brachten ihn an der Börse erlittene Verluste kaum aus der Ruhe. Erst, wenn Geld etwas ganz anderes als seinen tatsächlichen Wert repräsentierte und eine viel wichtigere symbolische Bedeutung bekam, war Heine außerstande, damit auch nur halbwegs vernünftig umzugehen. Das hervorstechendste Beispiel ist die bereits erwähnte Erbschaftsfehde. Sein millionenschwerer Onkel hatte ihm weder eine großzügige Rente noch ein anderes Zeichen seiner Zuneigung hinterlassen. Nachdem er ein Jahr lang gewütet und gewettert, zahllose Vermittler angeworben, ausgeklügelte Intrigen geplant und die Familie seines Vetters mit skandalösen Enthüllungen bedroht hatte, gab er schließlich nach. Für eine knauserige Rente war Deutschlands größter Dichter, den man wegen seiner Weigerung, sich der staatlichen Zensur zu beugen, verbannt hatte, damit einverstanden, nichts Nachteiliges über Carl Heine und seinen Anhang zu veröffentlichen. Damit erlaubte er diesem bigotten Schwachkopf, über seine Schriften eine Zensur auszuüben. Man darf bezweifeln, ob Heine wirklich, wie er behauptet, wesentliche Teile seiner Memoiren vernichtet hat. Wenn sie tatsächlich existiert haben, ist wahrscheinlicher, daß sich Carl Heine ihrer nach Heines Tod bemächtigt oder Mathilde sie ihm verkauft hat. In jedem Fall aber läßt sich Heines feiges Zurückweichen vor eindeutiger Erpressung schwer mit dem ihn kennzeichnenden unbeugsamen Stolz und seinem arroganten Auftreten als öffentliche Person in Einklang bringen. Auch wenn das Geld zweifellos willkommen war, gab es keinen wirklichen Bedarf, der diese bis zum Äußersten gehende Selbsterniedrigung hätte rechtfertigen können.

Ein gleichermaßen kindisches Verhalten – anders kann man es nicht nennen – kennzeichnet ein weiteres Finanzgeschäft Heines mit ähnlichen emotionalen Obertönen, das ihn 1850 beschäftigte. In beiden Fällen löste eine brillante, aber mit schwerem Makel behaftete mephistophelische Schlüsselfigur zeitweise an Verrücktheit grenzende Reaktionen bei ihm aus.

*

Ferdinand Lassalle, 1825 als Sohn eines jüdischen Geschäftsmannes aus Breslau geboren, war einer der extravagantesten und charismatischsten politischen Aktivisten unter den rebellischen jungen deutschen Intellektuellen. Als eindrucksvoller Redner und Autor mit gewandter Feder war er der aufsteigende Stern der sozialistischen Bewegung. Zu Marx stand er in einer schwierigen und rivalisierenden Beziehung, bis er 1863 seine eigene Arbeiterpartei gründete. Gleichzeitig konspirierte er mit Bismarck gegen das liberale Zentrum. Trotz aller seiner tatsächlichen Gaben – manche glauben, daß er ein deutscher Disraeli hätte werden können – war Lassalle wegen seiner schweren Charakterschwächen, die ihn schließlich sogar das Leben kosteten, als Politiker zum Scheitern verurteilt. Eitel, eingebildet, launisch, ungeduldig, auffahrend, aber ebenso rasch das Interesse verlierend, zeigte er sich unfähig, irgendwo in der politischen oder geistigen Welt Fuß zu fassen. Außerdem ließ er sich jahrelang von nebensächlichen Fragen ablenken, die seine flüchtige Leidenschaft oder seinen Don-Quichotte-Gerechtigkeitssinn geweckt hatten. So war zum Beispiel sein erster großer Fall, der ihn einer breiten Öffentlichkeit bekannt machte, ein sensationsträchtiger achtjähriger Rechtsstreit, bei dem er mit Hilfe von belastendem Material, das er der Gegenpartei entwendet hatte, eine günstige Scheidungsregelung für eine prominente Gräfin erreichte. Sein letzter großer Fall war eine hoffnungslose Liebesaffäre mit der Tochter eines preußischen Diplomaten, deren Verlobter ihn im August 1864 im Duell tötete. Er war neununddreißig Jahre alt – schließlich nur ein Meteor und kein Stern.

Einer seiner ersten Fälle war Heines Fehde mit seiner Familie, und es besteht kaum ein Zweifel, daß Lassalles Intervention die Lage erheblich verschlimmerte. 1845 begegneten sich die beiden zum ersten Mal. Heine, der bei neuen Begegnungen nicht zu Begeisterung neigte, war offenbar hingerissen. Er schrieb später an seinen Bruder Gustav:

> Als er hierher kam mit Friedländer, war er kaum 19 Jahre alt, und nie hat ein junger Mensch, sowohl durch sein Wissen als durch seine Persönlichkeit, besonders durch seine Geistesschärfe und eine meinem träumerischen Charakter fehlende Energie mir mehr zugesagt wie eben dieser junge Lassalle. [...] Dazu kommt, daß ich um diese Zeit in der aufgeregtesten Gemüthsstimmung war, wegen den Folgen, die meine Entrüstung gegen unsere Familie, bei Gelegenheit der Hinterlassenschaft Salomonis, hervorgebracht hatte. Keiner begriff wie Lassalle, wo mich der Schuh drückte, daß die verletzten Geldinteressen, um die es sich zu handeln schien, nicht die Hauptsache waren, und daß mein Ärger weit tiefere und ältere Wunden zum Grunde hatte, die ich öffentlich nicht aufdecken

konnte noch wollte: ich brauche Dir nichts Näheres darüber zu sagen, obgleich Du kaum ahnst, wie schändlich ich von Menschen, um die ich es am wenigsten verdient hatte, und die es am wenigsten zu thun nöthig hatten, getäuscht und hintergangen worden. [...] Ich hätte wahnsinnig werden können wegen jener Misere, und in dieser Stimmung traf mich Lassalle. Seine passionnirte Natur war mir wohlthätig obgleich schädlich; er goß Oel ins Feuer, verhetzte mich zu den größten Fehlgriffen [...]. Dieser Mensch aber, in seiner raschen Entwicklung zum Schlechten, ist einer der furchtbarsten Bösewichter geworden, der alles fähig ist, Mord, Fälschung und Diebstahl, und eine an Irrsinn gränzende Willenszähigkeit besitzt. Mit diesem will ich nichts anfangen.[60]

Wie immer bei Heine waren die Dinge etwas komplizierter, als er sie darzustellen beliebte. Den Boden für diesen *coup de foudre* hatte Heines lange und von Verehrung geprägte Freundschaft mit Lassalles Schwester Friederike bereitet. Friederike war drei Jahre älter als ihr Bruder, ungewöhnlich reizvoll, aber unpassenderweise mit einem Spekulanten namens Friedland verheiratet, dessen Glück wilden Schwankungen unterworfen war.

Als er 1846 kurzfristig einmal vermögend war, überredete Friedland Heine zu einer Investition von 12500 Franc in eine Gesellschaft, die in Prag Gasbeleuchtung einzuführen plante. Wie die meisten Schriftsteller hatte Heine keine rechte Vorstellung von der Funktionsweise des Kapitalismus; er betete Friederike an und stand zu der Zeit bereits im Banne von Lassalle, Grund genug, dem Spekulanten zu vertrauen: sein Versprechen, die Investition in kürzester Zeit zu verdreifachen, weckte keinerlei Argwohn bei Heine.

Als schließlich klar wurde, daß die Prager Gasgesellschaft vor allem mit heißer Luft handelte und auf den Bankrott zusteuerte, verlangte ein empörter Heine sein Geld zurück. Der Gedanke, daß Investition Risiko bedeutet, war ihm offenbar nie gekommen. Aber mehr als der tatsächliche Verlust erregte ihn das Gefühl, daß diejenigen, die er als seine Freunde ansah, sein Vertrauen mißbraucht hatten. Er lancierte eine Drohkampagne gegen Friedland, belastete Lassalle, wandte sich an Lassalles Vater und ließ über einige seiner deutschen und österreichischen Verbindungen polemische Beiträge veröffentlichen, die die kriminelle betrügerische Verschwörung gegen einen armen, hilflosen Dichter anprangerten. Monatelang wütete und wetterte er, bis der verfolgte und kompromittierte Friedland zuletzt demütig die Waffen streckte und sich einverstanden erklärte, das Geld in Raten zurückzuzahlen, sowie er dazu imstande wäre.

*

Gedichte, finanzielle Sorgen, Klatsch, Polemiken und eine Flut täglichen Ärgers lenkten Heine bis zu einem gewissen Grade ab. Im September erkrankte Pauline Rogue, Haushaltsfaktotum und ständige Gefährtin Mathildes, ernstlich, so daß in den folgenden vier Monaten zwei bettlägerige Patienten sich den verfügbaren Raum, Pflege und Komfort in der kleinen Wohnung teilen mußten. Immer noch kamen Besucher, um ihre Aufwartung zu machen oder ihre Neugier zu befriedigen. Trotzdem beklagte sich Heine über seine zunehmende Vereinsamung: »Ich [...] sehe wenig Deutsche, außer durchreisende Fremde. Meißner war hier und ich sah ihn viel. [...] Seuffert hatte sich einigermaßen vom Soff zurückgezogen und sich der Religion in die Arme geworfen; jetzt scheint er beides vereinigen zu wollen und noch obendrein die Liebe hinzuzufügen: er ist verliebt und Bacchus, Christus und Amor bilden jetzt seine Dreieinigkeit. [...] Meinen Freund Balzac [gestorben am 18. August 1840] habe ich verloren und beweint. George Sand, das Luder hat sich seit meiner Krankheit nicht um mich bekümmert; diese Emancipatriçe der Weiber oder vielmehr diese Emancimatriçe hat meinen armen Freund Chopin in einem abscheulichen aber göttlich geschriebenen Roman auf's Empörendste maltraitirt. Ich verliere einen Freund nach dem andern«.[61]

Aber seine Krankheit schritt unaufhaltsam fort, daran gab es keinen Zweifel. Ihre Schatten konnten auch sein stoischer Gleichmut, sein nie versiegender Humor und seine fast geheimnisvolle Konzentration auf die Arbeit nicht ganz bannen. Im März berichtete er Dr. Wertheim: »[...] nur in Betäubung durch Morphium [finde ich] einige Erleichterung [...]. Mein Zustand ist so tragisch, daß ich selber anfange, Mitleiden mit mir zu haben, was bisher der alte Uebermuth noch nicht erlaubte. Medizin nehme ich gar keine mehr, weder Arzt noch Apotheker können mir helfen.«[62] Und in einem Brief an Heinrich Laube, einen jungen deutschen Schriftsteller und Freund, spricht Heine auch dann von der »Verzweiflung des Leibes«[63], wenn er für Augenblicke der Verzweiflung der Seele erliegt: »Du kannst Dir keine Vorstellung machen, wie viel Schmerzen ich erdulde [...]. Und dabei keine Hoffnung auf Besserung und das trostlose Bewußtseyn, daß diese qualvolle Krankheit sich gegen ihr Ende noch schauderhafter gestalten dürfte.«[64] Adolph Stahr, der Ehemann Fanny Lewalds, der im Oktober auf der Durchreise nach Paris kam, berichtet von einem Gespräch, in dem Heine seinen eigenen Zustand mit dem seines Freundes, des Historikers Augustin Thierry, vergleicht – »der auch blind und lahm darniederliege, und noch unglücklicher sei wie er, da jenem auch der Gebrauch der Hände durch die allgemeine Lähmung versagt sei. ›Was mich immer aufrecht erhält‹, sagte er, ›das ist der Gedanke, daß ich all diese Schmerzen freiwillig erdulde, und sie enden kann, sobald ich will. Sehen Sie, mit der Hand kann ich auf dem Tische eine Dosis Opium erreichen, nach der ich nicht wieder aufwachen würde, und daneben liegt ein Dolch, den ich noch Kraft genug habe zu brauchen, wenn meine Schmerzen unaushaltbar werden. Daß ich diese letzte Freiheit habe, giebt mir Muth und macht mich gewissermaßen heiter.‹«[65]

Andererseits gibt es den Bericht von Caroline Jaubert, die bei einem ihrer Besuche einen eigenartigen Apparat bemerkte, der mit Seilen und einer Art von Steigbügeln an der Wand über seinem Kopf befestigt war. Heine erklärte: »›O! das, das ist eine gymnastische Erfindung, um, wie man sagt, meinen rechten Arm zu üben. Aber unter uns gesagt, ich glaube eher, daß es eine Einladung zum Henken ist: eine zarte Aufmerksamkeit meines Arztes. – Jedoch giebt es Einfaltspinsel‹, fuhr Heine fort, ›welche den Muth bewundern, mit dem ich mein Ende noch hinausschiebe. Haben dieselben aber jemals daran gedacht, wie ich es anfangen soll, mir den Tod zu geben? Ich kann mich weder hängen, noch mich vergiften, noch weniger mir eine Kugel durch den Kopf schießen oder mich aus dem Fenster stürzen; oder soll ich Hungers sterben? Pfui! das ist eine Todesart, die im Widerspruch mit allen meinen Prinzipien steht. – Offen gesprochen, man muß zum mindesten die Art seines Selbstmordes frei wählen können oder aber die Finger davon lassen.‹«[66]

Beide Versionen klingen relativ echt, und Konsequenz war jedenfalls nie Heines Stärke.

IX Ob und wieweit Heine in der Not Trost bei der Religion suchte, ist eine offene Frage. Ihre Beantwortung hängt weitgehend von der ideologischen Einstellung des Fragenden ab. Wer überzeugt ist, daß es keine »verschämten Atheisten« gibt, wird sich in Heines Hinweisen auf einen persönlichen Gott bestätigt finden, während der unbelehrbare Atheist und Agnostiker Heines verstreute Anrufungen der Gottheit nur als inszenierte Seufzer abtun wird. Oder als Flüche: »Gottlob, daß ich jetzt wieder einen Gott habe, da kann ich mir doch im Uebermaaße des Schmerzes einige fluchende Gotteslästerungen erlauben; dem Atheisten ist eine solche Labung nicht vergönnt.«[67]

Anfang 1850 machten reißerische Berichte vom reuigen verlorenen Sohn und seiner Rückkehr zu Gott in der deutschen Presse die Runde. Es spielt keine Rolle, ob sie frei erfunden waren oder ob Heines zweideutige Bemerkungen von seinen Besuchern so verstanden wurden. Die Geschichte vom Sünder, der Gott leugnet, für seine Sünden bestraft und durch Abtötung des Fleisches dahin geführt wird, die Gnade des Herrn zu suchen, befriedigte selbstgerechte Zeitungsleser im Zeitalter der Syphilis genauso wie heute im Zeitalter von Aids. In einem Brief an seine Mutter vom Januar tat Heine die Geschichten von seiner angeblichen Konversion als übliche Lügereien ab. Einige Tage später wurde er in einem Brief an seinen Freund Laube deutlicher:

> Was man von meiner jetzigen Gläubigkeit und Frömmelei herum erzählt, ist mit vielem Unsinn und noch mehr Böswilligkeit vermischt. Es hat sich in meiner religiösen Gefühlsweise gar keine so große Veränderung zugetragen und das einzige Ereigniß, wovon ich Dir mit Bestimmtheit und mit Selbstbewußtseyn etwas melden kann, besteht darin, daß auch in meinen religiösen Ansichten und Gedanken eine Februar-Revoluzion eingetreten ist, wo ich an der Stelle eines früheren Prinzips, das mich doch früherhin ziemlich indifferent ließ, ein neues Prinzip aufstellte, dem ich ebenfalls nicht allzu fanatisch anhänge und wodurch mein Gemüthszustand nicht plötzlich umgewandelt werden konnte: ich habe nämlich, um Dir die Sache mit einem Worte zu verdeutlichen, den Hegelschen Gott oder vielmehr die Hegelsche Gottlosigkeit aufgegeben und an dessen Stelle das Dogma von einem wirklichen, persönlichen Gotte, der außerhalb der Natur und des Menschen Gemüthes ist, wieder hervorgezogen. [...] Hegel ist bei mir sehr heruntergekommen und der alte Moses steht in Floribus.[68]

Dies scheint mir eine der überzeugendsten Äußerungen zu Heines religiöser Einstellung zu sein, ein seltenes Beispiel für ein objektives Selbstporträt. Das Verhältnis zu Hegel, einem seiner Lehrer an der Berliner Universität, erfuhr einige erstaunliche Wandlungen, war jedoch nie das eines unbedingten, geschweige denn fanatischen Jüngers. Heine war von Natur aus weder zum Gefolgsmann noch zum Führer geschaffen. Mit dem alten Moses stand er dagegen, ohne ihn persönlich gekannt zu haben, auf weit vertrauterem Fuß. Aber auch hier reichte seine Sympathie nicht entfernt an reine Verehrung heran. Fast sein ganzes Leben lang bekundete er Verehrung für die Griechen und ihre Götter. Das ist einer der vielen Gründe, warum er sich in seiner Jugend so stark mit Byron identifizierte. In seinen philosophischen Essays stellt er die griechische Liebe zum Leben der Askese gegenüber, die er gern als Geist der Nazarener bezeichnete – »die krankhafte Sekte, aus der Christus und das Christentum hervorgingen«[69] –, jedenfalls blickte er in der Rückschau aus seiner Matratzengruft auf sein jugendliches Ich als lebensfroher Hellene zurück, als eine Art lorbeerbekränztes Götterkind, das zwischen den erdenschweren Sterblichen herumsprang. Er mag versucht haben, dieses Bild von sich zu vermitteln, es ist aber zweifelhaft, ob er damit je irgend jemanden überzeugt hat, am allerwenigsten sich selbst. Im Gegensatz zu Byron, von dem er einiges übersetzt hatte und als geistesverwandtem Vetter sprach, verlor Heine trotz seiner oft überschwenglichen Romantik nie ganz den Sinn für Realität. Im tiefsten Herzen nahm er die griechischen Götter genauso wenig ernst wie Jehova, nur daß ihm letzterer von Kindheit an vertraut war und er es in jenen end- und schlaflosen Nächten ohne Zweifel viel leichter fand, mit ihm zu sprechen als mit jenen streitlustigen Flegeln auf dem Olymp.

Es gibt genügend Beweise dafür, daß er als Kind der Aufklärung und nicht irgendwelcher griechischer Götter höchst verlegen war über seine »religiöse Umwälzung [...], mehr ein Akt meines Denkens als des religiösen Empfindelns«[70]. Aber er las viel in der Bibel, und Meißner berichtet von einem Gespräch mit ihm im Sommer 1850, das höchst authentisch klingt: »›Könnte ich doch nur mit Krücken ausgehn!‹ seufzte er. ›Wissen Sie, wohin ich ginge?‹ ›Nein!‹ erwiederte ich. ›Geradewegs in die Kirche!‹ ›Sie scherzen!‹ warf ich ungläubig ein. ›Nein nein! gewiß! in die Kirche!‹ antwortete Heine. ›Und wohin soll man denn auch mit

Krücken gehn? Freilich, wenn ich ohne Krücken ausgehn könnte, spazierte ich lieber über die lachenden Boulevards und würde den Ball Mabille mitmachen!‹«[71]

Trotzdem lasen viele seiner Jugendfreunde, die selbst den Weg zurück zu Gott gefunden hatten, von seiner Konversion und fühlten sich genötigt, ihre Befriedigung auszudrücken. Im Oktober brachte ihm Adolf Stahr einen Brief Karl August Varnhagens von Ense, eines preußischen Diplomaten mit ungewöhnlich fortschrittlichen Ansichten. Er war der Ehemann von Rahel, geborene Levin, der Gastgeberin des bekanntesten Berliner Salons. Der offensichtliche Zusammenhang zwischen seinen Ansichten und seiner Heirat hatte 1824 sein Ausscheiden aus dem diplomatischen Dienst nötig gemacht. Rahel, eine der ersten, die Heines Talent erkannte, starb 1833. Der Witwer wurde zwar zunehmend weinerlich und pietistisch, änderte aber seine politische Einstellung nicht und blieb mit Heine bis zum Ende in Verbindung und unterstützte ihn konsequent in allen seinen Kämpfen. Wie Stahr berichtet, setzt der Brief Varnhagens Heines geistliche Wiedergeburt voraus: »›Daß Sie leiden und gehemmt sind, liebster Heine, das gehört zu dem Schmerzlichsten, was ich erlebe. Ihnen, grade Ihnen, theuerster Heine, hätte das nicht widerfahren dürfen. Aber wir haben es nicht nur mit Gott, sondern leider auch mit den Menschen zu thun. Hätten wir es ganz allein mit *ihm* zu thun, wie glücklich wären wir! Ach! er ist ganz Gnade, Liebe, Leutseligkeit!‹ u.s.w. Heine lachte laut auf. ›Der alte Schelm‹, rief er, ›woher weiß er denn das?‹«[72]

Respektlosigkeit war ein Grundzug seines Wesens, aber gleichzeitig gab er sich die größte Mühe, seinen Freunden und sich selbst zu versichern, daß er kein religiöser Schwachkopf geworden sei, sondern nur ein ihn persönlich mehr befriedigendes Glaubenssystem gefunden habe. Ob er es wirklich gefunden hatte, hängt von der Definition des Glaubens ab; aber solange es seinen Zweck erfüllte, hatte diese Frage keine große Bedeutung. »Wenn so ein Bischen grauer Staub in meine fürchterlich schmerzenden Brandwunden gestreut wird, und dann der Schmerz darnach gleich aufhört, soll man da nicht sagen, daß dies dieselbe beruhigende Kraft ist, welche sich in der Religion wirksam zeigt? Es ist mehr Verwandtschaft zwischen Opium und Religion, als sich die meisten Menschen träumen lassen. Sehen Sie, da hab ich die Bibel. Ich lese viel darin, das heißt, ich lasse mir vorlesen. Es ist doch ein ganz wunderbares Buch, dies Buch der Bücher. Wenn ich meine Schmerzen nicht mehr ertragen kann, nehme ich Morphium, wenn ich meine Feinde nicht todtschlagen kann, überlasse ich sie der Vorsehung, wenn ich meine Angelegenheiten nicht mehr besorgen kann, übergebe ich sie dem lieben Gott [...] – nur meine Geldangelegenheiten besorge ich doch lieber noch selbst.«[73]

Schließlich ist da noch sein Brief an den Satiriker Georg Weerth, den literarischen Gefährten von Karl Marx, dem er nach der Veröffentlichung des *Romanzero* schrieb: »Es freut mich, daß Ihnen meine Vorrede gefallen hat; leider habe ich weder Zeit noch Stimmung gehabt, darin auszusprechen, was ich eben darthun wollte, nämlich, daß ich als Dichter sterbe, der weder Religion noch Philosophie braucht, und mit beiden nichts zu schaffen hat. Der Dichter versteht sehr gut das symbolische Idiom der Religion und das abstracte Verstandeskauderwelsch der Philosophie, aber weder die Herren der Religion noch die der Philosophie werden jemals den Dichter verstehen«.[74]

*

Weit überzeugender als Heines Entdeckung eines persönlichen Gottes war die Bekräftigung seiner jüdischen Ursprünge, bei denen er sich entschieden weniger in der Defensive fühlte. Als einer seiner deutschen Besucher im Januar 1850 zögernd auf das zu Hause kursierende Gerücht anspielte, er sei zum Judentum »zurückgekehrt«, protestierte er heftig. »Ich mache kein Hehl aus meinem Judenthume, zu dem ich nicht zurückgekehrt bin, da ich es niemals verlassen hatte.«[75]

Das traf in gewissem Sinn auch zu. Äußerlich war er zum Protestantismus konvertiert. In Wirklichkeit aber war Harry Heines widerwillige Taufe eine Farce. Am 28. Juni 1825 wurde er in Heiligenstadt als Christian Johann Heinrich Heine wiedergeboren. Von Anfang an sah er die Taufe als bedeutungsloses Zugeständnis an praktische Notwendigkeit an: Als Folge der nach-napoleonischen Restauration waren die meisten Staatsämter in Preußen ungetauften Juden verschlossen. Aber bereits ein halbes Jahr später, im Dezember 1825, warnte er seinen Freund Moses Moser, seinem Beispiel zu folgen: »Es wär mir sehr leid, wenn mein eignes Getauftseyn Dir in einem günstigen Lichte erscheinen könnte. Ich versichere Dich, wenn die Gesetze das Stehlen silberner Löffel erlaubt hätten, so würde ich mich nicht getauft haben.«[76] Die Konversion schützte ihn auch nicht vor antisemitischen Angriffen der Literaturkritiker. »Ist es nicht närrisch, kaum bin ich getauft so werde ich als Jude verschrieen. Aber ich sage Dir, nichts als Widerwärtigkeiten seitdem.«[77]

Eine interessantere Frage betrifft die Natur des Judentums, von dem Heine behauptete, es nie verlassen zu haben. Da sind zuerst natürlich die Kindheitserinnerungen an einen jüdischen Haushalt, der alles andere als orthodox war, vermutlich aber noch bestimmte jüdische Festtage und

Bräuche einhielt. (Er selbst hat sich zu diesem Thema nie geäußert.) Eine kurze Zeit lang besuchte er die von einem entfernten Verwandten geführte hebräische Schule, wo er wahrscheinlich einige biblische Geschichten hörte und das hebräische Alphabet lernte, aber es gibt keinen Beweis, daß er je Bar Mizwa feierte. Andererseits erhielt er seine Grundschulbildung in einer französischen katholischen Schule. Das zeigt, welch große Indifferenz, wenn nicht sogar Toleranz gegenüber religiösen Bekenntnissen im Düsseldorf seiner Kindheit herrschte. Es zeigte sich, daß dieser Zustand, jedenfalls soweit er Juden betraf, nur ein sehr vorübergehender war. Bis zu seinen Studententagen Anfang 1819 ist Heine aber offenbar nie ausgesprochenem Antisemitismus begegnet.

Dann aber kam eine kritische Zeit für die deutsch-jüdischen Beziehungen, und Heine verkörpert in mancher Hinsicht dieses Dilemma. Fortschrittliche Gesinnung, die der Aufklärung entsprang, begünstigte die Emanzipation der Juden, verurteilte aber gleichzeitig das Judentum als rückschrittlichen und separatistischen Kult. Die Taufe war unter diesen Umständen mehr als nur eine Garantie für Versorgung; sie war der erste entscheidende Schritt auf dem Weg zur Tilgung aller Spuren jüdischer Identität überhaupt, der Preis für den Eintritt in eine westliche Gesellschaft, die sich irrtümlich für zivilisiert hielt.

Wie sehr Heine in dieser Hinsicht atypisch war, ist selten wirklich erkannt worden. Er hatte bemerkenswerterweise keinerlei Komplexe hinsichtlich seiner jüdischen Abstammung, zögerte auch nie, sich zu ihr zu bekennen, und war ausgesprochen selbstbewußt angesichts zunehmender antisemitischer Strömungen, die sich nach dem preußischen Sieg über Napoleon im deutschen Nationalismus ausbreiteten. Aber er glaubte in seiner Studentenzeit noch an die

Möglichkeit einer wirklichen deutsch-jüdischen Symbiose, daran, daß Juden echte Deutsche werden könnten und als solche akzeptiert würden, ohne ihr Judentum aufgeben zu müssen. Diese Illusion teilte er mit vielen jungen jüdischen Intellektuellen seiner Zeit, die sich einerseits dem Kampf für die Bürgerrechte als dem Weg zu wirklicher Gleichheit verpflichtet wußten, andererseits ihrer eigenen Generation die Bedeutung jüdischen Erbes vermitteln wollten. 1819 gründeten einige von ihnen in Berlin den »Verein für Kultur und Wissenschaft des Judenthums«, der sich die Bewahrung dieses Erbes im Zeitalter beginnender Wissenschaftsgläubigkeit zur Aufgabe gemacht hatte. Die grundsätzliche Unvereinbarkeit dieser unterschiedlichen Ziele zeigte sich sofort, als der Verein sich bemühte, wichtiges jüdisches Gedankengut zu retten und gleichzeitig den jüdischen Unterschichten in den Städten eine grundlegende Allgemeinbildung zu vermitteln. 1824 zerbrach der Verein unter dem Gewicht seiner inneren Widersprüche. Aber einige Jahre lang wirkte Heine dort zeitweise ehrenamtlich als Lehrer und kam mit führenden Köpfen der Bewegung in enge Berührung. Sein klarer Blick für die Undurchführbarkeit der Vereinsziele wog die Gelehrsamkeit seiner Kollegen bei weitem auf. Ihre gelehrten Monographien über höchst esoterische Themen von nur begrenztem Interesse, die Heine als töricht und unlesbar abtat, sind ungefähr das einzige dauerhafte Ergebnis dieser Vereinsbemühungen. Aber Heines Einsatz und sein enger Kontakt zu Männern wie Leopold Zunz, dem späteren bedeutenden jüdischen Historiker, und Eduard Gans, einem geistig anregenden Mitglied des Vereins, das später für einen akademischen Lehrstuhl plötzlich konvertierte, waren dem jungen, noch ungeformten Heine für seine Orientierung und Selbstfindung eine große Hilfe. Er erwarb sich bei ihnen solide Grundkenntnisse in jüdischer Geschichte. Als Gans nach seiner Konversion – kurz nach Heines eigener – begann, öffentlich das Christentum zu preisen, lautete Heines Kommentar: »Thut er dieses aus Ueberzeugung so ist er ein Narr; thut er es aus Gleisnerey so ist er ein Lump.«[78]

Er merkte natürlich schnell, daß Gans trotz seiner Unzulänglichkeiten alles andere als ein Narr war, und beschloß, ihm ein Gedicht zu widmen, das dank des bekannten Kreislaufs der Geschichte zu seinen am häufigsten zitierten und zitierfähigsten Zeilen gehört:

Und du bist zu Kreuz gekrochen
Zu dem Kreuz das du verachtest
Das du noch vor wenig Wochen
In den Staub zu treten dachtest!

O das thut das viele Lesen
Jener Schlegel, Haller, Burke.
Gestern noch ein Held gewesen,
Ist man heute schon ein Schurke.[79]

Jahrelang gibt es in Heines Werk immer wieder Stellen, die seine unwandelbare Treue zu einer jüdischen Identität, was immer er darunter verstand, bezeugen. Ein auffallendes Beispiel ist sein glühender Zorn über die Tatenlosigkeit des französischen Judentums, als 1840 der französische Konsul in Damaskus öffentlich die Anklage gegen einige jüdische Syrer wegen Ritualmords unterstützte. Die Syrer hatten unter Folter das Verbrechen »gestanden«. »Die Juden in Frankreich sind schon zu lange emancipirt als daß die Stammesbande nicht sehr gelockert wären«, wetterte er in einem seiner Artikel in der *Augsburger Allgemeinen Zeitung*. »Bei den französischen Juden, wie bei den übrigen Franzosen, ist das Gold der Gott des Tages und die Industrie ist die herrschende Religion. [...] Das Interesse, welches die hiesigen Juden an der Tragödie von Damaskus nahmen, reducirt sich auf sehr geringfügige Manifestationen.«[80]

Solidarität mit seinen Stammesgenossen hinderte ihn nie, Juden scharf zu kritisieren, wenn sie es seiner Meinung nach verdienten. Einige seiner Karikaturen waren äußerst grausam. Aber er gefiel sich nie in der geradezu besessenen Judenhetze, die bei vielen Renegaten seiner Zeit gang und gäbe war, zum Beispiel bei seinem Feind Ludwig Börne alias Leb Baruch oder seinem Freund Karl Marx, dem Enkel des Rabbi Meir Halevi Marx, der es sich zur Gewohnheit gemacht hatte, antisemitische Schimpfwörter mit einer Hingabe von sich zu geben, die an krankhaften Selbsthaß grenzte. Wie alle Sterblichen mag auch Heine gelegentlich Anlaß zum Selbsthaß gehabt haben, aber nicht wegen seiner Geburt als Jude.

Ob er indessen aus seiner Stammeszugehörigkeit in der langen Nacht seines Sterbens Trost gewann, bleibt sein und Jehovas Geheimnis, zu dem er eine diskrete, streitlustige, aber enge direkte Beziehung gehabt haben muß.

X Heinrich Rohlfs bemerkte, daß Heine seine radikale Skepsis auch in medizinischen Angelegenheiten beibehielt – im Gegensatz zu den meisten Agnostikern, die, so radikale Ansichten sie auch sonst vertreten, sofort strenggläubig werden, wenn sie gesundheitliche Probleme haben, und ihren Ärzten aufs Wort gehorchen: »Mein einziger Trost ist der, [...] daß mein Verstand stets klar ist. Ich halte dies für so wesentlich, daß ich mich während meiner ganzen Krankheit beständig geistig beschäftigt habe, obgleich meine Aerzte es mir als schädlich abrathen. Ich aber glaube im Gegentheil, daß es bedeutend dazu beigetragen hat, meinen Zustand nicht zu verschlimmern. Denn niemals verspürte ich durch angestrengtes Denken eine nachtheilige Wirkung auf meinen Körper; es wirkte vielmehr ebenso wohlthätig wie Freude oder Aufheiterung.«[81]

Im März 1851 erzählte er seiner Mutter, daß er zwei Jahre lang keinerlei Medikamente genommen und Mathilde alle Ärzte zum Teufel gejagt habe, »mit Ausnahme eines einzigen [Dr. Gruby], den ich oft Monate lang nicht sehe, und der von so kleiner Statur ist, daß ich beinahe sagen kann, ich brauche gar keinen Arzt. Man muß von allen Übeln das kleinste wählen. – Nichtsdestoweniger glaube ich nicht, daß ich jemals wieder auf gesunde Beine komme. Ich habe mit diesem Leben abgeschlossen, und wenn ich nicht an zu großen Verstopfungen hier auf Erden leide und sicher wäre, daß ich im Himmel einst gut aufgenommen werde, so ertrüge ich geduldig meine Existenz.«[82]

Gleichzeitig studierte er die einschlägigen Lehrbücher über seine Krankheit – oder was er dafür hielt – mit dem Eifer des echten Hypochonders, wenn auch mit geringen Illusionen über ihren praktischen Nutzen. »›Meine Studien‹, pflegte er zu sagen, ›werden mir wohl nicht viel helfen. Ich werde höchstens im Himmel Vorlesungen halten können, um meinen Zuhörern darzuthun, wie schlecht die Aerzte auf Erden die Rückenmarkserweichung kuriren.‹«[83] Trotzdem verfiel er schließlich selbst auf die wirksamste Therapie, die zu seiner Zeit verfügbar war: »Zwei Mittel gibt es, [...] die großen Schmerzen zu bemeistern, das Opium und – die Arbeit.«[84] Er machte von beidem einen wahrhaft heldenhaften Gebrauch.

*

1850 hatte er meist Gedichte geschrieben. Zu Beginn des neuen Jahres konnte er an eine Veröffentlichung denken. Campe weigerte sich noch immer, seine Briefe zu beantworten. Andere Verleger machten Angebote, und ein schlauer, wenn auch nicht sehr angesehener literarischer Unternehmer schlug eine Veröffentlichung auf Subskriptionsbasis vor. Das empfand Heine als gleichbedeutend mit Bettelei. »Betteln ja, aber mit einer geladenen Kanone in jedem Rockschoß, das würde mich schon minder häkelig finden. Schlagen Sie mir lieber etwas vor, was auf Straßenraub oder Mordbrand hinausliefe, aber keine Subscriptionsliste.«[85]

Campe jedoch kam trotz seines eigensinnigen Schweigens seinen Vertragsverpflichtungen weiter peinlich genau nach, und Heine scheute vor jedem Schritt zurück, der die regelmäßigen halbjährlichen Zahlungen hätte gefährden können.

Er hatte den Verdacht, daß sein Verleger, der nicht mehr mit weiteren Manuskripten rechnete, schlicht auf seinen Tod wartete, um das gewöhnlich nach dem Tod eines Autors aufflackernde Interesse auszubeuten und eine Ausgabe seiner gesammelten Werke mit minimalen Tantiemenzahlungen herauszubringen, ohne Einsprüche des immer krittelnden Autors gewärtigen zu müssen. Was Campes Motive anging, hatte Heine vermutlich recht. Er weigerte sich indessen, die entsprechenden Schlußfolgerungen auf Campes Charakter zu ziehen. Welcher Art die Übertragung auch sein mochte, er behandelte ihn weiterhin als Freund und sagte treffend voraus, daß er augenblicklich wieder angelaufen kommen werde, wenn er feststelle, daß doch noch etwas zu holen sei. Am 21. April feuerte er sein Geschoß ab; obgleich noch an den »liebsten Campe« gerichtet, ließ es zum ersten Mal an ätzender Schärfe nichts zu wünschen übrig. Nachdem er den Erhalt der halbjährlichen Zahlung von sechshundert Mark bestätigt hatte, teilte er ihm mit, daß er, da er ja immer noch auf eine Höflichkeitsantwort auf seine früheren Briefe warte, weiter nichts zu sagen habe:

> nur eins, meinen Dank für die überschickten Bücher, bei deren Übersendung ich den guten Willen achte. Das sind also die Blüthen und Blumen Ihres Verlags während den letzten Jahren! [...] Das sind also die unsterblichen Geistesmonumente, die Ihnen an Druckkosten so viel Geld in Anspruch nahmen, und Sie zwangen, meine vielfältigen Anrufungen um Unterstützung, um Hülfe in der Noth unbeachtet zu lassen. Sie haben sich wahrlich für die Menschheit aufgeopfert, und hätten gewiß in Ihrem pecuniären Interesse besser gehandelt, wenn Sie mir das Geld geschickt hätten, das Ihnen jene Bücher gekostet: Sie

> riskirten dabei nichts, da Sie mich ja immer in Händen hatten, und hätten jetzt eine sichere Anwartschaft auf eine Production, die wie ich Ihnen andeutete, der Popularität des ›Buchs der Lieder‹ gleichkommen muß […]. Ich konnte billig eine solche Hülfleistung von Ihnen erwarten, und statt dessen hüllten Sie sich in das zweideutigste Stillschweigen. Es ist mir von anderer Seite unerwartet die großmüthigste Hülfe in dieser Beziehung zugekommen, und dieses ist gewiß für mich von größerm Nutzen, als wenn ich Ihnen solches verdankte. Es ist unbegreiflich, wie Sie von jeher immer mit Blindheit geschlagen waren und meinen besten Willen, meinen Eifer für Ihre Interessen, ich möchte fast sagen meine dumme Treue und Anhänglichkeit so sehr mißachteten. Doch das sind überflüssige Worte, da für die Zukunft nichts mehr zu verbessern ist, und ich schon mit einem Fuß im Grabe stehe.[86]

Campe reagierte schnell und genau so, wie Heine es vorausgesehen hatte. Er traf am 19. Juli in Paris ein, und fünf Tage später unterzeichneten die beiden einen Vertrag über eine Gedichtsammlung, für die Campe den Titel *Romanzero* wählte und für die er ohne langes Feilschen insgesamt sechstausend Mark oder zwölftausend Franc bot. Das war für die damalige Zeit eine beträchtliche Summe und höher als alle bisher von ihm gezahlten Honorare. Diese relative Großzügigkeit auf ein schlechtes Gewissen zurückzuführen hieße, ihm mehr Empfindsamkeit zuzusprechen, als er tatsächlich besaß. Für jemanden, der sich jahrelang Heines Klagen über seine Gesundheit hatte anhören müssen und überzeugt war, daß dieser wieder einmal seine Leiden maßlos übertrieb, muß die Erscheinung eines bis zum Skelett abgemagerten

Gelähmten allerdings ein harter Schlag gewesen sein und im nachhinein einige Zweifel am eigenen dreijährigen Schmollen geweckt haben. Aber für einen großen Verleger ist Charakter keine lebenswichtige Eigenschaft. Was er jedoch unbedingt braucht, ist Gespür für Genialität und die Fähigkeit, sie dem Publikum nahezubringen. In keiner Hinsicht besteht Zweifel an Campes Begabung.

Er war vom *Romanzero* begeistert und stürzte sich mit der ihm eigenen Energie in die Herausgabe, und das mit einer Schnelligkeit, die heute im Zeitalter der elektronischen Buchherstellung niemals möglich wäre. Der Vertrag wurde am 24. Juli unterzeichnet, und das Buch erschien zwei Monate später Ende September. Noch bemerkenswerter ist die Tatsache, daß das Endprodukt dieser konzentrierten Aufregung nicht nur ein Meisterwerk der Buchproduktion, sondern auch der Anfang einer kühnen Neuerung war, die Campes eigene Idee gewesen sein muß und einen dauerhaften Beitrag zum Buchhandel darstellt: Heines *Romanzero* war eines der ersten Bücher, das in einem illustrierten Papierumschlag prangte.[87]

Aber wie immer in solchen Situationen ging alles schief, was schiefgehen konnte. Heine geriet angesichts des selbstauferlegten engen Zeitplans unter großen Druck. Ursprünglich hatte er beabsichtigt, seinen *Doktor Faust* in das Buch aufzunehmen, aber Campe erhob Einwände mit der Begründung, daß die »Unanständigkeiten« des Balletts die Absatzchancen des *Romanzero* bei der weiblichen Leserschaft erheblich reduzieren würden. So wurde beschlossen, das Werk gleichzeitig, aber als separaten Band herauszubringen. Dadurch wurde der *Romanzero* etwas kurz, und Heine sah sich gezwungen, in sehr knapper Zeit noch elf weitere Gedichte fertigzustellen. Campe seinerseits versuchte den Text dadurch zu strecken, daß er im dritten Abschnitt statt fünf vierzeiligen Strophen nur vier auf eine Seite druckte, was wütende Proteste Heines hervorrief, der bei der Präsentation seiner schöpferischen Produktion äußerst heikel war:

> *Ich*, nicht Sie, *ich* habe das Buch vor dem Publikum geistig zu vertreten und der fatale Eindruck, welcher durch jene Ungleichartigkeit des Druckes entsteht, fällt auf meine Gedichte zurück und schadet mir moralisch. Kurz, ich kann und will das nicht dulden, und wie krank ich auch bin in diesem Augenblick, so will ich doch lieber das Mögliche thuen, um die Seitenzahl hervorzubringen, die gebührend ist, ohne daß Sie nöthig haben zu so einem schauderhaften Mittel, zu einer typographischen Maulsperre Ihre Zuflucht zu nehmen. [...] Es ist zu dunkel, als daß ich noch heute den Correkturbogen durchgehe. Ich armer Teufel glaubte am Ende meiner Nöthen zu sein, und sehe jetzt leider, daß ich noch in der Mitte stecke; [...] und ich will immer honnet und proper in jedem neuen Buche vor dem Publikum erscheinen. Da darf kein Knopf fehlen, aber bei dem vierstrophigen Druck der letzten Abtheilung meines Buches, fallen mir gleichsam die Hosen herunter vor aller Welt.[88]

Briefe, Korrekturbogen und Verbesserungen gingen täglich zwischen Hamburg und Paris hin und her und wurden mit einer Schnelligkeit und Zuverlässigkeit zugestellt, die seit den Tagen der Dampflokomotive und der Pferdepostkutsche außer Mode gekommen sind. Trotz seiner stark beeinträchtigten Sehkraft bestand Heine darauf, jede Seite durchzugehen. Er lieferte mehrere zusätzliche Gedichte und erweiterte das Vorwort, das schließlich in der gedruckten Fassung zum Epilog wurde. Er war sicherlich mehr als berechtigt, das

Endprodukt angesichts seines körperlichen Zustands ein wahres Wunder zu nennen. Zudem vermittelten Vorfreude und Aufregung ihm noch einmal das Gefühl, am Leben teilzuhaben.

*

Er selbst hielt den *Romanzero* für schwächer als seine früheren Werke und sah seiner Aufnahme durch die Kritik etwas besorgt entgegen. Diese Besorgnis steigerte sich noch, als Campe eine Werbekampagne inszenierte, die jedem anderen Autor das Wasser im Munde hätte zusammenlaufen lassen. Er gab für *Romanzero* und den *Doktor Faust* zunächst einen Umschlag, später dann jeweils einen bei einem hochbegabten jungen Künstler und Heine-Verehrer, Georg Spiller von Hauenschild, in Auftrag und schrieb eigenhändig an einige hundert Buchhändler in ganz Deutschland, um auf die Neuerscheinung hinzuweisen. »[...] die Art und Weise, wie mein Buchhändler die Sache betreibt, muß eine Reakzion gegen mich hervorbringen, selbst wenn ich ein Homer oder Shakespeare wäre«[89], klagte Heine. Es zeigte sich, daß er recht hatte, auch wenn die Reaktion schließlich mehr mit dem Inhalt des Buches als mit Campes zunächst höchst erfolgreichem Werbefeldzug zu tun hatte. In den ersten vier Monaten hatte der *Romanzero* vier Auflagen, davon eine Luxusausgabe mit Goldschnitt. Als der Verkauf schleppender wurde und sich das Blatt zu wenden begann, war die erstaunliche Zahl von insgesamt 21 000 Exemplaren gedruckt. Das Buch wurde in Österreich wie in Preußen verboten, es erschienen ablehnende Besprechungen, und der Verkauf verlangsamte sich so, daß acht Jahre vergehen mußten, bis eine Neuauflage notwendig wurde. Campe konnte trotzdem mit dem Gewinn aus seiner Investition sehr zufrieden sein.

Heines einzigartige meisterhafte Beherrschung der deutschen Sprache und seine Art, sie sich als Medium ureigensten Ausdrucks anzuverwandeln, rechtfertigt in jeder Beziehung seinen Anspruch, ein *deutscher Dichter* zu sein – trotz der vielen Vorbehalte und Einschränkungen, mit denen seine Selbstdefinition versehen werden muß. Gleichzeitig wirft aber gerade diese Meisterschaft zahllose Probleme auf. So mußte jeder Versuch, das Wesen seines Werkes einem des Deutschen unkundigen Publikum zu vermitteln, auf ein unüberwindliches Hindernis stoßen: in weiten Teilen sind seine Texte einfach unübersetzbar. Es braucht nicht gesagt zu werden, daß dies hauptsächlich für die Gedichte gilt, aber auch die ironischen Untertöne, der beißende Sarkasmus und der manchmal grimmige Humor seiner Prosa sind selten in einer anderen Sprache zutreffend wiedergegeben worden.

Die Franzosen sind dem am nächsten gekommen, zum Teil sicher, weil Heine in der Lage war mitzuhelfen, aber auch, weil der einzigartige Gérard Labrunie alias Gérard de Nerval, selbst ein begnadeter Dichter, zu seinen Übersetzern gehörte. Heine hat von Nerval gesagt, er wäre »mehr Seele als Mensch, ich möchte sagen: eine Engelsseele [...], und ohne viel von der deutschen Sprache zu verstehen, erriet Gérard den Sinn eines in Deutsch geschriebenen Gedichtes besser als diejenigen, die dieses Idiom ihr ganzes Leben lang studiert hatten«[90]. Damals aber war Nerval ein verzweifelt armer, einsamer und liebeskranker junger Mann, dessen eigene Schriften wenig beachtet wurden und der nach seinem ersten Zusammenbruch mit dreiunddreißig Jahren im Jahre 1841 bis zu seinem Selbstmord 1855 meist in verschiedenen Anstalten lebte. Dennoch war Nerval unter Heines Pariser Freunden vielleicht der einzige, dem er sich in einer Art echter Seelenverwandtschaft verbunden fühlte.

Die erste englische Übersetzung Heines gesammelter Werke durch Edgar Alfred Bowring erschien 1858, nur zwei Jahre nach dem Tod des Dichters. Es war nicht gerade ein inspiriertes Werk. Ihm folgte 1904 die erheblich verbesserte Fassung von Leland, Brooksbank und Armour. 1911 gelang John Payne in einem dreibändigen Wälzer eine ziemlich katastrophale Übersetzung. Und schließlich erschien 1982 die Übersetzung Hal Drapers, Ergebnis einer liebevollen fünfundzwanzigjährigen Kleinarbeit. Es handelt sich um eine moderne englische Übersetzung sämtlicher Gedichte Heines, der die deutsche Standardausgabe zugrunde liegt. Sie ist die bei weitem beste Übertragung. Die Gedichte reimen sich, und der des Deutschen nicht mächtige Leser erhält einen tiefen Einblick, wovon sie handeln. Aber weder Hal Draper noch Louis Untermeyer, dessen Übersetzungen von Heines ausgewählten Gedichten wohl vorbildlich sind, können mich davon überzeugen, daß es wirklich möglich sei, Heines Genie in irgendeiner anderen Sprache als seiner eigenen zu vermitteln. Sie ist vermutlich von der Sprache Bundeskanzler Kohls ebenso weit entfernt, wie sie es von der Metternichs und Bismarcks war.

*

Der *Romanzero*, der in drei künstlerisch etwas ungleiche Teile zerfällt, markiert einen entscheidenden Fortschritt im Vergleich zu allen früheren Schriften Heines. Er enthält einige seiner bedeutendsten Gedichte. Gleichzeitig spiegelt er auch die besonderen Bedingungen seiner Entstehung und seiner Herausgabe – die körperliche Qual und seelische Anspannung, den durch unrealistische Termine erzeugten Druck und den Zwang, zur Vermeidung der »typographischen Maulsperre« leere Stellen aufzufüllen.

Das ist besonders im Epilog spürbar. Trotz einiger angestrengter Bemühungen um Selbstironie ist er ungewöhnlich zusammenhanglos. Heine spricht von sich selbst als Eingeschlossenem in einem »Grab ohne Ruhe, der Tod ohne die Privilegien der Verstorbenen, die kein Geld auszugeben und keine Briefe oder gar Bücher zu schreiben brauchen – das ist ein trauriger Zustand. Man hat mir längst das Maß genommen zum Sarg, auch zum Nekrolog, aber ich sterbe so langsam, daß solches nachgrade langweilig wird, für mich wie für meine Freunde. Doch Geduld, alles hat sein Ende. Ihr werdet eines Morgens die Bude geschlossen finden, wo Euch die Puppenspiele meines Humors so oft ergötzten.«[91]

Der erste Teil des Buchs mit der Überschrift »Historien« rechtfertigt bis zu einem gewissen Grade den Gesamttitel, den der schlaue Campe gewählt hatte, um Heines noch bestehenden Ruf als romantischer Dichter auszunutzen. Die »Historien« sind in Wirklichkeit lange erzählende Balladen, die von Helden, Königen und Dichtern handeln, die vom Schicksal, das Größe erniedrigt und Schurkerei erhöht, auf die eine oder andere Art zum Scheitern verurteilt sind. Im ganzen scheinen sie sich nicht grundlegend von bis dahin Geschriebenem zu unterscheiden. Es sind mit fast volkstümlicher Leichtigkeit erzählte Geschichten, gewürzt mit plötzlich aufblitzendem trockenem Humor und höhnischen Kommentaren. Der Abschnitt, der in leichtem Ton mit zwei wirklich lustigen Gedichten beginnt, endet mit einer grimmigen Ballade über die Niederlage, die den vertrauensseligen Azteken von den verräterischen Konquistadoren beigebracht wird, und von der Rache, die der Aztekengott Vitzliputzli an den Europäern zu nehmen droht.

Erst im zweiten Teil mit dem biblischen Titel »Lamentationen« kommt ein neuer und wesentlich düsterer Ton auf. Die langen erzählenden Balladen klingen schärfer, die

Satire wird beißend. Die echte Klage des Dichters und Menschen bricht jedoch erst in den kraftvollen kurzen Gedichten mit dem Untertitel »Lazarus« am Endes des Abschnitts hervor – bitter, morbide und böse. In jedem ertönt die von allen Kleingläubigen unermüdlich gestellte Frage: Warum läßt der angeblich Allmächtige das Böse in der Welt die Oberhand gewinnen? Und warum sucht er sich ausgerechnet mich aus?

Das vorletzte Gedicht »Vermächtniß«, das eher an François Villon als an Hiob erinnert, gibt einen Eindruck von der Grundstimmung:

Nun mein Leben geht zu End',
Mach' ich auch mein Testament;
Christlich will ich drin bedenken
Meine Feinde mit Geschenken.

Diese würd'gen, tugendfesten
Widersacher sollen erben
All mein Siechthum und Verderben,
Meine sämmtlichen Gebresten.

Ich vermach' Euch die Coliken,
Die den Bauch wie Zangen zwicken,
Harnbeschwerden, die perfiden
Preußischen Hämorrhoiden.

Meine Krämpfe sollt Ihr haben,
Speichelfluß und Gliederzucken,
Knochendarre in dem Rucken,
Lauter schöne Gottesgaben.

Codizill zu dem Vermächtniß:
In Vergessenheit versenken
Soll der Herr Eu'r Angedenken,
Er vertilge Eu'r Gedächtniß.[92]

Der dritte Abschnitt, eine Verbeugung vor Lord Byron, trägt den Titel »Hebräische Melodien«. Er besteht aus drei langen Gedichten, die um Heines äußerst komplizierte und zwiespältige Gefühle hinsichtlich seiner jüdischen Abstammung kreisen. Das erste, »Prinzessin Sabbath«, beschreibt allgemein mit eigentlich sanfter Ironie und echtem Gefühl die Verwandlung des gewöhnlichen armen und bedrängten Alltagsjuden in einen Sabbat-Prinzen, der sein »Schalet, schöner Götterfunken« genießt, denn »Also klänge Schillers Hochlied, / Hätt' er Schalet je gekostet«[93]. In dem zweiten, anspruchsvolleren »Jehuda ben Halevy« verschmelzen Heines lebenslange Faszination durch die jüdische Aristokratie des mittelalterlichen Spanien und sein Verständnis dichterischen Genies als einer Gottesgabe, bloßem Königtum mindestens ebenbürtig, zu einem kraftvollen Gedicht. Es kreist in lockerer Form um den sephardischen Dichter Jehuda Halevi. Heine behauptete, daß das Gedicht nie wirklich beendet worden sei. Aber das Fragment von fast neunhundert Zeilen, das er uns hinterlassen hat, kann so auch bestehen und erweist sich als eines seiner bedeutenderen Werke. »Disputazion«, das letzte *Romanzero*-Gedicht, ist dagegen eines seiner bekanntesten – ein Gespräch im mittelalterlichen Spanien zwischen einem Rabbi und einem Mönch über theologische Feinheiten, die im wirklichen Leben gewöhnlich mit der Aufopferung der Juden als Akt christlicher Nächstenliebe endeten. Heines Bericht, gepfeffert mit rohen Späßen über so heilige Themen wie Beschneidung, Heilige Dreifaltigkeit und jüdische Diätvorschriften, ist eine wilde, antiklerikale Satire, in der beide Männer sich in Schweiß reden und in gleicher Weise voreingenommen, fanatisch und lächerlich erscheinen. Um mit der französischen Königin zu sprechen, die um ihr Urteil über die Meriten beider Gesprächsgegner und ihrer Argumente gebeten wird:

Welcher Recht hat, weiß ich nicht –
Doch es will mich schier bedünken,
Daß der Rabbi und der Mönch,
Daß sie alle beide stinken.[94]

Damit dürfte Heines »Rückkehr in den Schoß« in etwas anderem Licht erscheinen.

Im nachhinein ist der *Romanzero* ein Buch, das trotz vieler verständlicher Schwächen erste Töne einer völlig neuartigen Poesie anschlägt, und es erstaunt kaum, daß das damalige deutsche Publikum es bald ablehnte. Ironischerweise war Heines Einfluß als Erneuerer zuerst in Frankreich spürbar, einem Land, das er auf seine Weise liebte, dessen Dichtung er aber nicht der geringsten Beachtung für wert hielt. Der *Romanzero* erschien 1852 in Paris in der ausgezeichneten Übersetzung von Saint-René Taillandier und wurde allgemein freundlich aufgenommen. Einige dieser Gedichte hätten die Poètes maudits ansprechen können, aber bei Heines Tod war Verlaine erst zwölf Jahre alt, Rimbaud kaum zwei, während Baudelaire *Les Fleurs du Mal* im Jahre nach Heines Tod veröffentlichte.

XI Mitleid kann sehr mühselig sein und ist schwer auf längere Zeit durchzuhalten. Und wenn der Besuch in der schmuddeligen Wohnung in der rue d'Amsterdam nach wie vor für durchreisende deutsche Intellektuelle obligatorisch blieb, tauchten doch Heines Pariser Freunde und Bekannte, auch wenn sie an seinem Unglück wirklich Anteil nahmen, immer seltener auf. Sein Sterben zog sich von Wochen auf Monate, von Monaten auf Jahre hin.

Natürlich gab es ein paar Getreue. Zuallererst Caroline Jaubert. Ihre *Erinnerungen* zeugen von einem außergewöhnlich selbständigen Geist, der echte Sympathie mit unbestechlicher Intelligenz vereint. Sie wurde nicht müde, Heines erstaunlichen Mut zu bewundern, ließ sich jedoch nicht so beeindrucken, daß sie seine Schwächen übersehen hätte; beispielsweise seinen gnadenlosen Spott, der sich genauso gegen seine Freunde richtete wie gegen seine Feinde – »Die Freunde eben sollen uns die Freundschaft erzeugen, unsere Witze nicht übel zu nehmen«[95] –, oder seine Neigung, sich von seinem besonderen Sinn für Humor verleiten zu lassen, eine Pointe so lange zu drehen und zu wenden, bis ihr Witz schal wurde: »Sein Geist, der um des schneidigen, witzigen oder verschmitzten Zuges halber so oft mit Recht demjenigen Voltaire's verglichen wurde, besaß in der Unterhaltung nicht immer die ächt französische Leichtigkeit. Er verstand nicht, ein Thema fallen zu lassen, sondern kam immer wieder darauf zurück.«[96] Gérard de Nerval blieb ihm treu ergeben. Seine verschiedenen Schriften – Essays, Romane, Gedichte, Reiseberichte – wurden Anfang der fünfziger Jahre des 19. Jahrhunderts endlich gesammelt und in Buchform mit bemerkenswertem Erfolg veröffentlicht. Doch seine lichten Augenblicke wurden immer seltener. Bei einem seiner Besuche benahm er sich so seltsam, daß er direkt in eine Heilanstalt gebracht werden mußte, wo er auf Heines Kosten einige Wochen blieb. Ein anderer von Heines regelmäßigen Besuchern war Théophile Gautier, Dichter, Romancier, Verfasser der berüchtigten *Mademoiselle de Maupin* und universaler Homme de lettres. Er schrieb mehr als vierzig Jahre lang eine wöchentliche literaturkritische Kolumne. Von Anfang an war er einer der unerschütterlichsten Bewunderer Heines und blieb ihm bis zum Ende ein treuer Freund. Ob Heine ihn je als Autor oder als Mensch wirklich geschätzt hat, ist indessen nicht ganz klar.

Es gab noch andere. Dumas père besuchte ihn und ebenso Berlioz. Aber nach dem kurzen Erfolg des *Romanzero* und der damit verbundenen Aufregung fühlte sich Heine isolierter als je zuvor. Die Wände seines Krankenzimmers schlossen sich um ihn, und die Zeit schien allmählich zum Stillstand zu kommen.

Wie langsam kriechet sie dahin,
Die Zeit, die schauderhafte Schnecke!
Ich aber, ganz bewegungslos
Blieb ich hier auf demselben Flecke.

In meine dunkle Zelle dringt
Kein Sonnenstral, kein Hoffnungsschimmer;
Ich weiß, nur mit der Kirchhofsgruft
Vertausch ich dies fatale Zimmer.[97]

Die Aufregung um den *Romanzero* hatte ihn erschöpft. Aber sie hatte ihn auch gelehrt, daß geistige Beschäftigung und äußerster Einsatz aller Kräfte die einzige Hoffnung auf ein in irgendeiner Weise sinnvolles Weiterleben boten. Die ursprünglich wegen ihres niedrigen Preises gewählte Wohnung war zu seiner privaten Vorhölle geworden. Er haßte sie, nicht so sehr wegen ihrer ganzjährigen Dunkelheit und Enge als vielmehr wegen des ständigen Gelärmes der Nachbarn. Er glaubte schließlich, daß sie absichtlich rund um die Uhr über ihm und neben ihm hämmerten und den Rest seines empfindlichen Nervensystems zerrütteten. Er flehte Mathilde an, etwas anderes zu suchen, möglichst weiter vom Stadtzentrum entfernt, aber die geliebte Kindfrau scheint nie einen ernsthaften Versuch unternommen zu haben. Die große Hitzewelle des Sommers 1852 erhöhte noch Heines Leiden. Sie diente gleichzeitig Mathilde zur Entschuldigung, keine größeren Anstrengungen als Einkaufen zu unternehmen. Sie war sehr füllig geworden, und abgesehen davon, daß ihr Bewegung schwerfiel, war sie auch sonst nicht darauf versessen, in eines der äußeren Arrondissements zu ziehen. Sie lagen zu weit entfernt von den auch schon vor Haussmanns Zeit großartigen Boulevards, wo sie vermutlich ihre Tage mit dem Einkauf von Spitzen verbrachte, ihrer bleibenden und kostspieligen Leidenschaft.

Was Mathilde eigentlich an jenen langen Nachmittagen tat, wird man nie wissen, und es interessiert auch schon lange nicht mehr, wenn es das überhaupt je tat. Das Kaufen von Spitzen kann tatsächlich die einzige Beschäftigung gewesen sein, mit der sie ihr Leben und ihre Zeit ausfüllte. Und wenn Heine sich gelegentlich erlaubte, an etwas anderes zu denken, so behielt er es klug für sich. Sie war eine flatterhafte junge Frau in den Dreißigern, gezwungen, ihr Leben mit einem Krüppel zu verbringen, und sie schien es relativ heiter zu tun. Das mindeste, was er zum Ausgleich tun konnte, war, sie in ihrer törichten Verschwendungssucht gewähren zu lassen; nur durch Bezahlen ihrer Rechungen konnte er seine Männlichkeit behaupten.

Er fand sich auch mit der Wahl ihres Umgangs ab. Die langweilige und kränkliche Pauline war allmählich Bestandteil des Haushalts geworden und mußte auch noch ernährt werden. Aber Mathildes Busenfreundin Elise Arnault war eine weit unangenehmere Person. Sie hatte ein eindeutig fragwürdiges Vorleben; ihr Mann, ein draufgängerischer Analphabet der rohesten Art, hatte Geld mit einem kleinen Zirkus verdient. Wann immer die beiden für einen Besuch hereinschauten, was nur allzuoft geschah, ließ seine lärmende Aufdringlichkeit in Heine den Wunsch aufkommen, ihn zu erwürgen. Einziger Pluspunkt war ihre kleine Tochter Alice, die Heine sehr liebte und der er gerne Märchen vorlas.

Ob er je fürchtete, von Mathilde verlassen zu werden? Wir wissen es nicht, und möglicherweise wußte er es auch nicht. Aber aus einigen seiner letzten Gedichte läßt sich schließen, daß er für sie bis zum Ende eine tiefe und echte Zuneigung empfand. Die Sorge um ihre Zukunft war ihm ein Ansporn zur Arbeit und ein Motiv zum Weiterleben. Als nach Beendigung des *Romanzero* wenig Aussicht auf ein weiteres größeres Werk in naher Zukunft bestand, suchte er andere Wege, seinen Namen in der Öffentlichkeit lebendig zu halten. Er verfiel auf die Idee, die Artikel, die er zwischen 1831 und 1844 für die *Augsburger Allgemeine Zeitung* geschrieben hatte, zu sammeln und als historischen Überblick über das Frankreich Louis Philippes zu veröffentlichen. Er gedachte, seine Beiträge entsprechend zu aktualisieren und dabei sein gegenwärtiges Wissen zu nutzen.

Selbst für einen Autor bei bester Gesundheit wäre dies ein

gewaltiges Unternehmen gewesen. Für Heine in seinem Zustand war es eine trotzige Herausforderung des Schicksals.

Trotz aller Skepsis hing Heine dem Aberglauben an, Blut sei dicker als Wasser. Die gefühlsmäßige Bindung an die Familie machte die Schläge, die diese gegen ihn führte, nur um so schmerzlicher. Seiner Schwester Charlotte, die ein Jahr jünger als er und gänzlich unbedeutend war – abgesehen davon, daß sie neunundneunzig Jahre alt wurde –, blieb er in einer lebenslangen zärtlichen Beziehung verbunden, trotz ihrer Ehe mit einem langweiligen, rechthaberischen Hamburger Kaufmann mit ausgesprochen reaktionären Ansichten. Seine beiden fünf und sieben Jahre jüngeren Brüder hatten in der Kindheit für ihn keine Bedeutung. Sie traten erst später als sentimentale Klischees in sein Bewußtsein. Außer den Eltern hatte er mit ihnen nichts gemein. Gustav, der ältere von beiden, wurde Agronom, machte bankrott, trat dann in die österreichische Armee ein und wurde schließlich Herausgeber einer konsequent regierungsfreundlichen Wiener Zeitung. Zu gegebener Zeit brachte ihm seine einflußreiche Stellung als Herausgeber und seine persönliche Aufgeblasenheit den Titel eines Baronets ein. Der jüngere Bruder Maximilian diente als Arzt in der russischen Armee und ließ sich in St. Petersburg nieder, wo er am Zarenhof zu einer hohen Position aufstieg. Er schrieb medizinische Abhandlungen und heiratete eine gesellschaftlich einflußreiche Witwe, Henriette Arendt. Heine hatte beide jahrzehntelang nicht gesehen, Entfernung muß Zuneigung nicht unbedingt steigern, aber sie kann unrealistische Erwartungen nähren. So sah Heine freudig erregt den Besuchen von zwei ihm im Grunde fremden Menschen entgegen, die er im Laufe der Jahre entsprechend idealisiert hatte: Gustav als abgebrühten Geschäftsmann mit einem Herzen von Gold,

Max als sanften und allwissenden Heilkundigen. Es braucht nicht betont zu werden, daß keiner von beiden Heines Vorstellung entsprach.

Gustav trat die Pilgerfahrt als erster an. Es erschien ein umständlicher, selbstgefälliger Bürokrat mit seiner snobistischen Frau, einem hypochondrischen zänkischen Weib. Heine lehnte seine Schwägerin Emilie sofort ab, was von ihr aufs herzlichste erwidert wurde. In seinem später veröffentlichten Bericht über das Zusammentreffen schreibt Gustav, er sei trotz vorheriger Warnungen über das Aussehen seines Bruders tief erschrocken, es habe ihm eine ganze Weile die Sprache verschlagen. Nur das Gesicht schien unverändert, wenn auch edler geworden: das Abbild eines leidenden Christus. (»Ja, ja, das ist das wahre Bild unseres Herrn«, soll Heine gesagt haben, »er war ja auch ein Jude.«[98]) »Nachdem wir unsere persönlichen Angelegenheiten besprochen«, berichtet Gustav, »gewann ich Zeit mit ihm über verschiedene Gegenstände zu plaudern. Ich fragte ihn plötzlich, ob es wahr sei, daß er, wie man sage, eine *Betschwester* geworden? Er antwortete lächelnd: ›Nein, ich bin vielmehr ein Betbruder geworden, und bete täglich zum lieben Gott, daß er *Dir lieber Bruder* bessere politische Gesinnungen einflöße.‹ – Ich bemerkte darauf scherzend, daß es mich freue, in seiner Antwort den Namen Gottes genannt zu hören, woraus zu schließen, daß er kein Atheist mehr sei – als den man ihn früher schildern wollte. Zugleich machte ich ihn ernstlich darauf aufmerksam, wie sehr er den Glauben an Gott fördern würde, wenn er sich öffentlich darüber aussprechen wollte. Mit der ernsthaftesten Miene antwortete er mir: ›Dem großen weißen Elefanten des Königs von Siam kann es ganz gleichgiltig sein, ob ein kleines Mäuschen in der rue d'Amsterdam zu Paris an seine Größe und Weisheit glaube oder nicht …‹«[99]

Tatsächlich war der Besuch in gewisser Weise nützlich. Hin- und hergerissen zwischen Stolz auf des Bruders Erfolg und Mißbilligung dessen politischer Ansichten, bemühte sich Gustav ehrlich zu helfen. Er intervenierte zu Heines Vorteil in der Angelegenheit der Prager Gaswerke und streckte ihm bei verschiedener Gelegenheit Geld vor. Als Heine ihn aber unklugerweise bat, unter vier Augen Verhandlungen mit Campe zu führen, war der Verleger über Gustavs Drohungen und sein herrisches Auftreten so empört, daß er die Beziehung fast noch einmal abgebrochen hätte. Trotzdem führte dieses erste Zusammentreffen nach fünfundzwanzig Jahren dazu, daß die Brüder ein zumindest oberflächlich brüderlich scheinendes Verhältnis zueinander gewannen und Gustavs Gewissen so weit beunruhigt wurde, daß er eine gewisse Verantwortung übernahm. Vielleicht war er nicht immer der wirksamste Interessenvertreter seines Bruders, aber vermutlich doch der aufrichtigste.

Andererseits wurde Heine sehr bald klar, daß sie miteinander nichts gemein hatten, so dankbar er Gustav auch für seine Unterstützung war. Gustav war mit Leib und Seele Beamter, sein Gehirn war ein Aktenschrank und seine Frau eine dumme Person. Max in St. Petersburg dagegen, so tröstete er sich, war ein Mann von Welt, Arzt, Schriftsteller und obendrein Junggeselle (später heiratete er die Witwe des kaiserlichen Leibarztes und fügte seinem Namen ein »von« hinzu).

Max alias Hühnergeschissen – mit diesem Spitznamen hatte ihn sein ältester Bruder in Kindertagen liebevoll bedacht – kam Mitte Juli, der heißesten Zeit des Jahres, zu einem dreiwöchigen Besuch, ein gravitätischer Herr von ruhiger Wesensart. Er inspizierte die französischen sanitären Einrichtungen und zeigte sich besonders beeindruckt – im Jahre 1852! – von den zahlreichen Kinderkrippen, die die

Regierung für die Kinder berufstätiger Mütter eingerichtet hatte. Auch sonst benahm er sich wie ein wohlwollender Würdenträger auf Besuch, ganz anders als der von Heine erhoffte Seelenfreund und geistig Ebenbürtige. Trotzdem wahrten beide mehr oder weniger die Form. Erst im Oktober, drei Monate nach Max' Abreise, gab Heine seiner tiefen Enttäuschung über diesen Besuch Ausdruck:

> Ich bin sehr betrübt, daß alles so schlecht endigt, aber ich bin ruhig und resignirter. Meines Bruders Max Anwesenheit in Paris hat mich nicht sehr gefördert; er hat mir viel erzählt von seiner Größe, aber angehört hat er mich keine zwei Minuten, und er ist wieder abgereist, ohne daß ich ihm etwas sagen konnte. Erbaut hat er mich in keinem Falle. Bei mir richtet man nichts aus mit Redensarten, und ich sah im Grunde nur eine matte Seele, die sich allerlei edle Gefühle anempfunden, und doch vor Egoismus stinkt. Er hat mir erzählt, wie er seine Haushälterin glücklich macht, auch seinen Bedienten und seinen Kutscher glücklich macht, auch die Frau desselben glücklich macht und sogar für ihre Zukunft sorgt, wie er umsonst Consultationen gibt, und ganz Petersburg ihn hochschätzt und achtet. Kurz, er ist ein Wohlthäter der Menschheit, und solche Leute mögen mir vom Leibe bleiben. Da sind mir entschieden schlechte Kerle, die wenigstens Kerle sind und überhaupt etwas sind, viel lieber. Ich hatte von dem Jungen so viel gehalten, und ich sollte auch diese Illusion nicht ins Grab mitnehmen. Er ist und bleibt nichts anders als Max Hühnergeschissen.[100]

Die Tatsache, daß er diese Zeilen an seinen Bruder Gustav sandte, zeugt vom Ausmaß seiner Wut einerseits, einer unüberlegten Taktlosigkeit andererseits. Beides konnte er trotz gelegentlicher Bemühungen um gelassene Distanz nie ganz bändigen.

*

Inzwischen bemühte er sich, sein neues Werk voranzutreiben. Er hatte vom Herausgeber der *Augsburger Allgemeinen Zeitung* Kopien seiner Artikel angefordert und versucht, sein Projekt an Campe zu verkaufen. Beides erwies sich als schwierig. In den Akten der Zeitung gab es viele Lücken, ganze Serien hatten in nur einem Exemplar überlebt und mußten mühsam von Hand abgeschrieben werden, und fast alle Artikel waren von Zensoren unterschiedlich stark gekürzt und zusammengestrichen worden. Heine hatte wenige der ursprünglichen Entwürfe aufbewahrt, und es zeigte sich sehr bald, daß die Ergänzung und Aktualisierung des Materials zu einem zusammenhängenden Text ungeheure Anstrengungen erfordern würden, besonders von einem Halbblinden, der nicht einmal aufrecht sitzen konnte.

Das schreckte Heine indessen nicht, zum Teil wohl deshalb, weil er den erforderlichen Zeit- und Kraftaufwand beträchtlich unterschätzte. Er sah darin im Gegenteil noch eine Möglichkeit, seinen Verstand gewinnbringend zu beschäftigen und gleichzeitig seine literarische Karriere zu befördern.

Er sei darauf aufmerksam gemacht worden, schrieb er im Juni an Campe, »daß das Publicum viel mehr Gefallen jetzt findet an Schilderung sozialer und politischer Zustände, als an dem alten belletristischen Kunst- und Literatur-Geschwätze. Ich benutze diese Winke, und in meinem Geiste formirt sich ein Buch, welches Blüthe und Frucht, die ganze Ausbeute meiner Forschungen während einem Vierteljahrhundert in Paris sein wird [...]. Nach dem Romanzero, versicherten mir längst einige Freunde, verlangte man Prosa von mir«.[101] Aber der schlaue Verleger roch den Braten und sagte das auch unverblümt, besonders als Heine ihn um einen Vorschuß von sechstausend Mark anging. Das war der gleiche Betrag, den er für den *Romanzero* erhalten hatte. Campe wies darauf hin, daß nichts so schnell veraltet wie Nachrichten von gestern und daß er sich keine Leserschaft für eine Sammlung von fünfundzwanzig Jahre alten Zeitungsausschnitten vorstellen könne. Heine war in seinem Stolz tief verletzt – oder gab zumindest vor, es zu sein. Er hielt ihm entgegen, daß ein Autor wie er nie und nimmer mit einem bloßen Aufguß vergilbter alter Zeitungsausschnitte vor seine Leser treten würde, daß er vielmehr die Artikel nur als Grundlage für einen umfangreichen historischen und kulturellen Überblick über die Regierungszeit Louis Philippes nutzen wolle.

Aber Campe biß nicht an. Wie üblich beklagte er sich, mit dem *Romanzero* Geld verloren zu haben, und erbot sich, das Buch auf Heines eigene Kosten zu drucken, in einer Art Selbstverlag, wobei er nur den Vertrieb übernehmen würde. Angesichts der Stellung Heines und ihrer langen Verbindung kam dieses Angebot einem Schlag ins Gesicht gleich. Die Verhandlungen zogen sich fast über das ganze Jahr hin, und das Eingreifen bzw. die Einmischung der beiden Brüder Heines entspannte die Lage in keiner Weise. Schließlich wurde ein Kompromiß gefunden. Campe erklärte sich zur Zahlung von sechstausend Mark bereit, allerdings nicht für einen Band, sondern für drei Bände. Ein kampfesmüder Heine akzeptierte widerstrebend das Angebot.

XII Es wäre töricht zu behaupten, daß Heine in den letzten acht Jahren seiner Krankheit den Tod immer mit unerschütterlicher Entschlossenheit bekämpft habe. Manches Mal schien er bereit, einen Kampf aufzugeben, den er als aussichtslos empfand. Aber wenige Dichter seiner oder einer anderen Epoche haben so lange wie er mit dem Tod in nächster Nähe und auf so vertrautem Fuß gelebt. Diese undramatische Vertrautheit kennzeichnet das Werk seiner letzten Phase. Sie erklärt vermutlich auch die Ablehnung, die dieses Werk zu seiner Zeit erfuhr. Die krasse Vorstellung des Todes, ohne ihn – oder sie (Heine weist darauf hin, daß im Deutschen der Tod männlich und im Französischen *la mort* weiblich ist) – beschönigend und gefühlvoll zu umschreiben, war dem neunzehnten Jahrhundert genauso unangenehm wie dem unsrigen. Das abendliche Blutbad auf den Bildschirmen in unseren Wohnzimmern ist nur eine andere, unendlich raffiniertere Art, das wahre Gesicht des Todes zu verbergen. Heine weigerte sich für seinen Teil, in den Gedichten, die er »Gedichte der Agonie«[102] nannte, Zugeständnisse zu machen. Nachdem sich die Aufregung über den *Romanzero* gelegt hatte, richtete er sich – eher instinktiv als eine bewußte Entscheidung – in einem festgelegten Tagesablauf ein, zu dem ihn seine sehr wechselnde gesundheitliche Verfassung, seine Umgebung und die natürliche Abfolge von Hell und Dunkel zu Zeiten vor der

Elektrifizierung zwangen und den er bis zu seinen letzten Augenblicken, so gut es ging, einhielt. Die Nächte waren durchweg schlecht, gewöhnlich fand er nur wenig Schlaf. Vier Uhr morgens war eine Zeit, in der Schmerzen, Schrekken und Verzweiflung so stark wurden, daß sogar Opium und Selbstironie ihre Kraft verloren. Heine fand für sich ein wirksames Heilmittel: Zu dieser Stunde schrieb oder besser komponierte er seine Gedichte in einer Art Gebet. Ihr heilsamer Zauber offenbart die wahre Natur seines Glaubens. Er war vielen Menschen vieles, aber vor allem war er Dichter, zuallererst, zuallerletzt und zu jeder Zeit.

Bei Tagesanbruch tauchte mit der üblichen Unruhe im Haushalt sein anderes Selbst wieder auf: die Morgentoilette, das Hinunterwürgen des als nahrhaft geltenden Frühstücks, das Warten auf den Sekretär. Seine Ankunft kündigte den Beginn der nüchternen literarischen Tätigkeit an, nachdem die poetische Ausbeute der Nacht ins reine geschrieben war. Der Sekretär war für Heine von größter Wichtigkeit, er ersetzte ihm Augen und Ohren. Jahrelang hatte eine Reihe unscheinbarer Schreiberlinge diesen Posten inne. Ausnahmen waren Karl Hillebrand, später ein bekannter Essayist, und Richard Reinhardt, der sich 1849 bei Heine als Freund von Marx und Engels einführte und allmählich auch die meisten geschäftlichen Angelegenheiten Heines regelte. Effizient und übereifrig, dazu fast zweisprachig, machte er sich einige Jahre lang unentbehrlich. Vor allem in dem alptraumartigen Durcheinander der alten Zeitungsartikel, denen Heine neues Leben einzuhauchen sich bemühte, war er eine große Hilfe. Schließlich stellte sich heraus, daß nur eine vollständige Neufassung den Artikeln die nötige strukturelle Einheit geben würde, wie sie Heine für diese letzte Veröffentlichung seines Lebens für unabdingbar hielt. Die Aufgabe erwies sich als weit schwieriger, als er gedacht hatte, und die Vorboten seines bevorstehenden Todes machten ihre Bewältigung um so dringender. Oft wurde er von einer wilden Unruhe ergriffen, die gleichzeitig seine letzten verbleibenden Kräfte freisetzte. Sie waren weit stärker als erwartet.

Der Gefangene in der rue d'Amsterdam schenkte der französischen Tagespolitik jenseits der Mauern seiner Zelle immer weniger Aufmerksamkeit. Gelegentlich entlockte sie ihm eine witzige Bemerkung oder ein verächtliches Schnauben, aber nie war er emotional oder intellektuell wirklich beteiligt. Er hatte die Aufstände von 1848 nicht ernst genommen, einmal weil er sich verständlicherweise um seine beginnende Lähmung größere Sorgen machte, andererseits weil sich ihre Bedeutung erst im nachhinein herausstellte. Er begrüßte die Wahl des ziemlich rätselhaften Louis-Napoléon im Dezember 1848 nur, weil der neue Präsident zufällig der Sohn des leicht geisteskranken holländischen Königs Louis Bonaparte war, eines Bruders von Napoléon Bonaparte. In seinen Gefühlen war Heine noch Bonapartist genug, um zu hoffen, daß die magischen Kräfte des Onkels im Neffen überlebt haben könnten.

Nach der neuen Verfassung konnte der für vier Jahre gewählte Präsident nicht wiedergewählt werden. Dieses Problem löste Louis-Napoléon am 2. Dezember 1851 durch einen Staatsstreich – es war der Jahrestag des Sieges seines Onkels bei Austerlitz. Er verhaftete alle Oppositionsmitglieder, schrieb die Verfassung neu und organisierte eine Volksabstimmung, die am 21. Dezember seinen Vorschlag einer zehnjährigen Amtszeit für den Präsidenten mit sieben Millionen Ja- und 600000 Neinstimmen annahm. Einige Monate später, am 21. November 1852, vollendete eine weitere Volksabstimmung die Gegenrevolution: die absolute Monarchie war restauriert und der Prinz-Präsident von nun an Kaiser Napoleon III. Wie viele andere hatte auch Heine inzwischen seine Ansicht über den neuen Kaiser geändert, dessen persönliches Kabinett aus einer Clique räuberischer Gauner bestand und der sofort ein absolutistisches Regime errichtet hatte, das auf der vereinten – und bedrohlichen – Macht von Armee und Polizei gründete. Trotzdem mag der plötzliche Zusammenbruch der Opposition weniger mit aktiver Unterdrückung als mit dem infolge der industriellen Revolution aufkommenden Wohlstand zu tun gehabt haben. Jedenfalls erhöhte sich der Lebensstandard des Bürgertums im Second Empire beträchtlich, und die kaiserliche Regierung heimste den Dank dafür ein, zumal sie, in krassem Gegensatz zu ihren Vorgängern, immerhin so tat, als hätte sie auch die Probleme der Arbeiterklasse im Auge. Den vollentwickelten Kapitalismus prägten aber schließlich bedeutende Investitionen in das Transport- und Immobilienwesen und die zunehmende Kapitalkonzentration bei größeren Bankhäusern, wie den Rothschilds, Pereires und Foulds (letztere angeheiratete Feinde Heines). Die großen Kaufhäuser – Bon Marché, Printemps, Samaritaine – öffneten erstmals ihre Tore, und das Streckennetz der Eisenbahn versechsfachte sich in kurzer Zeit von 3000 auf 18 000 Kilometer. In den Augen der Nachwelt ist jedoch die Verwandlung von Paris selbst die spektakulärste Veränderung: von der noch halb mittelalterlichen, malerischen Hauptstadt wurde es zur modernen Metropole, wie wir sie heute kennen.

Dies war in erstaunlichem Maße das Werk eines Mannes. Der Kaiser hatte zwar die Initiative ergriffen und die großen politischen Ziele für die Umstrukturierung vorgegeben. Er verdient Anerkennung für die Ernennung eines vielseitigen, genialen Mannes, der nicht nur dieser Aufgabe gewachsen war, sondern der außerdem Finanzierungsmöglichkeiten ohne

Steuererhöhungen dafür fand. Die moderne geschlossene Bauweise, die großen Boulevards und die Pariser Kanalisation sind weitgehend das Werk Georges Eugène Haussmanns.

Haussmann, 1809 geboren, Doktor der Jurisprudenz, war in verschiedenen Provinzhauptstädten Präfekt, ehe er am 22. Juni 1853 zum Präfekten des Departements Seine ernannt wurde. Zwei Wochen später nahm er ein Stadterneuerungsprojekt in Angriff, das bis zu den Bombenangriffen des Zweiten Weltkriegs unerreicht geblieben ist.

Die vom Kaiser vorgegebenen Ziele waren politischer, ästhetischer und kommerzieller Natur: zunächst ein Netz breiter Avenuen und Straßen, die nicht mehr leicht durch Barrikaden zu sperren waren und in denen Soldaten nebeneinander mit freiem Schußfeld vor sich marschieren konnten. Daneben mußten die großen Denkmäler der Vergangenheit – Hôtel de Ville, Louvre, Notre-Dame – aus dem labyrinthischen Gewirr der baufälligen Häuser freigelegt werden. Und Zugänge zu den neuen Bahnhöfen, die Tausende von Reisenden und Touristen in die Stadt brachten, mußten geschaffen werden. Haussmann ging mit einer Rücksichtslosigkeit vor, die legendär wurde. Er legte ganze Bezirke von Paris nieder und löste damit wilde Grundstücksspekulationen aus. Er erwarb den Bois de Boulogne für die Stadt und verwandelte den Wald in einen englischen Garten nach der Vorstellung des Kaisers. 1854 begann er mit dem Bau der Pariser Kanalisation, einer eigenen unterirdischen Stadt, und dem Bau des 131 Kilometer langen Dhuis-Aquädukts. Erstmals gab es sauberes Wasser anstelle des verunreinigten Seinewassers, das wiederholt zu Epidemien geführt hatte. Insgesamt sind der Allianz von Kaiser und Haussmann, die bis 1870 souverän, wenn auch nicht unumstritten herrschte, erstaunlich viele Bauten zu verdanken, vom Palais de Justice und dem Hôtel Dieu bis zur Grand Opéra, den

Halles und dem Temple, ganz zu schweigen von zahlreichen Kirchen und den größeren Seinebrücken.

Daß den Bauten im großen Stil eine Zerstörung noch größeren Stils vorausging, versteht sich von selbst. Das ist der Grund für die feindseligen Gefühle, die Haussmann auslöste. Romantiker, Historiker und Alte beklagten das Verschwinden so manchen Wahrzeichens und vieler malerischer halbdörflicher Ecken der Hauptstadt. Der Staatsmann Jules Ferry sprach vielen seiner Generation aus dem Herzen, als er 1868 schrieb: »Diesem alten Paris, dem Paris Voltaires, Diderots und Desmoulins', dem Paris von 1830 und 1848, weinen wir mit allen unseren Tränen nach, wenn wir sehen [...], daß wir unseren Kindern einen Triumph der Geschmacklosigkeit und den schrecklichsten Materialismus hinterlassen.«[103] Die Zerstörung großer städtischer Armenviertel machte Tausende obdachlos, die meisten konnten die von den Besitzern der neuen Mietshäuser geforderten überhöhten Mieten nicht bezahlen. Aber reich und arm hatte das gleiche Recht, unter den Brücken zu schlafen, wie Anatole France bemerkte.

Haussmanns Feinde wurden allmählich stärker, und 1870, ein Jahr vor seinem eigenen Sturz, entließ der Kaiser ihn widerwillig. Eins ist jedoch sicher: das Wunder des modernen Paris wäre ohne Haussmann undenkbar.

Die meisten dieser politischen und architektonischen Veränderungen ließen Heine ziemlich gleichgültig. Sie fanden in einer Welt statt, zu der seine Verbindung immer loser wurde. Am 1. April 1853 veröffentlichte die *Revue des Deux Mondes* seinen Essay *Die Götter im Exil*. Wann er ursprünglich geschrieben wurde, ist nicht bekannt. Der Grundgedanke ist offensichtlich sehr alt – es geht um den Sieg des Christentums über die heidnischen Götter und deren armseliges Leben im irdischen Exil, was nichts mit ihren dämonischen Verwandlungen, die ihnen christlicher Aberglaube unterstellt, gemein hat. Heine hatte sich mit dem Thema schon lange vorher in seiner romantischen Periode beschäftigt. Aber hier, wo er sich mit dem Schicksal jedes einzelnen Gottes befaßt, ist die Darstellung intelligent und oft witzig. Den glanzvollen Höhepunkt bildet die Szene, in der ein zerlumpter, halb verrückter, auf einer Nordseeinsel ausgesetzter Jupiter mit Kaninchenfellen handelt. Der größte Teil ist vermutlich wirklich im Frühjahr geschrieben. Die Reaktion des französischen Publikums war jedenfalls sehr freundlich. Eine plumpe Rückübersetzung ins Deutsche erschien allerdings eine Woche später in den *Hamburger Nachrichten* und verdarb Heines Laune gründlich. Aber wie sich zeigen sollte, war das erst der Anfang seiner Schwierigkeiten. Er hatte tatsächlich versucht, einen deutschen Verleger zu finden, aber die Reaktion im Deutschland nach 1848 machte ihn mehr denn je zum Paria; nur wenige Zeitungen wollten etwas mit ihm zu tun haben. In der sich rasch erweiternden staatlichen Bürokratie mit ihren verstärkten Polizeibefugnissen war die Zensur nach einer Veröffentlichung womöglich sogar noch schärfer. Campe verfügte indessen immer noch über ein halbgeheimes Verteilersystem, mit dem er seine Bücher nicht nur auf den Markt brachte, sondern auch noch Gewinn machte. Die mangelhafte Übersetzung kam am 25. April in Berlin in Buchform heraus, und im Juni erschienen nicht weniger als vier französische Raubdrucke in Brüssel. Die schlechte deutsche Übersetzung erschien sogar in Philadelphia in einer Zeitschrift mit dem Titel *Die Lokomotive*, die einer von Heines späteren Biographen herausgab. Ihr folgte ungefähr zwei Jahre später eine Raubdruckausgabe Heines gesammelter Werke, die ein Buchhändler namens John Weik in Philadelphia herausbrachte. Überall tauchten jetzt

Raubübersetzungen auf – ein Beweis für Heines wachsende internationale Bekanntheit. Er aber schäumte vor Wut über die Einkommenseinbuße und verlangte, daß Campe etwas unternehmen solle. Aber nach dem damaligen Urheberrecht blieben ihm nur zornige Proteste in den Zeitungen.

Campe seinerseits hatte sich wieder aufs Schmollen verlegt. Anlaß war dieses Mal Heines Forderung nach einem Vorschuß für die Artikelsammlung, an die er nicht glaubte. Campes Standfestigkeit, sein Einfallsreichtum und gelegentlich auch sein Mut stehen außer Zweifel, aber er muß trotz seines angeblichen Charmes wirklich unmenschlich gewesen sein, um einen seiner treuesten und einträglichsten Autoren, von dessen verzweifelter Lage er sich inzwischen selbst überzeugt hatte, immer wieder mit so kalter Verachtung zu behandeln. In der letzten Runde belehrte er Heine, daß Freundschaft und Geschäft schlicht unvereinbar seien. Und dieses Mal befolgte Heine diesen Rat schnell – auf seine Art: »Ihre jüngste Devise, daß Freundschaft im Geschäfte nicht in Anschlag gebracht werden könne, habe ich mir nur zu gut gemerkt«, schrieb er Campe im Oktober 1853. »Wie kommt es aber, lieber Campe, daß Sie jedesmal, wenn Sie im Interesse Ihres Geschäftes einen Gefallen von mir verlangen, immer von Freundschaft sprachen? während ich jetzt, wo es dieser Freundschaft in meiner Lage wohl bedürfte, jedesmal wo ich Geld begehre, einem strengen Geschäftsgesichte begegne. Aber es sei! ich will eingestehn, daß ich mein ganzes Leben hindurch mich einer poetischen Täuschung hingab; aber jetzt wollen wir dieser entsagen und Sie sollen in mir, wo von Geschäft die Rede ist, sich nicht über Intervenzion von Freundschaftsinteressen zu beklagen haben. [...] Sie sollen jetzt meine Freundschaft ganz rein genießen, und der Geschäftsmann soll kein Opfer bringen.«[104]

XIII Der Rest des Jahres verstrich mit der Aufbereitung der Sammlung alter Zeitungsartikel, die schließlich unter dem Titel *Lutezia*, dem alten römischen Namen von Paris, erschien. Ob *Lutezia* nun diesen vermutlich entsetzlichen Energie- und Zeitaufwand rechtfertigte, kann ein Außenstehender nicht beurteilen. Heine glaubte offensichtlich mit ganzem Herzen an das Projekt und arbeitete mit nicht nachlassendem Schwung daran. Damit erreichte er sicherlich zumindest einen seiner Zwecke.

Lutezia ist Heines längste Prosaarbeit; sie hat auch seinen nachsichtigsten und treuesten Lesern und Interpreten immer Schwierigkeiten bereitet. Lange Passagen lesen sich genau wie das, was sie sind, vergilbte alte Zeitungsausschnitte, auch wenn sie von einem der glänzendsten Stilisten der Zeit stammen. Viele haben die für Heines Schriften so charakteristische Lebendigkeit und Verve, aber die meisten Leser werden spüren, daß er sich selbst etwas vormachte, als er Campe versicherte: »das Ganze liest sich wie ein Roman, während es zugleich ein historisches Aktenstück ist«[105], und es »enthält einen geistigen Schatz für die Erwecker des politischen Lebens in Deutschland«[106]. Heine war Dichter und hatte – für einen Dichter – weitgespannte Interessen auf so prosaischen Gebieten wie Politik, Menschenrechten, Philosophie und Wirtschaft, dazu einige oberflächliche Kunstkenntnisse. Man kann ihn aber schwerlich für einen herausragenden Historiker oder Journalisten halten. Meistens äußerte er seine persönliche Meinung, war dabei gewöhnlich prägnant und gut informiert, aber in herausfordernder Weise voreingenommen. Oft entfernte er sich weit vom Thema oder neigte zu plötzlichem Themenwechsel. In der überarbeiteten Fassung der Artikel gab er häufig der Versuchung nach, seine früheren Ansichten zu verändern. Damit sprach er sich in der Rückschau mehr Weitblick zu, als er damals tatsächlich bewiesen hatte. Solche eitelkeitsbedingten kosmetischen Korrekturen sind indessen verzeihlich.

Sehr viel problematischer ist seine Konzentration auf prominente Politiker der damaligen Zeit – Thiers, Guizot und vor allem König Louis Philippe selbst. Über sie alle hatte er Scharfsinniges, oft Widersprüchliches zu sagen, aber sie waren inzwischen von der politischen Bühne verschwunden. Wie gewöhnlich beschränkte er sich in seiner Form der Charakteranalyse nicht auf Politiker. Eines der kleinen Glanzstücke dieser Sammlung ist sein Bericht vom 30. April 1840 über die Premiere von George Sands *Cosima*. Mit sicherem Gespür schilderte er das komplizierte Verhältnis zwischen der feministischen Autorin und den gegen sie angetretenen sozialen Kräften.

> Gestern Abend, [...] nach einem fast zweymonathlichen Hinzögern, [...] ward ›Cosima‹, das Drama von George Sand, im *Théâtre français* aufgeführt. Man hat keinen Begriff davon, wie seit einigen Wochen alle Notabilitäten der Hauptstadt, alles, was hier hervorragt [...], sich Mühe gab, dieser Vorstellung beywohnen zu können. Der Ruhm des Autors ist so groß, daß die Schaulust aufs Höchste gespannt war; aber nicht bloß die Schaulust, sondern noch ganz andere Interessen und Leidenschaften kamen ins Spiel. Man

kannte im Voraus die Cabalen, die Intriguen, die Böswilligkeiten, die sich gegen das Stück verschworen […]. Der kühne Autor, der durch seine Romane bey der Aristokratie und bey dem Bürgerstand gleich großes Mißfallen erregte, sollte für seine ›irreligiösen und immoralischen Grundsätze‹ bey Gelegenheit eines dramatischen Debüts öffentlich büßen; denn, wie ich Ihnen dieser Tage schrieb, die französische Noblesse betrachtet die Religion als eine Abwehr gegen die herandrohenden Schrecknisse des Republikanismus […], während die Bourgeoisie durch die antimatrimonialen Doktrinen eines George Sand ebenfalls ihre Köpfe bedroht sieht, nemlich bedroht durch einen gewissen Hornschmuck, den ein verheuratheter Bürgergardist eben so gern entbehrt, wie er gern mit dem Kreuze der Ehrenlegion geziert zu werden wünscht. […]
Welche Aufnahme fand nun das Drama von George Sand, des größten Schriftstellers, den das neue Frankreich hervorgebracht, des unheimlich einsamen Genius, das auch bey uns in Deutschland gewürdigt worden? […] Ehrlich gestanden, ich kann diese Frage nicht beantworten. Die Achtung vor dem großen Namen lähmte vielleicht manches böse Vorhaben. […]
Ueber die Darstellung des bestrittenen Dramas kann ich leider nur das Schlimmste berichten. Außer der berühmten Dorval, die gestern nicht schlechter, aber auch nicht besser als gewöhnlich spielte, trugen alle Akteure ihre monotone Mittelmäßigkeit zur Schau. […] George Sand scheint vorausgesehn zu haben, wie wenig sein Drama trotz aller Zugeständnisse, die er den Caprizen der Schauspieler machte, von den mimischen Leistungen derselben zu erwarten hatte,

> und im Gespräch mit einem deutschen Freunde sagte er scherzhaft: ›Sehen Sie, die Franzosen sind alle geborene Comödianten, und jeder spielt in der Welt mehr oder minder brillant seine Rolle; diejenigen aber unter meinen Landsleuten, die am wenigsten Talent für die edle Schauspielkunst besitzen, widmen sich dem Theater und werden Acteure.‹
>
> Ich habe selbst früher bemerkt, daß das öffentliche Leben in Frankreich, das Repräsentativsystem und das politische Treiben, die besten schauspielerischen Talente der Franzosen absorbirt, und deßhalb auf dem eigentlichen Theater nur die Mediokritäten zu finden sind. Dieses gilt aber nur von den Männern, nicht von den Weibern; die französische Bühne ist reich an Schauspielerinnen vom höchsten Werth, [...] da die Frauen durch eine ungerechte Gesetzgebung, durch die Usurpazion der Männer, von allen politischen Aemtern und Würden ausgeschlossen sind und ihre Fähigkeiten nicht auf den Brettern des Palais Bourbon und des Luxembourg geltend machen können. Ihrem Drang nach Oeffentlichkeit stehen nur die öffentlichen Häuser der Kunst und der Galanterie offen [...] oder auch beides zugleich, denn hier in Frankreich sind diese zwey Gewerbe nicht so streng geschieden, wie bey uns in Deutschland.[107]

1854 erweitert er diese Anmerkung beträchtlich. Er fügt eine detaillierte Biographie George Sands alias Aurore Dudevant geborene Dupin bei und macht ihr ein recht übertriebenes doppeltes Kompliment: sie ist nicht nur die größte Schriftstellerin, sondern auch ihre Schönheit ist zu ihrem Vorteil der der Venus von Milo vergleichbar. Er bringt es sogar übers Herz, ihre beiden berühmtesten Liebhaber, den

Dichter Alfred de Musset und »unseren vielgeliebten Frederic Chopin«[108], zu loben. »George Sand in Prosa und Alfred de Müsset in Versen überragen in der That den so gepriesenen Victor Hugo, der mit seiner grauenhaft hartnäckigen, fast blödsinnigen Beharrlichkeit den Franzosen und endlich sich selber weiß machte, daß er der größte Dichter Frankreichs sey. Ist dieses wirklich seine eigene fixe Idee? Jedenfalls ist es nicht die unsrige. Sonderbar! die Eigenschaft, die ihm so viel fehlt, ist eben diejenige, die bey den Franzosen am meisten gilt, und zu ihren schönsten Eigenthümlichkeiten gehört. Es ist dieses der Geschmack [...]: er ist gemacht, verlogen, [...] er ist durch und durch kalt, wie nach Aussagen der Hexen der Teufel ist [...]; seine Begeistrung ist nur eine Phantasmagorie, ein Calkül ohne Liebe, oder vielmehr, er liebt nur sich; er ist ein Egoist, und damit ich noch schlimmeres sage, er ist ein Hugotist.«[109]

Lutezia zeigt in aller Deutlichlichkeit einige der besten und schlechtesten Eigenschaften Heines als Feuilletonist. Man braucht sich nicht Karl Kraus' besserwisserische und im Grunde antisemitische Attacke gegen ihn als Urheber des vielverachteten Feuilletons zu eigen zu machen – gab es je etwas, was Karl Kraus nicht verachtete, sich selbst eingeschlossen? –, aber man muß zugeben, daß Heine in seiner Zeitungsprosa weitschweifig sein konnte, zu Exkursen neigte und sein Witz die Pointe oft in der von Caroline Jaubert geschilderten schwerfälligen, umständlichen Art drehte und wendete. Aber gleichzeitig stellt das Buch auch einige seiner glänzendsten Seiten heraus. Als Sozialkritiker war er in gewisser Weise seiner Zeit weit voraus, etwa in den Fragen, die er hinsichtlich des »Pennsylvania Systems« aufwarf; damit waren die in Frankreich gerade eingeführten Einzelzellen in Gefängnissen gemeint. Auf seinen Reisen durch die Provinz entdeckte er ein Land, das damals, zumindest als politische

Kraft, von wenigen Ausländern und nicht allzu vielen Franzosen zur Kenntnis genommen wurde. Er erforschte den Kampf zwischen Kirche und Staat um das Erziehungswesen in einer Weise, daß man sich fragt, warum dieses Problem heute, fast 160 Jahre später, noch immer ungelöst ist. Am Ende seines Lebens definiert er besonders im Vorwort zur französischen Ausgabe seine politischen Ansichten vielleicht zusammenhängender als je zuvor. Er glaubt, daß die Zukunft den Kommunisten gehört, dem Gegenstück zu den Nazarenern in Rom. Eine Aussicht, die ihn trotz allem mit Besorgnis und Furcht erfüllt; er denkt an eine Zeit, wenn deren fühllose Hände alle Kunst und Schönheit auf der Welt zerstören werden:

> und ach! mein Buch der Lieder wird der Krautkrämer zu Düten verwenden um Kaffe oder Schnupftabak darin zu schütten für die alten Weiber der Zukunft – Ach! das sehe ich alles voraus und eine unsägliche Betrübniß ergreift mich wenn ich an den Untergang denke womit meine Gedichte und die ganze alte Weltordnung von dem Communismus bedroht ist – Und dennoch ich gestehe es freymüthig, übt derselbe auf mein Gemüth einen Zauber, dessen ich mich nicht erwehren kann, in meiner Brust sprechen zwey Stimmen zu seinen Gunsten [...]
> [...] die erste dieser Stimmen ist die Logik – der Teufel ist ein Logiker sagt Dante – ein schrecklicher Syllogismus behext mich, und kann ich der Prämisse nicht widersprechen: ›daß alle Menschen ein Recht haben zu essen‹, so muß ich mich auch allen Folgerungen fügen [...]
> Die zweite der beiden zwingenden Stimmen von welchen ich rede, ist noch gewaltiger als die erste, denn

sie ist die des Hasses, des Hasses den ich jenem gemeinsamen Feinde widme, der den bestimmtesten Gegensatz zu dem Communismus bildet und der sich dem zürnenden Riesen, schon bey seinem ersten Auftreten entgegenstellen wird – ich rede von der Parthey der sogenannten Vertreter der Nazionalität in Deutschland, von jenen falschen Patrioten deren Vaterlandsliebe nur in einem blödsinnigen Widerwillen gegen das Ausland und die Nachbarvölker besteht und die namentlich gegen Frankreich täglich ihre Galle ausgießen – Ja, die Ueberreste oder Nachkömmlinge der Teutomanen von 1815, die bloß das altdeutsche Narren-Costum gewechselt und sich die Ohren etwas verkürzen ließen, ich haßte und bekämpfte sie zeit meines Lebens und jetzt wo das Schwert der Hand des Sterbenden entsinkt, erquickt ihn die Ueberzeugung daß ihnen ganz sicher der Communismus den Garaus macht [...]. Aus Haß gegen die Nazionalisten könnte ich schier die Communisten lieben. Wenigstens sind sie keine Heuchler die immer die Religion und das Christenthum im Munde führen; die Communisten, es ist wahr, besitzen leider keine Religion (einen Fehler muß doch der Mensch haben) [...] aber in ihren obersten Prinzipien huldigen sie einem Cosmopolitismus, einer allgemeinen Völkerliebe, einem Weltbürgerthum aller Menschen, welches ganz übereinstimmend mit dem Grunddogma des Christenthums daß sie in Wesen und Wahrheit viel kristlicher sind als unsre deutschen Maulchristen, die das Gegentheil predigen und üben.[110]

Heine gewann seine Erkenntnisse eher intuitiv als analytisch, so trug er sie auch vor. Im ganzen war die ungehemmte kreative Intuition des Dichters in ihrer Vorausschau wesentlich zutreffender als ganze Stapel gelehrter Wälzer. Heines kompromißloser Haß auf den deutschen Ultranationalismus hatte sich in seiner Jugend geformt und in jedem Lebensabschnitt verstärkt. Er ging über bloße Ideologie hinaus und wurde zum dauerhaften Bestandteil seiner Persönlichkeit, zum inneren Gespür, das ihn befähigte, das Ungeheuer zu ahnen, lange bevor es wirklich auftauchte. Und wenn er dessen Kraft, an der des Kommunismus gemessen, auch erheblich unterschätzte, war er damit durchaus nicht allein.

*

Eine der Kontroversen um *Lutezia* betraf die Rolle seines Sekretärs Richard Reinhardt. Im Gegensatz zu den meisten von Heine mehr oder weniger ad hoc eingestellten Schreiberlingen war er kompetent und effizient. Er begann um 1850 für Heine zu arbeiten, zunächst einmal wöchentlich, dann in dem Maße, wie Heines Kräfte schwanden, allmählich immer häufiger. Nach allen Berichten war er persönlich von recht verdrießlichem und eigensinnigem Wesen, alles andere als ein Charmeur. Aber er war tatkräftig, und bald nahm er nicht nur Diktate auf, sondern erledigte auch einen Großteil der geschäftlichen Korrespondenz mehr oder weniger selbständig. Tatsächlich führte Reinhardt in Heines Namen zumindest teilweise die Verhandlungen mit Campe.

Im nachhinein kann man sich des Verdachts nicht erwehren, daß er von Anfang an vielleicht auch eigene Ziele verfolgte. Als Freund von Marx und Engels gehörte er unter den Mitgliedern ihrer Arbeiterpartei zu ihrem engeren Kreis, zum Beispiel hielt er den Kontakt zwischen ihnen und Heine aufrecht, obwohl es mehr als zweifelhaft erscheint, ob er – ebensowenig wie jeder andere – in der Lage gewesen wäre, Heines Einstellung zum Kommunismus zu beeinflussen. Zum anderen hatte er literarischen Ehrgeiz, betrachtete sich als Dichter und muß mindestens erwartet haben, auf irgendeine Weise von Heines bevorstehendem Hinscheiden zu profitieren. Er war unbestreitbar höchst nützlich, und man kann vermuten, daß Heine seine Tüchtigkeit schätzte, aber man hat den Eindruck, daß ihr persönliches Verhältnis distanziert, wenn nicht sogar kühl blieb. Wie und warum es schließlich zum Bruch zwischen ihnen kam, offenbart trotz einer fast fünfjährigen Beziehung einen erschreckenden Mangel an gegenseitiger Sympathie.

Reinhardt war so gut wie zweisprachig; er vor allem übersetzte *Lutezia* ins Französische. Er erhielt dafür keine Anerkennung; in der französichen Ausgabe blieb der Name des Übersetzers ungenannt; es sah so aus, als hätte Heine diese Arbeit selbst getan. Zum Ausgleich forderte Reinhardt, zu Heines literarischem Nachlaßverwalter ernannt zu werden. Als Heine dies sofort und kategorisch ablehnte, hielt er ihm regelrechten Undank vor, worauf Heine ihn hinauswarf. Am folgenden Tag berichtet Heine kühl in einem Brief an Campe: »Gestern hab ich die Gemüthsverschiedenheit die zwischen mir und meinem ehemaligen Sekretär besteht ganz einsehen müssen und das Beywort *ehemalig* sagt Ihnen daß wir uns trennen mußten.«[111]

Es ist eine Ironie der Geschichte, daß der eigensinnige und pedantische Deutsche, wäre er wirklich mit der Verwaltung von Heines literarischem Nachlaß beauftragt worden, wahrscheinlich sehr viel bessere Arbeit geleistet hätte als diejenigen, die schließlich damit betraut wurden, oder als jene, die ihn plünderten, bestahlen, kauften, verkauften, zerstreuten und zerstörten. Reinhardt hätte es sicherlich nicht schlimmer machen können.

XIV

Auf jeden Fall hätten wir sehr viel mehr über Heines geheimnisvolle Memoiren erfahren können – wenn sie denn wirklich existiert haben.

Er sprach und schrieb *über* sie seit seinen frühen Zwanzigern, als er sich noch an Onkel Salomons Futterkrippe nährte und der ungeschickte Taugenichts von Neffe war, der nicht bis drei zählen konnte, den man aber unterstützen mußte, weil er zur *Familie* gehörte. Wie der Vater, so der Sohn. Die Schwierigkeit mit ihm lag darin, daß er nicht nur zu keinem Geschäft oder sonst etwas taugte, sondern daß er darüber hinaus auch noch sehr von sich eingenommen war und beständig an seine Unbedeutendheit auf allen Gebieten erinnert werden mußte. Insbesondere als er Interesse für Amalie bekundete. Sie war Salomons ältere Tochter, und Harry, das Frechmaul, war entschieden nicht das, was König Salomon sich unter einem Schwiegersohn vorstellte.

Die unerwiderte Liebe des angehenden Dichters für seine unscheinbare, aber reiche Kusine – und einige Jahre später für ihre hübschere und ebenso reiche jüngere Schwester Theresa – ist zu einer der herzzerreißendsten Liebesgeschichten der Literaturgeschichte und zur tragischen Inspiration vieler Gedichte im *Buch der Lieder* stilisiert worden. Heine, der, wenn es um seine innersten Gefühle ging, übertrieben diskret war, nährte diesen Mythos einer lebenslangen Leidenschaft nur indirekt. Bereits im Oktober 1827 schrieb er anläßlich einer Begegnung mit der damals bereits sicher verheirateten Amalie an seinen Freund Varnhagen: »Ich bin im Begriff diesen Morgen eine dicke Frau zu besuchen, die ich in 11 Jahren nicht gesehen habe, und der man nachsagt ich sey einst verliebt in sie gewesen. Sie heißt Me Friedländer aus Königsberg, so zu sagen eine Cousine von mir. Den Gatten ihrer Wahl hab ich schon gestern gesehen, zum Vorgeschmack. [...] Die Welt ist dum und fade und unerquicklich und riecht nach vertrockneten Veilchen.«[112]

Vielleicht eine Pose. Aber alle Anzeichen legen eine ganz andere Interpretation dieses vermeintlichen Liebeskummers nahe. Er war nur ein Element im Frontalangriff auf die Selbstachtung eines begabten jungen Mannes. Was ihn in Wahrheit verletzte, war nicht Amalies Abweisung seiner Werbung, sondern die höhnische Verachtung der Familie beim bloßen Gedanken daran. Es ist sicherlich wahr, daß Heine außergewöhnlich empfindlich auf jede wirkliche oder eingebildete Herabsetzung reagierte; aber im Lichte ihres späteren Verhaltens ist sehr wohl möglich, daß die Grausamkeit Salomon Heines und einiger Familienmitglieder beabsichtigt war, zumal Vetter Harry sich vielleicht nicht aufs Einstecken, gewiß aber aufs Austeilen von Beleidigungen verstand. Das hat jedoch kaum Bedeutung. Paranoiker haben Feinde, und wenn Heine die Leiden seiner Jugend zweifellos sein ganzes Leben lang dramatisierte, muß in ihnen doch der Keim eines echten, langwirkenden Gifts gesteckt haben. Noch 1850 konnte er im Brustton der Überzeugung an seinen Bruder Gustav schreiben: »Da Du nun ungefähr weißt, von welcher Art und Gemüthsweise die Personen sind, auf deren Großmuth ich angewiesen war, so begreifst Du auch, wie zu meinen körperlichen Leiden auch noch moralische hinzutreten mußten, von denen ich heute nicht reden will, da jeder Gedanke daran mich auf's Tiefste erschüttert; über diese Wunde ein andermal, oder vielleicht auch nie, denn da ist Alles verwebt mit dem Ursprunge meiner Krankheit, die aus einer Erschütterung entstand, wie sie vielleicht wenig Menschengemüther auf dieser Welt erlebt haben.«[113]

Nichts ist da natürlicher, als daß der junge Mann, der es seinen engstirnigen Peinigern heimzahlen möchte, beschließt, mit der einzigen Waffe anzugreifen oder zu drohen, die er schon damals meisterhaft beherrschte, seiner Feder. Heine war fünfundzwanzig, als er einem Freund schrieb: »[...] wenn Du einst meine Memoiren liest und einen Hamburger Menschentroß geschildert findest, wovon ich einige liebe, mehrere hasse und die meisten verachte, so wirst Du mich besser verstehen«.[114]

In den folgenden Jahren gab es immer wieder verstreute Hinweise auf die *Memoiren*, die jedoch nur 1837 konkrete Form annahmen, als er vorschlug, einer Ausgabe seiner gesammelten Werke eine autobiographische Studie beizufügen, »ein großes Buch, vielleicht mehre Bände, welche den Schluß der Gesammtausgabe bilden sollten und die ganze Zeitgeschichte, die ich in ihren größten Momenten mitgelebt, umfasse, sammt den markantesten Personen meiner Zeit, ganz Europa, das ganze moderne Leben, deutsche Zustände bis zur Juliusrevoluzion, die Resultate meines Aufenthalts im Foyer der politischen und sozialen Revoluzion, das Resultat meiner kostspieligsten und schmerzlichsten Studien«[115]. Einige Wochen später schrieb er an Campe: »Tag und Nacht beschäftige ich mich mit meinem großen Buche, dem Romane meines Lebens [...]. Sie wissen, ich prale nicht, und ich kann schon jetzt das Außerordentlichste prophezeyen, da ich das Publikum kenne und genau weiß, über welche Personen, Zustände und Ereignisse es belehrt und unterhalten seyn will.«[116] Er verlangte einen beachtlichen

Vorschuß, den Campe verweigerte. Und im Laufe der folgenden Monate wurden die *Memoiren* zu einer Art Dreckschleuder, die er auf verschiedene seiner Meinung nach ihm feindlich gesonnene Personen richtete. Im September bat er Onkel Salomon um Wiederaufnahme freundlicher Beziehungen und um Vergebung für Sünden, die begangen zu haben er sich nicht einmal bewußt sei. Er konnte nicht unterlassen, seine süßliche und demütige Epistel mit einer für ihn charakteristischen Wendung zu beschließen, die nicht dazu angetan war, den Onkel zu einer versöhnlichen Geste zu bewegen: »Was mich noch aufrecht hält, ist der Stolz der geistigen Obermacht, die mir angeboren ist, und das Bewußtseyn, daß kein Mensch in der Welt, mit wenigen Federstrichen, sich gewaltiger rächen könnte als ich, für alle offene und geheime Unbill, die man mir zufügt –«[117] Und so ging es jahrelang. Im Dezember 1837 erklärte er Campe, daß er die Arbeit an diesem Projekt aufgegeben habe, jedoch drei Jahre später, im September 1840, versicherte er ihm: »Selbst wenn ich heute stürbe, so bleiben doch schon 4 Bände Lebensbeschreibung oder Memoiren von mir übrig, die mein Sinnen und Wollen vertreten und schon ihres historischen Stoffes wegen, der treuen Darstellung der mysteriösesten Uebergangskrise, auf die Nachwelt kommen. Das neue Geschlecht wird auch die beschissenen Windeln sehen wollen, die seine erste Hülle waren.«[118]

Das Thema kam 1845 während der Erbschaftsfehde wieder auf, als Carl Heine anbot, die Hälfte der vereinbarten Pension zu zahlen, wenn er die Möglichkeit erhielte, die *Memoiren* zu zensieren. Heine verpflichtete sich schließlich mündlich, nichts Nachteiliges über seinen verstorbenen Onkel zu schreiben, und gab bekannt, daß er freiwillig wesentliche Teile des Manuskripts vernichtet habe. Es tauchte aber trotzdem immer wieder auf, wie der Teufel aus der Kiste

– aus vier Kisten, genauer gesagt –, wenn wir Meißner Glauben schenken dürfen. Er behauptete, 1854 bei seinem letzten Besuch ein umfangreiches Manuskript gesehen zu haben. Andere Besucher waren skeptischer. Als der junge deutsche Autor Ludwig Kalisch Heine im Januar 1850 besuchte, erwähnte er, daß seine Leser immer noch ungeduldig auf die *Memoiren* warteten. »›Allerdings beabsichtige ich, sie zu veröffentlichen‹, entgegenete er; ›allein ich weiß nicht, ob ich damit werde zu Stande kommen können. Ich dictire fast jeden Tag, was mir eine entsetzliche Anstrengung verursacht. [...] Ich habe viele Manuscripte verbrannt‹, sagte er nach einer Pause, ›weil ich gefunden, daß dieselben gar Manches enthielten, was mit meiner jetzigen Ueberzeugung nicht mehr übereinstimmt. Ich habe jedoch zu viel verbrannt‹, setzte er mit einem Seufzer hinzu. ›Dies geschah in einem jener dunkeln Augenblicke, wo man geistigen Selbstmordgedanken nicht widerstehen kann. Es waren hübsche Sachen darunter. Friede ihrer Asche!‹ Ich bemerkte nichts darauf, da ich an dieses Autodafé nicht glaubte. Heine war nicht der Mann, der seine Produktionen so lange liegen ließ, um sie dann grausam dem Feuertode zu überliefern, weil sie nicht mehr der Ausdruck seiner Gesinnung waren. Kein Dichter war für die Kinder seiner Muse mehr eingenommen, als er. Kein einziges derselben hielt er für ungerathen. [...] Heine konnte nicht einmal einen schnöden Witz unterdrücken; und hatte er ein Bonmot gemacht, das sich für den Druck nicht eignete, so wiederholte er es so oft, bis es durch mündliche Verbreitung allgemein bekannt wurde.«[119]

Aber eine Bemerkung gegenüber Campe im März 1854 über eine neue Fassung der *Memoiren* klingt sehr viel überzeugender: »Herr Trittau wird Ihnen gewiß die Mittheilung gemacht haben, daß ich mich mit Heroismus einer ganz neuen Abfassung meiner Memoiren unterziehe, und ich hoffe, daß dieses die Krone meiner Schriften sein wird. Aber Heroismus war es, statt zu flicken, gleich wieder neues zu weben, und ich hoffe, wenn ich ohne Störung bleibe, schon in diesem Jahre eine große Portion fertig zu machen und unverzüglich zu publiziren. Da ich jetzt weiß, was ich nicht sagen darf, so schreibe ich mit großer Sicherheit, und nichts hindert mich mehr, das Geschriebene schon bei Lebzeiten vom Stapel laufen zu lassen.«[120]

Die Vorstellung von einem großen Dichter, der »weiß, was ich nicht sagen darf«, der sich einer Erpressung durch ein paar einfältige, besserwisserische Schwachköpfe beugt, stimmt melancholisch. Wenn der drohende Verlust seiner Pension genügte, um ihn zur Selbstzensur zu bewegen, wie hätte sich dann dieser lebenslange Kämpfer für die Freiheit[121] ein Jahrhundert später gegen ganz anderen Druck gewehrt? Man kann es nicht sagen. Aber ich vermute, daß es ihm leichtgefallen wäre, Hitler zu widerstehen. Hitler gehörte schließlich nicht zur Familie.

*

Bis heute streiten sich die Gelehrten, ob die *Memoiren* überhaupt je existiert haben, vernichtet sind oder noch auf irgendeinem Dachboden modern. Die meisten Fachleute neigen allerdings zu der Annahme, daß sich Familienmitglieder nach Heines Tod des Manuskripts bemächtigt und es vernichtet haben. Beweise gibt es dafür kaum. Meißner, der in Campes Auftrag mit Mathilde verhandelte, behauptet, ein 600seitiges Manuskript gesehen zu haben – was nicht so umfangreich, wie es klingt, gewesen sein muß, wenn man Heines erzwungenermaßen riesige Handschrift bedenkt. Zu diesem Zeitpunkt lehnte Mathilde einen Verkauf des Manuskripts zu Campes Bedingungen ab. Mit Hilfe eines schmierigen Winkeladvokaten handelte sie jahrelang mit Heines Manuskripten. Einmal überzeugte sie sogar ausgerechnet Fürst von Metternich, den Kauf genau der Manuskripte durch die österreichische Regierung zu befürworten, die er in seiner früheren Rolle als Chef dieser Regierung unbedingt überall im Reich hatte verbieten wollen. Aber das Ministerium gab den Gedanken wieder auf. Schließlich machte die Familie Mathilde ein Angebot, das sie anscheinend nicht ablehnen konnte. Der Text der *Memoiren*, den Campe 1884 als Anhang zu den gesammelten Werken veröffentlichte, ist offensichlich übel verstümmelt – vermutlich von den Gaunern, mit denen Heine das Unglück hatte, verwandt zu sein.

*

Womöglich werden wir nie erfahren, warum ein Mann, der ohne Zögern preußischen und österreichischen Zensoren trotzte, sich über Radikale wie Reaktionäre lustig machte und selten einem Kampf auswich, sich von dem, was er vielleicht nicht zu Unrecht als Verschwörung seiner weitläufigen Verwandtschaft ansah, einschüchtern und schließlich zum Schweigen bringen ließ. Auf die besondere, um nicht zu sagen merkwürdige Vater-Sohn-Beziehung zu Onkel Salomon und auf die symbolische Bedeutung der Geste Salomons, als er ihn zum Teil enterbte, wurde bereits hingewiesen. Jetzt aber war Salomon lange tot und begraben. Heine pflegte in einer Art dichterischer Freiheit gelegentlich sehnsüchtig von der in jungen Jahren angeblich engen Freundschaft zwischen sich und seinem Vetter zu sprechen. Für sie gibt es keinerlei Beweise, obwohl er Carl tapfer pflegte, als dieser bei einem Besuch in Paris an Cholera erkrankte. Jedenfalls war Salomons Sohn ein hirnloser Tyrann ohne spürbare Fähigkeit zu menschlichen Beziehungen. Die Geschichte einer früheren Liebesaffäre zwischen Heine und Carls Frau scheint höchst zweifelhaft, ist jedenfalls kaum von Interesse. Dennoch gelang es diesem primitiven Multimillionär, seinen Vetter mit unermüdlicher Brutalität dazu zu bewegen, eine Zensur zu akzeptieren, die er sich vom preußischen König nie hätte gefallen lassen. Sicherlich brauchte Heine Geld, und sicherlich wollte er für Mathilde sorgen, aber beide Gründe reichen meiner Meinung nach als Erklärung nicht aus, wieso ein Dichter und Autor, der trotz aller seiner sonstigen Probleme nie am dauerhaften Wert seines Werks zweifelte, so bedingungslos kapitulieren konnte. Dieses Rätsel muß wohl ungelöst bleiben. Wir werden Heines gefühlsmäßige Verstrickung in seine Familie bis zu ihren vergifteten Wurzeln nie zurückverfolgen können und werden auch nicht ergründen, was genau er, wiederum in poetischer Übertreibung, als »Erschütterung, wie sie vielleicht wenige Menschengemüther auf dieser Welt erlebt haben«, empfand.

Seine Berichte über seine Kindheit enthalten bestenfalls bloße Schemen von lebhaft ausgeschmückten Tatsachen. Den eisigen Ursprüngen seines Universums kommen wir, wie ich vermute, in jenen pflichtschuldig liebevollen Briefen voll unerheblichen Geschwätzes am nächsten, die er regelmäßig seiner Mutter sandte. Sie muß in diesem Universum einmal geherrscht haben. »Was meine Gesundheit betrifft«, heißt es in einem recht typischen Schreiben vom 3. Dezember 1853, »so geht es mir wie gewöhnlich, und ich weiß wahrhaftig nicht, was ich dieser Antwort des Canonicus Karthümmelchen beizufügen hätte: Ich leide noch immer an Winden, und in Folge derselben an Krämpfen, die aber nicht, wie bei meinem seligen Vater, den Magen affiziren. Ich hoffe, daß Ihr alle in Heiterkeit und Eintracht lebt. Ich bin sehr ruhig, lasse fünf eine grade Zahl sein. Es ist mir nichts geglückt in dieser Welt, aber es hätte mir doch noch schlimmer gehen können. So trösten sich halbgeprügelte Hunde.«[122]

*

In dem endlosen Sommer 1853, dem schrecklichen darauffolgenden Winter und dem Frühling, von dem er nur das wechselnde Spiel des Lichts wahrnahm, hätten ihn, so behauptet Heine, Mathilde und die Göttin der Poesie am Leben gehalten. Das trifft sicherlich teilweise zu. Sein beträchtliches Arbeitspensum, zahlreiche Briefe und der nicht abreißende Strom von willkommenen und unwillkommenen Besuchern, die er in dieser Zeit empfing, ließen ihm offenbar, zumindest bei Tage, keinen Raum für Selbstmitleid oder andere selbstzerstörerische Gedanken.
Für die Konfrontation mit dem Tod behielt er sich die Nachtstunden vor.

*

Lucie Austin war dem Dichter als kleines Mädchen begegnet, als sie mit ihrer Mutter, einer besonders deutschfreundlichen Dame und Verehrerin Heines, in Boulogne Ferien machte. Sie war von der besonderen Zuwendung, die er Kindern und vor allem kleinen Mädchen zuteil werden ließ, fasziniert gewesen und besuchte ihn Jahre später nach ihrer Heirat mit Lord Duff-Gordon. Von ihrem Wiedersehen hinterließ sie eine anrührende Beschreibung:

> Ich sah Heine erst wieder, als ich vor drei Jahren in Paris war und hörte, daß er todkrank und in sehr bedrängten Verhältnissen sei. Ich sandte ihm meine

Karte und schrieb ihm, daß ich ihn gerne sehen möchte, falls er sich des kleinen Mädchens erinnern könne, dem er vor Jahren in Boulogne ›Märchen‹ erzählt habe. Heine ließ mich sofort holen und erinnerte sich noch jeder kleinen Einzelheit und aller damaligen Hotelgäste. Ich hatte ihm damals ein Volkslied vorgesungen von dem tragischen Schicksal der Lady Alice und ihres ergebenen Liebhabers Giles Collins, das damit endete, daß Lady Alice nur einen Löffel voll Haferschleim aß, ›an Zucker und Gewürzen so reich‹ und nach ihrem Tode ›der Pfarrer den Rest aufschleckte‹. Dieses Lied hatte ihm ganz besonderen Spaß gemacht, und er fragte sogleich nach dem Pfarrer, der den ganzen Haferschleim aufgegessen habe.
Ich für meinen Teil konnte kaum ein Wort über die Lippen bringen, so erschüttert war ich über seinen Anblick. Er lag auf einem Haufen Matratzen, sein Körper war so zusammengeschrumpft, daß er unter der Decke wie der eines kleinen Kindes aussah; die Augen waren geschlossen und das Antlitz so schmerzvoll, so abgezehrt, wie nur je ein altdeutscher Maler ein ›Ecce homo‹ dargestellt hat.
Seine Stimme war ganz leise, aber ich wunderte mich über die Lebhaftigkeit, mit der er sprach – offenbar triumphierte sein Geist völlig über den Körper. Er hob die gelähmten Augenlider mit den feinen weißen Fingern empor und rief aus: ›Gott! Die kleine Lucy ist groß geworden und hat einen Mann; das ist eigen!‹ Dann fragte er mich eindringlich, ob ich glücklich und zufrieden sei, und bat mich, meinen Mann zu ihm zu bringen. Er hoffe, wiederholte er, daß ich jetzt ebenso glücklich sei wie ehemals als immer lustiges Mädchen. Ich antwortete, ich sei zwar längst nicht mehr

so lustig wie ehemals die ›kleine Lucy‹, aber doch glücklich und zufrieden. ›Das ist schön!‹ sagte er; ›es tut einem wohl, eine Frau zu sehen, die kein wundes Herz herumträgt, um es von allerlei Männern ausbessern zu lassen, wie die Weiber hierzulande, die es am Ende gar nicht merken, daß, was ihnen eigentlich fehlt, gerade das ist, daß sie gar keine Herzen haben.[123]

Ich sah Heine während eines zweimonatigen Aufenthaltes in Paris zwei- oder dreimal die Woche und fand ihn immer lebhaft im Gespräch, voll Interesse für alles und ganz so naiv eitel wie ehedem, entzückt über jede ihm zu Gesicht kommende schlechte Übersetzung seiner Werke, und dabei doch überaus besorgt, nur ja gut übersetzt zu werden. Er wollte mir das Übersetzungsrecht aller seiner Werke schenken, versicherte mir, er gebe mir unbeschränkte Vollmacht, alles auszumerzen, was ich für nötig halte nach meiner oder der Anschauung des englischen Publikums [...].

Nie im Leben sah ich einen Menschen seine furchtbare Qual mit solch vollkommenem Gleichmut tragen. Er klagte zwar zuweilen über seine Leiden, es tat ihm wohl, wenn er Tränen in meinen Augen sah, dann wieder brachte er mich plötzlich zum lauten Lachen, was ihm ebenso wohltat. Er prahlte nicht mit seinen Schmerzen, er suchte aber auch nicht, sie zu verbergen oder sich das Ansehen eines Stoikers zu geben; er erschien weniger sarkastisch, viel herzlicher, viel versöhnlicher und im ganzen heiterer als je. Nach einigen Wochen bat er mich, ihm zu verschweigen, wann ich abreise, da er es nicht ertragen könne, ›Lebewohl auf ewig‹ zu sagen oder zu hören, und wiederholte,

daß ich ›als ein schöner, gütiger Todesengel‹ erschienen sei, der ihm Grüße bringe aus der Jugend und aus Deutschland und ihm all die ›bösen französischen Gedanken‹ vertreibe. Wenn er Deutsch mit mir sprach, nannte er mich ›du‹ und gebrauchte all die vertraulichen Ausdrücke und Wendungen, wie man in Deutschland mit Kindern spricht; sprach er Französisch, so war ich ›Madame‹ und ›Vous‹. Mein Anblick weckte in ihm offenbar die Erinnerung an eine schöne Zeit seines Lebens, und es war ihm am behaglichsten, wenn er mit mir Deutsch sprechen und mich wie ein Kind behandeln konnte. [...]
Der Eindruck, den er auf mich machte, war so erschütternd, daß ich, als ich ihn zum letztenmal sah, kaum die Tränen zurückhalten konnte, bis ich aus dem Zimmer war. Nie werde ich das traurige, blasse Antlitz und die bittenden Augen des armen Heine vergessen.[124]

XV Wenn man Heines Briefe und Gedichte und die Berichte seiner verschiedenen Besucher aus seinen letzten Lebensjahren liest, hat man den Eindruck von großer Einsamkeit, ohne daß dies je ausgesprochen wurde. Schon in früher Jugend hielt er sich immer abseits, und es war sicherlich kein Zufall, daß er längst mit allen Jugendfreunden gebrochen hatte. So war er von zahllosen Bekannten und einem Heer von Feinden umgeben, hatte aber keinen einzigen Menschen, mit dem er seine Gedanken und Gefühle wirklich hätte teilen können. Seine Frau kam gewiß nicht als Gefährtin in Frage, aber vermutlich hätte er nie eine andere eheliche oder pseudoeheliche Beziehung ertragen. Solange es ihm gesundheitlich noch halbwegs gutging, bezog er gerade aus der Isolierung seinen Stolz. Sie gehörte zu seinem Selbstbild als kämpferischem hellenischem Demiurg, als Streiter für Wahrheit und Schönheit. Es ist höchst unwahrscheinlich, daß ein Mann, dessen messerscharfer Verstand und feiner Sinn für Ironie dem Leser auf jeder Seite seines Werks begegnet, nicht auch das Lächerliche dieser Pose gesehen hat: Sie bewahrte ihn sicherlich nicht vor einem mühsam unterdrückten Bedürfnis nach Liebe. Aber erst als er bettlägerig und gelähmt war, wurde ihm die Einsamkeit zu einer weiteren Heimsuchung. Höchstwahrscheinlich hatte ein zürnender Jehova sie ihm auferlegt, um ihn an seine Ursprünge zu erinnern. Ein wahrer Hellene!

Für seine zunehmend komplizierten Beziehungen zur Außenwelt und sein Bemühen um bloßes Überleben erwies sich der Mangel an engen, zuverlässigen Freunden als ernsthaftes Hindernis. Sein Bruder Max, den er sich aus der Ferne als möglichen Seelenfreund vorgestellt hatte, war bei näherem Zusehen ein liebenswürdiger Trottel ohne erwähnenswerte Seele. Ironischerweise war es sein Bruder Gustav, der sich veranlaßt fühlte, eine gewisse Verantwortung für seine Angelegenheiten zu übernehmen. Gustav war in allem Heines genaues Gegenteil. Mit ihm hatte er nichts gemeinsam außer einer in jeder Hinsicht fernen Mutter. Gustav war taktlos, dickköpfig und aggressiv und hätte fast Heines Verhältnis zu Campe ein für allemal zerstört. Aber er meinte es im Grunde gut und war in manchem hilfreich.

Was aber weder er noch irgend jemand sonst bieten konnte, war eine Spur menschlicher Wärme, echter Kameradschaft und gegenseitigen Vertrauens. Sie hätte nicht nur dieses trostlose Dasein ein wenig erträglicher gemacht, sondern dem sterbenden Dichter auch einen Menschen zugesellt, auf den er hätte zählen können, wenn er uneigennützigen Rat und bedingungslose Unterstützung brauchte. Unter den gegebenen Umständen nahmen seine zwanghaften Geldsorgen wieder einmal Ausmaße an, die seiner tatsächlichen Situation vollkommen unangemessen waren.

Das brachte ihn automatisch in eine sehr schlechte Verhandlungsposition, und Campe war sofort bereit, dies bis zum äußersten auszunutzen. Der gerissene Verleger las in seinem Autor wie in einem offenen Buch. Er lehnte Heines Forderung nach sechstausend Mark Vorschuß für *Lutezia* kategorisch ab, bereit, das letzte Tröpfchen Blut aus jenem mitleiderregenden Skelett zu pressen, und das, obwohl er wußte, daß mindestens ein Konkurrent diese Summe überboten hatte. Offensichtlich war er sich sicher, auf das, was er als Heines Naivität ansah, rechnen zu können. (Wenn es um Geschäftliches geht, sei Heine ein Dummkopf, soll er gesagt haben.) Zweifellos war da Naivität, und als Geschäftsmann hatte Heine bereits in jungen Jahren seine Unfähigkeit einschlägig bewiesen. Was ihn sich aber mit Campe abfinden ließ, war etwas ganz anderes, war eine – fast ganz einseitige – emotionale Bindung, in der die finanzielle Transaktion zum Maßstab väterlicher Zuneigung wurde.

Natürlich gab es für ihn auch praktische Beweggründe, so spät nicht den Verleger zu wechseln. Abgesehen davon, daß er den bekannten Gegner dem vielleicht schlimmeren unbekannten vorzog, wollte er seine Werke unbedingt in einer einheitlichen Gesamtausgabe erscheinen lassen; das wäre für mindestens zehn Jahre unmöglich gewesen, wenn ein anderer Verleger über die Rechte an einigen der letzten Bände verfügt hätte. Heine fuhr fort, Campe in einer Flut von erstaunlich untypischen, unterwürfigen Briefen seiner Treue zu versichern, und beraubte sich damit auch des letzten noch vorhandenen Verhandlungsspielraums. Für ihn schien jedoch aus nicht ganz klaren Gründen – er sprach einerseits von Schulden, andererseits von Ferien auf dem Land – die Summe von sechstausend Mark die magische Kraft eines Talismans gewonnen zu haben. Da er entschlossen war, in der Höhe keine Zugeständnisse zu machen, erbot er sich, als Kompromiß einen zusätzlichen Band vermischter Schriften für denselben Betrag zu liefern. Für einen Mann, dessen Gesundheitszustand sich kontinuierlich verschlechterte, war das reiner Wahnsinn, aber Mephisto Campe ging auf den Handel ein und gewann wie immer dabei.

So steigerte sich Heine im Frühjahr 1854 in eine erneute besessene Aktivität, die in dieser Situation allen Beteiligten fast wie ein Wunder erscheinen mußte. Er beschäftigte zwei Sekretäre fast den ganzen Tag, und bald wurde bekannt, daß

Lutezia zwei Bände ergeben würde. Er fügte weiteres neues Material hinzu, um Campes Einwand, es handle sich nur um »Aufgewärmtes«[125], zu entkräften. Heines literarisches Vermächtnis bilden indessen die neuen Prosastücke und Gedichte des ersten Bandes, erweitert um eine Reihe später geschriebener und nach seinem Tode veröffentlichter Gedichte. Dieser Band ist der erste einer späteren dreibändigen, ungewöhnlich teuren Luxusausgabe. In Ton und Inhalt erstaunlich verändert, zeigen diese Texte, welch lange Strecke er als Dichter und als Mensch zurückgelegt hatte. In der Knappheit hatte er jetzt seine Form gefunden.

*

Furchtlos und besessen, schmerzgepeinigt oder durch hohe Opiumdosen benommen, gelang es ihm dennoch, die Aufgabe schwungvoll und umsichtig zu bewältigen. Dabei klagte er stets, daß sie zur unrechten Zeit gekommen sei, da sie seine Arbeit an den *Memoiren* unterbreche, die er so bald wie möglich fortführen wolle. In der Zwischenzeit füge er jedenfalls in das Manuskript für den ersten Band einen Prosaabschnitt mit dem Titel *Geständnisse* ein, »etwa acht bis zehn Bogen betragend«, wie er Campe schrieb, »eine Schrift, die Ihnen sehr zusagen wird, weil sie gleichsam den Vorläufer zu meinen Memoiren bildet, die freilich in einem populäreren und noch viel pittoreskeren Styl geschrieben werden«[126].

Am 10. März schickte er das gesamte Manuskript und Material für den ersten Band nach Hamburg. Verständlicherweise wartete er begierig auf eine möglichst rasche Reaktion Campes. Und wieder einmal wurde er Opfer seines machtbewußten, krankhaft grausamen Verlegers, für den dieses Spiel offenbar gleichzeitig nützlich und unwiderstehlich war. Als Heine zwei Wochen später noch immer keine

Antwort von ihm hatte, nicht einmal eine bloße Empfangsbestätigung für das, was vor Erfindung von Schreibmaschine und Kopiergerät wirklich eine kostbare Sendung war, bat er Campe zu Recht um eine sofortige Antwort oder, im Falle einer Ablehnung, um Rücksendung der Manuskripte. »Sie wissen, daß ich in meiner Krankheit durch eine Verzögerung dieser Art aufs grausamste agitirt werden konnte [...]. Es ist unverantwortlich, wie Sie mir die Freude an meinen Arbeiten verderben, während ich doch beständig darauf denke, Ihre Interessen zu fördern. [...] Sie tödten mich wahrhaftig durch solches nergelnde Verfahren, und das ist wahrhaftig kein Akt der Klugheit.«[127]

Am 1. April war Heine so verzweifelt, daß er Fürst Hermann von Pückler-Muskau, einen liberalen deutschen Aristokraten und leidenschaftlichen Verehrer seiner Schriften, um Hilfe bat. Pückler, Verfasser von fünf Reisebüchern, war auf der Rückreise nach Deutschland zufällig in Paris. Großzügig und impulsiv erklärte er sich sofort bereit, in Heines Namen zu verhandeln, und erbot sich, ihm die strittigen sechstausend Mark aus eigener Tasche zu bezahlen. Als Autor hatte er selbst stets Vorschüsse von mindestens zehntausend Mark erhalten – dabei hatte, wie Heine ruhig anmerkte, der Marktwert seines Namens zweifellos eine Rolle gespielt –, jedenfalls war er sicher, sein Darlehen ohne große Schwierigkeiten zurückzuerhalten. Heine stellte ihm eine Vollmacht aus und bat Campe, Pückler das Manuskript zu übergeben.

Wie vorauszusehen, reagierte der Verleger wie ein angestochenes Schwein, dem er auch sonst ähnelte. Er heuchelte gekränkte Unschuld, erklärte voller Empörung, er sei nur zu beschäftigt gewesen, um Heine sofort Aufmerksamkeit zu schenken – schließlich habe er noch viele andere Sorgen. Darauf erhielt er eine jener unerklärlich devoten Entschuldigungen, die Heine niemals an irgend jemand anderen gerichtet hätte: »Bey Ihren unbegreiflichem Stillschweigen konnte ich allen möglichen Qualgedanken SpielRaum geben, aber ich hatte kein Recht die geringste beleidigende Beschuldigung auszusprechen, ehe ich wußte, was passirt sey. Vergessen Sie aber nicht, daß ich Poet bin und ich nicht denken konnte, daß man nicht alles stehen und liegen lasse um nur gleich meine Gedichte zu lesen [...]. Kaum, liebster Campe, sehe ich noch was ich schreibe; aber es erleichtert mir das Herz, daß ich so nahe bin ins alte Freundschaftsgleise zu kommen. Der Himmel weiß, daß Ihnen meine besten Wünsche gelten und Ihr und Ihrer lieben Familie Glück mir am Herzen liegt. Zerwürfniß mit Ihnen wär mir wahres Gift.«[128]

Nach einigem Hin und Her erklärte Campe sich schließlich zur Zahlung der sechstausend Mark bereit, und Heine verpflichtete sich seinerseits, nicht zwei, sondern statt dessen drei Bände, jeder ungefähr 320 Seiten stark, zu liefern. Das hieß, daß »[ich] mich noch 4 oder 5 Wochen eben jetzt abquälen muß um die 6000 M b° zu empfangen, die ich auch ohne jene neue Mühseligkeiten von Andern bekommen könnte«[129].

Er quälte sich wirklich ab, besonders da sich seine Gesundheit kurz nach der Übereinkunft im Mai weiter verschlechterte: »Ich befinde mich hundeschlecht«, schrieb er an Campe, »und auf die Beklagnisse in Ihrem Briefe will ich wahrlich jetzt nicht antworten. [...] Auch in Bezug auf meine Klagen über Sie sind Sie im Irrthum; sie betreffen nicht so sehr Geldinteressen als Ambitions- und Gefühls-Interessen. Ich will nicht behandelt sein als ein Rekrut. Als Sie hier bei mir waren, und ich Ihnen offerirte, meinen ›Romanzero‹ erst zu lesen, ehe Sie ihn mir abkauften, sagten Sie zu mir: Sie können nichts schlechtes schreiben, und Sie brauchen mir nur ein Buch und Ihren Namen dabei zu geben. So, liebster Campe, stand auch das Verhältniß zwischen Cotta und Goethe, obgleich der letztere manches Schwache gab. Er ließ sich nie ein auf Buchhändler-Kritik. Was habe ich nun Schlechtes seitdem geliefert, weßhalb Sie sich berechtigt glauben eine andre Sprache zu führen.«[130]

Jetzt, da der Vertrag unterschrieben war, hatte es Campe sehr eilig, die Bücher so schnell wie möglich herauszubringen. In seinen Kalkulationen mag Heines sich zunehmend verschlechternder Gesundheitszustand ein Rolle gespielt haben. Bezeichnenderweise beklagte er sich aber über die außerordentlich hohen Portokosten für die Korrekturen des *Romanzero*; er suchte Heine zu drängen, in den Druckfahnen sowenig Änderungen wie möglich vorzunehmen. Heines schwungvolle und begeisterte Reaktion scheint fast unglaubwürdig. Seine Bemerkung in einem Brief an den Buchhändler Michael Schloss mag das Rätsel indessen teilweise erklären: »Statt zwei, gebe ich drei Bände bei Campe heraus, und vergesse fast meine Krankheit, vor lauter Schererei und literarischer Abquälerei.«[131]

Einige Ablenkung war für Heine auch aus einer anderen Leidenschaft zu gewinnen: einem ordentlichen Streit. In seinen Querelen mit Giacomo Meyerbeer scheint er ganz offensichtlich das Recht auf seiner Seite gehabt zu haben. Im Mai 1854 inszenierte die Berliner Oper ein Ballett namens *Satanella*, das eindeutig auf Heines *Faust*-Ballett basierte, das die Oper fünf Jahre vorher abgelehnt hatte. Meyerbeer, als Jakob Liebmann Meyer Beer geboren – eine Tatsache, die Heine ihn nie vergessen ließ –, war gerade zum königlich-preußischen Generalmusikdirektor ernannt worden und als solcher Leiter der Oper. Tatsächlich gab er das Plagiat vor Zeugen so gut wie zu, lehnte aber ab, irgend etwas zu unternehmen. Heine verlangte Tantiemen und setzte Meyerbeer, als er keine Antwort erhielt, ein Ultimatum sui generis von drei Tagen: »Keine Zeitung in Frankreich oder Deutschland würde eine Anklage in voller Länge drucken wie dieser Fall es verdient. Sie sind allmächtig. Ich habe nur meine Bücher, in denen ich frank und frei und offenherzig sprechen kann. [...] ich werde mir eine Veröffentlichung zunutze machen müssen, die Hoffmann & Campe in Hamburg gerade herausbringt. Es handelt sich um drei Bände vermischter Schriften. Der erste ist schon gedruckt; er enthält nur einige harmlose Bemerkungen über Sie. Der zweite, der über Sie ebenso nur Uninteressantes enthält, ist dieser Tage rausgegangen. Nur der dritte Band ist noch in meinen Händen, ich muß ihn allerdings in den nächsten sechs oder sieben Tagen absenden (der Vertrag erlaubt mir kein weiteres Verschieben), und das ist der Grund, warum ich Ihnen noch drei Tage Zeit lasse. [...] Ich werde mich nicht mehr durch ein bloßes Versprechen abspeisen lassen; ich bin zu krank, zu unglücklich, zu zornig, als daß es einer irgendeiner menschlichen List gelingen könnte, mich zu hintergehen. Mit der Achtung, die ich stets für Ihr Genie, nicht aber für Ihr Herz habe«.[132]

Meyerbeer antwortete nicht, und Heine fügte eilig in den zweiten Band von *Lutezia* einige rückdatierte unflätige Passagen ein. Abgesehen davon, daß eine Stelle die besondere Neigung der Deutschen zu Analhumor bezeugt, ist sie auch schon für die Unreife des jungen Heine typisch. Sie beweist, daß er selbst in seinem letzten Stadium als heiterer Märtyrer nicht ganz den Kinderschuhen entwachsen war:

> Die zahlreichen Verehrer und Bewunderer des bewunderungswürdigen Meisters [Meyerbeer] sehen mit Betrübniß, wie der Hochgefeyerte bey jeder neuen Pro-

dukzion seines Genius sich mit der Sicherstellung des Erfolgs so unsäglich abmüht, und an das winzigste Detail desselben seine besten Kräfte vergeudet. Sein zarter, schwächlicher Körperbau muß darunter leiden. Seine Kräfte werden krankhaft überreitzt, und bey seinem chronischen Unterleibsleiden wird er oft von der herrschenden Cholerine heimgesucht. Der Geisteshonig, der aus seinen musikalischen Meisterwerken träufelt und uns erquickt, kostet dem Meister selbst die furchtbarsten Leibesschmerzen. Als ich das letzte Mahl die Ehre hatte, ihn zu sehen, erschrak ich über sein miserables Aussehen. Bey seinem Anblick dachte ich an den Diarrhöen-Gott der tatarischen Volkssage, worin schauderhaft drollig erzählt wird, wie dieser bauchgrimmige Kakodämon auf dem Jahrmarkte von Kasan einmal zu seinem eigenen Gebrauche sechstausend Töpfe kaufte, so daß der Töpfer dadurch ein reicher Mann wurde. Möge der Himmel unserm hochverehrten Meister eine bessere Gesundheit schenken, und möge er selber nie vergessen, daß sein Lebensfaden sehr schlapp und und die Schere der Parze desto schärfer ist. Möge er nie vergessen, welch hohe Interessen sich an seine Selbsterhaltung knüpfen. Was soll aus seinem Ruhme werden, wenn er selbst, der hochgefeyerte Meister, was der Himmel noch lange verhüte, plötzlich dem Schauplatz seiner Triumphe durch den Tod entrissen würde?[133]

Und er fährt in ermüdender Langatmigkeit fort, Meyerbeer als Komponisten anzuschwärzen, lobt sein Talent, für sich selbst zu werben, und schlägt ihm vor, Claques zu bezahlen und sich mit seinen beträchtlichen Mitteln Musikkritiker zu verpflichten, um sicherzustellen, daß seine Werke auch nach seinem Tode in gewohnter Weise aufgenommen würden.

*

Schon in seinen besten Zeiten hatten selbst aufrichtige Bewunderer von Heines Genie oft Schwierigkeiten mit seinen problematischeren Charakterzügen – den Ausbrüchen von Verfolgungswahn; der ungezügelten Bösartigkeit seiner persönlichen Angriffe auf Feinde oder Freunde, von denen er glaubte, sie hätten ihm unrecht getan; seiner Neigung, seine Feder oder sein Schwert, wie er sie nannte – vor Freud konnte man das noch unangefochten tun –, zu kindischen Wutanfällen zu mißbrauchen. Die Polemik gegen Meyerbeer ist ein typisches Beispiel für letztere. Angesichts seiner wohlbekannten, aber diskreten Großzügigkeit, seines sonst so sicheren Geschmacks in literarischen Dingen, seines gesunden Menschverstands und seiner geistigen Offenheit, die sich in so vielen seiner Gedichte und Prosastücke zeigt, war dies nur noch schwerer zu akzeptieren. Seine eigene Erklärung – er war sich des Problems natürlich bewußt – war seine ungewöhnliche Sensibilität, die ihn zu dem Dichter, der er war, gemacht habe und die er, wie wir gesehen haben, sogar für seinen körperlichen Verfall verantwortlich machte. Man ist versucht, sich sein Urteil zu eigen zu machen und auf jede genaue nachträgliche Analyse zu verzichten; Dichter sind Menschen wie der Rest der Menschheit, sie sind es nur mehr. Die äußeren Umstände seiner frühen und späteren Kindheit und seiner Jugend unterscheiden sich im Grunde nicht wesentlich von denen, die das Leben von Tausenden gleichaltriger deutscher Juden aus assimilierten Familien in nachnapoleonischer Zeit prägten. Interessant ist dagegen, wie sie dieses individuelle Leben beeinflußten, und hier spielten Heines besondere Gaben zweifellos eine wichtige Rolle: Genialität verlangt meist einen hohen Preis.

Der ganze Juli verging im endlosen Kampf mit Druckfahnen, Korrekturen, Streichungen und Zusätzen. In seinem Eifer, die dreibändige Ausgabe auf den Markt zu bringen, ließ Campe den ersten Band in Halle und die anderen beiden in Kassel drucken, wobei er davon ausging, daß Heine nur für Band I die volle Verantwortung haben würde, der die *Geständnisse*, *Die Götter im Exil* und vor allem die neuen Gedichte enthielt, während er selbst sich um die beiden *Lutezia*-Bände kümmern würde. Reinhardt erledigte die meisten Vorarbeiten; nur diese überließ ihm Heine, sonst befaßte er sich geradezu fanatisch mit jedem kleinsten Detail selbst. Seine abnehmende Sehkraft und Campes unablässiges Drängen machten diese Arbeit jeden Tag aufs neue zu einer Qual. Was die Sache noch verschlimmerte, war eine wenig schmeichelhafte Anmerkung – sie ist nicht erhalten –, die einer der Korrekturleser der Halleschen Druckerei an den Rand der Druckfahnen gekritzelt hatte. Sie gab Heines krankhaften Wahnvorstellungen einer Verschwörung der Drucker Nahrung, die sein Werk aus politischen oder religiösen Gründen sabotieren wollten, und trieb ihn zu noch größerer Eile an. Arbeit und Anspannung im Verein mit einer andauernden hochsommerlichen Hitzewelle brachten ihn mehrmals an den Rand seiner Kräfte, aber der Tod war ihm inzwischen ein so vertrauter Begleiter geworden, daß er ihn als gegeben hinnahm. Er warnte Campe, daß er sich wie ein von Hunden gehetztes Kaninchen fühle und kurz davor sei aufzugeben. Aber man hat den Eindruck, daß er im tiefsten Inneren seines Herzens niemals wirklich glaubte, er könne vor dem Erscheinungsdatum sterben, eine Überzeugung, die ihn in dieser besonders anstrengenden Zeit am Leben erhalten haben mag.

Wie um seine Anstrengungen noch zu vergrößern, ging das Nachbarhaus in Flammen auf und brannte fast ganz nieder. Obwohl das eigene Gebäude letztlich verschont blieb, geriet Heines Haushalt einen Augenblick in Panik: Heine wurde bewußt, daß er keine Versicherung abgeschlossen hatte, und seiner Umgebung, daß keine Möglichkeit bestand, einen Gelähmten schnell aus dem Bett und die fünf steilen Treppen hinunterzubefördern. Dieses Ereignis mag zum Entschluß beigetragen haben, endlich das trostlose Loch in der rue d'Amsterdam zu verlassen. Ende August zog man nach Batignolles in eine anfangs recht idyllisch wirkende Wohnung im Erdgeschoß eines Einfamilienhauses mit Garten. Batignolles gehört heute zum siebzehnten Arrondissement, war damals aber noch ziemlich ländlich. Die Idylle war von kurzer Dauer. Einige Wochen lang genoß Heine den Garten, aber bald gab es Streit mit der Vermieterin. Die Wohnung selbst war feucht und zugig. Wahrscheinlich hatte Heine sich inzwischen die abergläubische Furcht der Franzosen vor *les courants d'air*, Zugluft, so weit zu eigen gemacht, daß er sie jetzt für eine gefährliche Halsentzündung verantwortlich machte. Es sei dahingestellt, wie weit es ihm dabei um Mathilde ging, die sehr unglücklich über die viel größere Entfernung von ihren Lieblingsläden im Stadtzentrum war. Anfang November zog man wieder um; dieses Mal in ein recht herrschaftliches Mietshaus in der rue Matignon 3, an dem heute eine Gedenktafel für Heine angebracht ist, ganz in der Nähe des Rond Point auf den Champs Elysées. Mathilde hätte sich kaum eine günstiger gelegene Wohnung wünschen können. Vermutlich war dies der Hauptgrund für ihre Wahl.

Unterdessen zeitigte die hektische Aktivität Ergebnisse. Die Bücher kamen Mitte September termingerecht heraus, während gleichzeitig die *Revue des Deux Mondes* am 15. September eine gekürzte französische Fassung der *Geständnisse*, »Les aveux d'un poète«, herausbrachte, die Heine anscheinend selbst übersetzt hatte. Obwohl es ihn bitter kränkte, daß man nicht den vollständigen Text abgedruckt hatte, fühlte er sich als Sieger: benommen, erschöpft, sterbenskrank, aber siegreich.

XVI

Das auffallendste an Heines *Geständnissen* ist, daß sie keinerlei Geständnischarakter haben. Es ist sehr wohl möglich, daß ihm das Bekenntnis seines Glaubens an die Existenz eines persönlichen Gottes wie ein Akt der Reue vorkam, aber der Ton des Essays – etwa achtzig Seiten – ist alles andere als reuevoll. Fünf Jahre Matratzengruft hatten nur wenig dazu beigetragen, seinen beißenden Sarkasmus zu entschärfen oder seinen gerechten – oft selbstgerechten – Zorn zu bändigen. Und obwohl er auf dem Totenbett schrieb, angeblich um seinen Frieden mit der Welt und den Mächten dort droben zu machen, besteht der Essay zu großen Teilen aus Polemiken verschiedenster Art. Selbst das angebliche Hauptthema, seine Konversion vom Atheismus zu einer Art Privatreligion, wie auch immer man seinen Glauben verstehen will, soll eher unterhalten als überzeugen. Zum einen übertrieb er wieder einmal den hegelianischen Kampfgeist seiner Jugendjahre, sei es um des dramatischen Effektes willen oder weil er sich wie mancher andere alternde ehemalige Radikale in der Erinnerung viel radikaler sah, als er tatsächlich gewesen war. Zum anderen scheint der Gott, den er fand oder zu dem er zurückkehrte, eher *seine* Schöpfung zu sein als umgekehrt: »[...] kein Philosoph wird mich jemals wieder einreden, daß ich ein Gott sey! Ich bin nur ein armer Mensch, der obendrein nicht mehr ganz gesund und sogar sehr krank ist. In diesem Zustand ist es eine wahre Wohltat für mich, daß es Jemand im Himmel giebt, dem ich beständig die Litaney meiner Leiden vorwimmern kann, besonders nach Mitternacht, wenn Mathilde sich zur Ruhe begeben, die sie oft sehr nöthig hat. Gottlob! in solchen Stunden bin ich nicht allein, und ich kann beten und flennen so viel ich will, und ohne mich zu geniren, und ich kann ganz mein Herz ausschütten vor dem Allerhöchsten und ihm Manches vertrauen, was wir sogar unsrer eignen Frau zu verschweigen pflegen.«[134]

Das Problem bei Heine ist, daß man keine seiner Aussagen für bare Münze nehmen darf: »[...] ich weiß nicht, was er glaubt – aber wenn ich auch glaube, daß er es weiß, so glaube ich doch nicht, daß er so leicht hierüber irgend Jemandem ganz reinen Wein einschenkt«[135], sagte der Komponist Ferdinand Hiller über Heine. Nicht, daß Heine absichtlich falsch oder unaufrichtig gewesen wäre. Aber er hatte früh gelernt, seine innersten Gefühle – soweit er sich ihrer bewußt war – hinter einer Nebelwand aus Selbstironie zu verbergen. Bei dem genannten Beispiel weiß man letzten Endes nicht, ob er tatsächlich an irgendeinen anthropomorphen Gott glaubte, sich aber über den eigenen Glauben lustig machte, weil er noch zu sehr Kind der Aufklärung war, um sich dessen nicht zu schämen. Es ist aber auch möglich, daß dieser nachmitternächtliche Beichtvater oben im Himmel wieder nur dem Höhenflug seiner poetischen Einbildungskraft entstammte.

Was immer die *Geständnisse* gestehen: es wird jedenfalls in Essig eingelegt serviert, angefangen mit einer neuen unflätigen Attacke gegen seine alte *bête noire*, Madame de Staël. Sie war Tochter des Schweizer Bankiers Jacques Necker, Finanzminister von Ludwig XVI., und einige Jahre lang mit dem schwedischen Botschafter Baron Staël-Holstein verheiratet. Sie unterhielt einen der glänzendsten literarischen

Salons in Paris, emigrierte 1792 und begann zwei Jahre später eine leidenschaftliche Beziehung zu dem Romancier Benjamin Constant, die 1811 endete, als sie heimlich einen sehr viel jüngeren Schweizer Offizier heiratete. 1797 kehrte sie nach Paris zurück und veröffentlichte ihr erstes Buch *De la Littérature considérée dans ses rapports avec les institutions sociales*, das eine für die damalige Zeit wahrhaft revolutionäre Ansicht vertrat: Literatur als Spiegel sozialer Verhältnisse. Sie veröffentlichte zwei Romane, 1802 *Delphine* und 1807 *Corinne*; beide gelten als frühe feministische Schriften. Wegen ihrer Gegnerschaft zu Napoleon wurde sie dreimal verbannt (wie sanft sie doch waren, diese Tyrannen alter Zeiten!). 1810 veröffentlichte sie *De l'Allemagne*, ihr bekanntestes Werk. Es war als enzyklopädische Abhandlung über das unerforschte Gebiet jenseits des Rheins konzipiert, von den Grundzügen seiner Geographie bis zu seiner Kunst, Literatur, Philosophie und Religion. Im Grunde war das Buch ein Vergleich zwischen Frankreich und Deutschland, sehr zum Nachteil des ersteren.

Heine hatte in vieler Hinsicht stichhaltige und berechtigte Einwände gegen das Buch, vor allem gegen Madame de Staëls überschwengliche Begeisterung für die deutsche Romantik, in der er Quelle und Ausdruck eines reaktionären Obskurantismus sah. Er hatte diese Einwände 1830 in zwei eigenen Werken erhoben, *Zur Geschichte der Religion und Philosophie in Deutschland* und *Die romantische Schule*, die zusammen auf französisch unter dem Titel *De l'Allemagne* erschienen, als klassische Erwiderung auf den de Staëlschen Klassiker. Aber Heine mildert die ideologische Schärfe seines Angriffs auf die deutsche Restauration – und damit auf die deutsche Vergangenheit – durch seine Ansicht über Frauen, die sich von der des rückständigsten deutschen Spießers in keiner Weise unterscheidet. Nicht, daß er für übertriebenes

Zartgefühl gegenüber seinen männlichen Gegnern berühmt gewesen wäre! Seine gehässige Entlarvung der Platenschen Homosexualität und des Börneschen *ménage à trois* empörten auch viele seiner Freunde. Aber im Fall von Madame de Staël schlug er auf eine tote Frau ein (sie starb 1817), die er nie kennengelernt hatte. Ihre nicht unerheblichen intellektuellen Leistungen – darunter die erste umfassende Darstellung deutscher Literatur und Philosophie auf französisch – ignorierte er entweder oder tat sie ab. Statt dessen konzentrierte er sich auf Madame de Staël als Frau, die er als einen »Sturmwind in Weibskleidern«[136] bezeichnete, der immer auf der Jagd nach deutschen Koryphäen durch die friedlichen deutschen Lande weht und alles mißversteht. Ihren Haß auf Napoleon führte er darauf zurück, daß dieser ihre sexuellen Avancen zurückgewiesen hätte. Und fast zwanzig Jahre später widmet er sich diesem Thema in den *Geständnissen* mit einer Heftigkeit, der merkwürdigerweise weder die inzwischen vergangene Zeit noch sein eigener bejammernswerter Zustand etwas anhaben konnten.

> Der Haß gegen den Kaiser ist die Seele dieses Buches ›*de l'Allemagne*‹ […].
> O die Weiber! Wir müssen ihnen viel zeihen, denn sie lieben viel, und sogar Viele. Ihr Haß ist eigentlich nur eine Liebe, welche umgesattelt hat. […] Wenn sie schreiben, haben sie ein Auge auf das Papier und das andere auf einen Mann gerichtet, und dieses gilt von allen Schriftstellerinnen, mit Ausnahme der Gräfin Hahn-Hahn, die nur ein Auge hat. […] Ich glaube wahrhaftig, mein Freund Balzac hatte Recht, als er mir einst in einem sehr seufzenden Tone sagte: *la femme est un être dangereux*.
> Ja, die Weiber sind gefährlich; aber ich muß doch die

> Bemerkung hinzufügen, daß die schönen nicht so gefährlich sind, als die, welche mehr geistige als körperliche Vorzüge besitzen. Denn jene sind gewohnt, daß ihnen die Männer den Hof machen, während die andern der Eigenliebe der Männer entgegenkommen [...]. Ich will damit bey Leibe nicht andeuten, als ob Frau von Staël häßlich gewesen sey; aber eine Schönheit ist etwas Anderes.[137]

Und so fort, viel zu ausführlich, um der Form eines Geständnisses angemessen zu sein. Es scheint unmöglich, in dieser Mischung aus schwachem Witz und Weisheit die üblichen Vorurteile der Zeit auszumachen, die von den meisten Männern (und nicht nur Männern!) gleich welcher Überzeugung geteilt wurden, und sie von den besonderen Ängsten und Phobien Heines zu unterscheiden. Aber vermutlich hat seine Hingabe an die ungebildete Mathilde zusammen mit seiner ausgeprägten Feindseligkeit gegen selbständige intellektuelle Frauen, so verbreitet diese auch sein mochte, ihren Ursprung irgendwo tief in seiner verletzlichen Psyche.

Dem Angriff auf Madame de Staël folgte eine Reihe höhnischer Porträts, in denen er einige ihrer prominenteren Anhänger verspottete: ein wahres Verbrecheralbum, in dem sich der Philosoph Friedrich von Schlegel, seine Frau Dorothea, geborene Mendelssohn, der Dichter de La Motte Fouqué und der Vicomte de Chateaubriand vereint finden. Noch einmal bewies Heine die unerreichte Meisterschaft seiner giftigen Feder und seinen grausamen Sinn für Groteskes, den man unter diesen Umständen nur als morbide oder heldenmütig verstehen kann. Als sich schließlich das Hauptthema herausschält – Heinrich Heines Weg zu Gott –, hat es allen Ernst und viel seiner Überzeugungskraft verloren. Das zeigt natürlich lediglich, daß Heine nicht einmal auf dem Totenbett ernst bleiben kann, und was die Überzeugungsfähigkeit angeht, so ist er selbst wohl die einzige Person, mit der er das unendliche Streitgespräch führt. Dieses innere Zwiegespräch ist der interessanteste Aspekt der *Geständnisse*; es dokumentiert einige seiner widerstreitenden inneren Gefühle und Meinungen, die die verschiedenen Aspekte mancher Streitfrage zur Sprache bringen und ihm so zu einer erweiterten Sicht der Dinge verhalfen. Er prahlt: »Die Emanzipazion des Volkes war die große Aufgabe unseres Lebens und wir haben dafür gerungen und namenloses Elend ertragen, in der Heimath wie im Exile – aber die reinliche, sensitive Natur des Dichters sträubt sich gegen jede persönlich nahe Berührung mit dem Volke, und noch mehr schrecken wir zusammen bey dem Gedanken an seine Liebkosungen, vor denen uns Gott bewahre! Ein großer Demokrat sagte einst: er würde, hätte ein König ihm die Hand gedrückt, sogleich seine Hand ins Feuer halten, um sie zu reinigen. Ich möchte in derselben Weise sagen: ich würde meine Hand waschen, wenn mich das souveraine Volk mit seinem Händedruck beehrt hätte.«[138] In der Erinnerung an seine Abwendung vom Atheismus vergleicht er sich mit Nebukadnezar, dem einst so stolzen König, der schließlich wie ein Tier auf allen vieren kriechen und Gras fressen mußte (»es wird wohl Salat gewesen seyn«[139], wie er in einer seiner typischen beiläufigen Bemerkungen feststellt), und ermahnt eindringlich seinen Freund, den kommunistischen Verleger Arnold Ruge, und »meinen noch viel verstocktern Freunde Marx [...], diese gottlosen Selbstgötter«[140], das Buch Daniel zu lesen und die entsprechenden Schlüsse daraus zu ziehen.

*

Die *Geständnisse* sind noch immer in vieler Hinsicht verwirrend, in anderer ermüdend. Man darf sie indessen sicherlich nicht als ernstgemeinten Bericht über eine innere Wandlung und Wiedergeburt verstehen. Das hat meiner Meinung nach ebensoviel mit ihrer Form wie mit ihrer Botschaft zu tun. Heines einzigartige Virtuosität als Meister deutscher Prosa, seine unheimliche Vertrautheit mit der *deutschen* Sprache, die Karl Kraus so in Schrecken versetzte – »Ihren besten Vorteil dankt sie [die Literatur] jenem Heinrich Heine, der der deutschen Sprache so sehr das Mieder gelockert hat, daß heute alle Kommis an ihren Brüsten fingern können«[141] –, sollten eher blenden als den Dingen auf den Grund gehen. Wie ein Eisläufer glitt er über die Oberfläche; um die Tiefe auszuloten, brauchte er das Gedicht.

Die Götter im Exil, eines der beiden anderen Prosastücke, die mit den *Geständnissen* den ersten Band der vermischten Schriften bilden, wurde bereits erwähnt. Ein anderes kurzes Stück, *Ludwig Marcus. Denkworte*, ist von mehr als nur beiläufigem Interesse. Es entstand 1844 als eine Art Grabrede auf den Orientalisten und Judaisten Ludwig Marcus (oder Markus) und enthält die einzige eingehendere Erörterung der kurzen Gastrolle, die Heine in der Gesellschaft für Judaistik im Jahre 1822 spielte. Marcus war damals Mitglied der Gesellschaft. Auch er flüchtete aus politischen Gründen, lehrte Deutsch und Englisch in Dijon und lebte schließlich von einer großzügigen Unterstützung durch Rothschild in Paris, wo er 1843 im Alter von fünfundvierzig Jahren geisteskrank starb. Heine führt sein Schicksal auf die allgemeine Lebenssituation des Exilanten zurück. »Soweit ich weiß, ist noch niemand in einem deutschen Kerker verhungert. Wie viele dagegen hat Noth und Elend hingeraft in der freyen Luft, in der luftigsten Freyheit des liberalen Frankreichs?«[142]

Aber sein liebevolles, wenn auch herablassendes Porträt des vielsprachigen Universalgelehrten bringt ihn zu einer geradezu verheerenden Neubeurteilung des einst berühmten Vereins. »Geistbegabte und tiefherzige Männer versuchten hier die Rettung einer längst verlorenen Sache, und es gelang ihnen höchstens, auf den Walstätten der Vergangenheit die Gebeine der älteren Kämpfer aufzufinden. Die ganze Ausbeute jenes Vereins besteht in einigen historischen Arbeiten, in Geschichtsforschungen, worunter namentlich die Abhandlungen des *Dr.* Zunz über die spanischen Juden im Mittelalter zu den Merkwürdigkeiten der höheren Critik gezählt werden müssen.«[143] Die Diagnose ist höchst zutreffend, denn der wenn auch uneingestandene Hauptzweck des Vereins bestand darin, sentimentalen Gemütern, die sich noch an die verkümmerten Traditionen klammerten, die Flucht aus dem Judentum dadurch zu erleichtern, daß er einen einst lebendigen Glauben in einen abgestorbenen Wissenschaftszweig verwandelte. In seiner radikalsten Phase ging Heine aber noch einen Schritt weiter. Wie Marx sah er modernen Antisemitismus als klassenbedingten Groll gegen jüdischen Kapitalismus. Dieser würde notwendigerweise verschwinden mit der »Verbrüderung der Arbeiter in allen Ländern, von dem wilden Heere des Proletariats, das alles Nationalwesen vertilgen will, um einen gemeinschaftlichen razionalen Zweck in ganz Europa zu verfolgen, die Verwirklichung der heiligen Idee der wahren Demokrasie«[144]. Weder vorher noch nachher hat sich Heine je wieder zu solch tönenden marxistischen Plattheiten verstiegen. Sie waren vom Herausgeber der *Augsburger Allgemeinen Zeitung* im Originalbericht gestrichen worden; Heine fügte sie in die *Vermischten Schriften* zunächst wieder ein, besann sich dann aber eines Besseren.

*

Es wäre naiv, behaupten zu wollen, ein so gewandter und produktiver Dichter wie Heine hätte nicht auch Triviales, Mittelmäßiges und überhaupt Unbeachtliches geschrieben. Selbst seine schwächeren Gedichte zeigen indessen innere Disziplin, eine geistige und sprachliche Strenge, die besonders seiner oft ausholenden und weitschweifigen Prosa fehlen. In seinen Gedichten bemüht er sich um äußerste sprachliche Knappheit. Jedes Wort wird da gewogen, zurechtgestutzt, gemessen, und weder Ironie noch Witz läßt er wie oft in seiner Prosa unkontrolliert freien Lauf. Heines größte Gedichte sprechen eine tragische Lebenssicht aus. Zu ihr steht der seine Prosa beherrschende, unbekümmerte Spötter und wahnhaft übersteigerte Polemiker in krassem Gegensatz.

Die dreiundzwanzig im ersten Band der *Vermischten Schriften* enthaltenen Gedichte bilden dessen bedeutendsten Bestandteil. Mit ihren prägnanten Formulierungen sind sie im Grunde weit ausdrucksstärker als die ich-bewußten *Geständnisse.* In den ersten fünf Gedichten klingt ein neuer vertraulicher Ton an, ein inneres Zwiegespräch, das die Spannung zwischen Lebenswillen und Todeswunsch widerspiegelt:

O Grab, du bist das Paradies
Für pöbelscheue, zarte Ohren –
Der Tod ist gut, doch besser wär's,
Die Mutter hätt' uns nie geboren.[145]

Es blüht der Lenz. Im grünen Wald
Der lustige Vogelgesang erschallt,
Und Mädchen und Blumen, sie lächeln jungfräulich –
O schöne Welt, du bist abscheulich![146]

Nach den ersten fünf Gedichten, die um seine eigene trostlose körperliche und seelische Verfassung kreisen, wendet Heine den Blick plötzlich nach außen und prangert in einem glänzenden Ausbruch sozialen Protests – genauer: sozialer Empörung – Rassismus und christliche Heuchelei mit giftigem Sarkasmus und eiskalter Rhetorik an. Sie hätten dem frühen Brecht als Vorbild dienen können und haben es womöglich auch getan. Der sich verschärfende Konflikt um die Sklaverei in den Vereinigten Staaten machte damals Schlagzeilen, und als 1854 das *Sklavenschiff* geschrieben wurde, hatte Frankreich gerade die Sklaverei in allen seinen Kolonien verboten. Heine hatte auf dieses Thema immer sehr empfindlich reagiert, aber in diesem Fall gelang es ihm, seinen Zorn in einem Gedicht zu konzentrieren. In seiner außerordentlichen sprachlichen und inhaltlichen Prägnanz gehört es mit den »Schlesischen Webern« zu seinen besten. Es ist in seiner Art ein Meisterwerk und nicht von ungefähr das erste antirassistische Gedicht in deutscher Sprache.

Sechshundert schwarze Sklaven auf einem holländischen Handelsschiff mit Ziel Rio de Janeiro sterben so schnell, daß nur wenige bis zur Ankunft überleben werden. Superkargo und Schiffsarzt haben errechnet, daß mindestens die Hälfte der Sklaven lebend ankommen muß, damit ein Gewinn erzielt wird. Sie unterstellen Melancholie als Ursache der hohen Sterblichkeit und zwingen die angeketteten Sklaven, sich zur Erhaltung ihrer Gesundheit jede Nacht an einem »Totentanz« an Deck zu beteiligen; sie schlagen mit der Peitsche den Takt dazu. Die Leichen werden an die Haie verfüttert, während der fromme Mynheer van Koek am Fockmast steht und zu seinem Gott betet:

›Um Christi willen verschone, o Herr,
Das Leben der schwarzen Sünder!
Erzürnten sie dich, so weißt du ja,
Sie sind so dumm wie die Rinder.

Verschone ihr Leben um Christi willn
Der für uns alle gestorben!
Denn bleiben mir nicht dreyhundert Stück,
So ist mein Geschäft verdorben.‹[147]

Mehrere Gedichte rühren an alte noch blutende oder künstlich offengehaltene Wunden, wie die auf Heines Rükken, durch die er sein Opium erhält. In den »Wahlverlobten« begleicht er zum letzten Mal eine alte Rechnung mit der schon längst legendären Geliebten, die ihn einst abwies. Ihre Schönheit ist inzwischen zu Staub und Asche geworden, denn Schönheit ist vergänglich. Der Dichter aber stirbt nie ganz, er lebt weiter im Märchenland der Poesie: »Leb' wohl auf ewig, schöne Leiche!«[148] »Affrontenburg« ist ein allegorischer Fluch auf Onkel Salomons herrschaftliches Haus, Schauplatz so vieler früher Demütigungen. Bis zu seinem Ende konnte sich Heine nicht versagen, seine Feinde zu verhöhnen.

Zwei seiner Zielscheiben, der Dichter Georg Herwegh und der liberale Publizist Jakob Venedey, scheinen das schwere gegen sie aufgefahrene Geschütz nicht ganz zu rechtfertigen. Aber in seinen »Erinnerungen aus Krähwinkels Schreckenstagen« hat Heine bewiesen, daß er, wenn er zu Recht empört war – und die Welle reaktionären Geistes in Deutschland konnte ihn immer noch erregen –, nichts von seiner alten Bissigkeit und Kraft verloren hatte:

Ausländer, Fremde sind es meist,
Die unter uns gesät den Geist
Der Rebellion. Dergleichen Sünder,
Gottlob! sind selten Landeskinder.

[…]

Wer auf der Straße raisonnirt,
Wird unverzüglich füsilirt;
Das Raisonniren durch Geberden
Soll gleichfalls hart bestrafet werden.

Vertrauet Eurem Magistrat,
Der fromm und liebend schützt den Staat
Durch huldreich hochwohlweises Walten;
Euch ziemt es, stets das Maul zu halten.[149]

Der Epilog spricht den Geist des ganzen Gedichts aus:

Unser Grab erwärmt der Ruhm.
Thorenworte! Narrenthum!
Eine beßre Wärme giebt
Eine Kuhmagd, die verliebt
Uns mit dicken Lippen küßt
Und beträchtlich riecht nach Mist …[150]

*

Raubdrucker stürzten sich sofort auf das Fragment der *Geständnisse*, das in der Septemberausgabe der *Revue des Deux Mondes* vor der deutschen Ausgabe herausgekommen war. Es erschien in schlechter Rückübersetzung zusammen mit einem recht gehässigen Kommentar in der *Augsburger All-*

gemeinen Zeitung. Heine brach sofort jede Beziehung zu seiner früheren Zeitung ab und bat Campe, rechtliche Schritte gegen sie zu unternehmen, entschied sich aber zuletzt für einen öffentlichen Protest.

Unglücklicherweise nahmen die Kommentare in der *Allgemeinen* nur ähnlich kritische Reaktionen auf die *Vermischten Schriften* in fast allen anderen Zeitungen vorweg. Seit Heine das Land verlassen hatte, war ein Vierteljahrhundert vergangen. Die literarische Szene hatte sich ebenso wie die politische stark verändert. Seine früheren Leser, die liberalen Vorachtundvierziger, gab es nicht mehr, sie waren alt geworden, gestorben oder hinweggeschwemmt von der Welle der Restauration, die durch das Land ging. Die Männer, die jetzt im kulturellen Leben den Ton angaben, verstanden sich darauf, auf dieser Welle zu reiten. Sie hatten für Heine keine Verwendung. Das soll nicht heißen, daß all ihre Kritik unbedingt weit hergeholt oder unfair gewesen wäre. Heines hartnäckige Ichbezogenheit und die häufig ungerechtfertigte Bosheit seiner persönlichen Angriffe bereiteten manchem Leser Schwierigkeiten. Die beiden *Lutezia*-Bände, die das Paris der vierziger Jahre behandeln, fanden im Deutschland der fünfziger Jahre keine Resonanz, trotz Heines eigenen übertriebenen Vorstellungen von ihrem dauerhaften Erfolg. Dazu kam seine zwiespältige politische Haltung. Sie war die eines Mannes, der weiß, wogegen, selten aber, wofür er eintritt, und dem es unmöglich ist, sich unkritisch irgendeiner Sache hinzugeben. Immer noch sah er sich gern als Revolutionär, aber niemand nahm ihn in dieser Rolle ernst. Und indem er den Sieg des Kommunismus gleichzeitig voraussagte und beklagte, zog er zwischen den Linien das Feuer von beiden Seiten auf sich.

Unter diesen Umständen war es von Campe besonders ungeschickt, den Preis der Ausgabe auf die astronomische

Summe von sechs Talern festzusetzen, was heute einem Wert zwischen dreihundert und vierhundert Mark entspricht. Heine beklagte sich bitterlich darüber, aber ohne Erfolg. Verleger wie Campe – sie sind heute ausgestorben – ließen sich von Gefühlen, Launen und geheimnisvollen inneren Stimmen leiten. Diese brachten Campe nicht nur dazu, sich durch seine Preise praktisch vom Markt auszuschließen, sondern auch dazu, eine für die damalige Zeit sehr hohe erste Auflage von 3500 Exemplaren zu drucken. Es hat nie eine zweite Auflage gegeben, im Gegensatz zu Frankreich, wo 1871 bereits neun Auflagen erschienen waren.

Aber auch unter Berücksichtigung aller widrigen Umstände, die ihm die Arbeit erschwerten, wurde klar, daß Heine allmählich, zumindest in Deutschland, seinen Ruf überlebt hatte, daß jener unvermeidliche Niedergang begonnen hatte, der für alle, außer wenigen Erwählten, in der Vergessenheit endet.

XVII

Die Anstrengung, die die Herausgabe der *Vermischten Schriften* mit sich brachte, führte Heine noch einmal an den Rand des Todes. Im Oktober 1854 bekam er eine schwere Halsentzündung, die er auf die dunkle Wohnung in Batignolles zurückführte und die ihn sogar vom Diktieren seiner Korrespondenz abhielt oder hätte abhalten sollen. Außerdem mußte er sich eine Zyste am Rücken chirurgisch entfernen lassen. Daß er acht Jahre fast vollständig gelähmt und unbeweglich auf seinem Krankenlager ohne Antibiotika oder auch nur die geringste Aseptik weder eine Lungenentzündung bekam noch eine der anderen Infektionskrankheiten, die im vorigen Jahrhundert ein langes Siechtum plötzlich zu beenden pflegten, spricht gegen die Wahrscheinlichkeit. Auch die moderne Medizin hat noch keine stichhaltige Erklärung dafür gefunden und beschränkt sich auf die nichtssagende Bemerkung, daß manchmal der Geist über die Materie triumphiere.

Die ersten Novembertage brachten mit dem Umzug eine wesentliche Besserung seines Befindens. Erst spät war die schließlich in jeder Hinsicht geeignete Wohnung gefunden. Sie war hell und luftig, lag in unmittelbarer Nähe der Champs Elysées, und von seinem schattigen Balkon, der doppelt so groß war wie der der früheren Wohnung, blickte Heine auf den Rond Point. Adolf Stahr sah ihn kurz nach dem Umzug (er zählte in zwanghafter Pedanterie 105 Stufen von der Straße bis zu Heines Wohnung im fünften Stock). Er berichtet, Heine habe ihm gesagt, wie glücklich er gewesen sei, »als ich nach so vielen Jahren von da aus zum ersten Male wieder mit meinem halben Auge die Welt sah, und es war doch so wenig. Ich hatte mir das Opernglas meiner Frau auf mein Lager reichen lassen und sah mit unglaublichem Vergnügen einem Pastetenbäckerjungen nach, der zwei Damen in Crinolin-Röcken seine Pastetchen anbot, und einem kleinen Hunde, der daneben auf drei Beinen an einem Baum stand und sich erleichterte! Da machte ich das Glas zu; ich wollte nichts mehr sehen – denn ich beneidete den Hund.«[151]

Natürlich bedrückte ihn die Aufnahme der *Vermischten Schriften* in Deutschland. Aber er hielt Buchbesprechungen in Deutschland leicht für von politischen Intrigen beeinflußt und warf Campe vor, »daß Sie in diesem Augenblick keinen einzigen Menschen in der deutschen Schriftstellerei mehr haben, auf dessen Sympathien Sie rechnen könnten, wenn ein neues Buch von mir vom Stapel liefe«[152]. Obwohl in dieser Ansicht sein unüberwindlicher Verfolgungswahn mitschwang, ist sie doch alles andere als wirklichkeitsfremd; Buchbesprechungen hängen zwar überall mit Literaturpolitik und sonstigen Interessen zusammen, doch übertrifft die Korruptheit in Deutschland auf diesem Gebiet die in den meisten anderen Ländern.

Die begeisterte Aufnahme, die einige der *Lazarus*-Gedichte in der Übersetzung Taillandiers in Frankreich fanden, machte das deutsche Fiasko einigermaßen wett und bewog Heine, sich sofort wieder in eine dieser mühseligen Routinearbeiten zu stürzen, die ihm zu helfen schienen, den »bösen Thanatos« in Schach zu halten. Er schloß mit seinem französischen Verleger, Michel Lévy frères, einen Vertrag über die französische Fassung von *Lutezia* und erklärte sich bereit, die Übersetzung selbst zu übernehmen. Wie wir wissen, war diese schließlich hauptsächlich das Werk seines Sekretärs Reinhardt, aber auch er selbst widmete Redaktion, Zusätzen und Überarbeitung noch täglich fünf bis sieben Stunden, was er für sehr unangemessen hielt: »[...] und überhaupt bringt mir dieses Buch im Französischen, so wie überhaupt die ganze französische Ausgabe meiner Bücher, nur wenig ein, und dient nur als Reklame meines Namens. Wer keine große, ungeheure Anerkennung in Frankreich sich erworben hat, darf sich keiner europäischen Reputazion rühmen«.[153]

Das bevorstehende Erscheinen der französischen Fassung erforderte auch einige entschuldigende Anmerkungen. Wie zu erwarten, hatte Heine in seinen alten Zeitungsberichten zahlreiche Männer des öffentlichen Lebens in Frankreich mit der Verachtung behandelt, die sie seiner Meinung nach verdienten. Seine Angriffe gegen sie reichten von gehässigen Kommentaren bis zu regelrechtem Rufmord. Die meisten dieser Männer waren inzwischen von der politischen Bühne verschwunden oder zu unbedeutend, als daß er ihretwegen hätte besorgt sein müssen. Aber Thiers und Guizot, beide Minister unter Louis Philippe und als solche häufig Zielscheibe der wenig schmeichelhaften Bemerkungen Heines, waren wieder mächtige Männer des neuen Regimes, und es wäre nicht angebracht gewesen, sie zu verärgern. In mehreren recht übertriebenen Briefen versicherte er ihnen, daß in seinen Augen drei Männer den in *Lutezia* behandelten Zeitraum beherrscht hätten – Louis Philippe, Thiers und Guizot – und daß diese auch die Helden seines Buchs seien, trotz gelegentlich kritischer Bemerkungen seinerseits, wie sie in Artikeln für deutsche Zeitungen unvermeidlich seien. Beide bestätigten den Empfang seiner Briefe mit den höflichen Schreiben, wie sie Franzosen ohne jede geistige Anstrengung produzieren können. Die mögliche Schädigung ihres Rufs schien beide nicht sehr zu beunruhigen.

Ein heikleres Problem tauchte in bezug auf die Rothschilds auf. Betty, die aus Deutschland stammende Frau von James de Rothschild, Oberhaupt des Pariser Familienzweiges, war eine große Bewunderin Heines. Heine war wiederholt in ihrem Hause zu Gast gewesen. Das hinderte ihn jedoch nicht, gelegentlich um etwas zu bitten, was einem Almosen gleichkam, und zwar nicht einem Almosen in bar, sondern in Aktien. Der Baron hatte sich zur Regel gemacht, bei jeder neuen Emission eine bestimmte Anzahl von Aktien wohltätigen Zwecken vorzubehalten. Im allgemeinen zeigte er sich großzügig, und Heine behandelte ihn in *Lutezia* mit respektvoller Sympathie. Da der Baron aber auch in der französischen Politik hinter den Kulissen eine bedeutende Rolle spielte, hatte er zwangsläufig erhöhte Aufmerksamkeit auf sich gezogen. Heine glaubte, daß einige seiner von ihm jetzt wieder hervorgeholten Bemerkungen zu Fehlinterpretationen Anlaß geben könnten. Er schickte der Frau des Barons ein Exemplar des Buchs mit Widmung und warnte sie in einem Begleitschreiben: »Es sind Stellen darin, wo ich von dem Herrn Baron spreche und meine Sprache vielleicht nicht die der gewöhnlichen Devotion sein mag, die man einem Gönner schuldig ist; [...] im Wesentlichen glaube ich mich keines Mangels an Takt schuldig gemacht zu haben. Wenn mich manchmal der Herr Baron mit dem Titel eines Freundes beehrte, so war ich doch nicht so unbescheiden, dieses für etwas anderes als für eine liebenswürdige Courtoisie anzusehn. [...] die Augenblicke, die ich die Ehre hatte, in seiner Gesellschaft zu sein, gehören zu meinen angenehmsten und freudigsten Erinnerungen.«[154]

Offenbar wieder beruhigt, entwarf er zwei Monate später ein kleines Meisterwerk der Schnorrerei:

Hochgeehrtester Herr Baron!
Da ich weiß, daß Sie gewiß nur eine Gelegenheit suchen, um [...] meine Lage durch Verbesserung meiner Finanzen zu erleichtern, so will ich Ihnen heute auf halbem Wege entgegenkommen, indem ich Sie bitte, mich bei dem großen Anleihn von 500 Millionen so hoch als möglich zu betheiligen. Ich sehe wie Sie mir entgegnen, daß ich zu einer solchen Betheiligung Ihrer Vermittlung nicht bedürfe, weil ja die Subscription zu diesem Emprünt aller Welt offen stehe. Dieses ist wahr, aber ich habe die Ehre, Ihnen zu bemerken, daß um hier etwas erkleckliches zu gewinnen eine sehr große Summe subscribirt und ebenfalls ein beträchtlicher Theil Capital gleich eingezahlt werden muß, dessen Entbehrung mich gewiß geniren würde. Dieser Gène entgehe ich, wenn Sie, Herr Baron, für mich die Einzahlungen machen. Ferner, da ich nicht auf die Börse gehn kann und also auch nicht den Moment abzupassen verstünde, wo ich durch Rentenverkauf mich gegen etwaigen Verlust zu schützen vermöchte, so vermeide ich zugleich diese Gefahr, indem ich diese Operation dem großen Finanzier überlasse, der in solchem Spiele nur gewinnen kann, da er immer alle Trümpfe in Händen hat. Ich resümire mich: Ich will weder einen Sou Geld einschießen, noch einen Sou riskiren, und wünsche mich weniger in dem Emprünt als vielmehr in Ihrem Gewinne an dem Emprünt zu betheiligen. [...] Ich bin krank wie ein Hund, arbeite wie ein Pferd, und bin arm wie eine Kirchmaus. [...] Ich habe mit Vergnügen durch die Frau Baronin erfahren, daß ich bei Ihrem geistreichen Verständniß des Humors keine Ungnade zu befürchten hatte, was mich sehr bekümmert hätte.[155]

In ähnlicher Weise verlangte er ein Geschenk von einhundert Aktien der Neuen Österreichischen Eisenbahn- und Bergbaugesellschaft von der Bank Emile Pereires. Er wollte ein Jahr ohne Geldsorgen ununterbrochen an seinen *Memoiren* arbeiten. Er war äußerst ärgerlich, als ihn Pereire mit nur zwanzig Aktien abspeiste. Natürlich war dies alles nichts Ungewöhnliches in einer Zeit, da die Unterstützung der Künste nur von privaten Gönnern zu erwarten war und es weder staatliche Förderung noch professionelle Spendenjäger gab.

Außerdem tätigte Heine in seinen letzten Lebensjahren im Rahmen seiner begrenzten Mittel mehrere vorsichtige Investitionen, soweit bekannt, alle in Eisenbahnaktien, die angesichts des hektischen Ausbaus des Eisenbahnnetzes in ganz Europa nur steigen konnten. Natürlich machte er sich um Mathildes Zukunft große Sorgen – aber es entsteht auch der Eindruck, daß er eine Art sportlicher Befriedigung aus dieser ersten vorsichtigen Berührung mit dem vergifteten Urquell des Kapitalismus gewann.

*

Am frühen Morgen des 26. Januar 1855 fand man Gérard de Nerval erhängt in der rue de la Vieille Lanterne an einem Laternenpfahl. Er war sechsundvierzig Jahre alt geworden.

Geboren als Gérard Labrunie, Sohn eines Arztes der Napoleonischen Armee, entsprach er vollkommen dem Poète maudit, lange ehe dieser Typus offizielle Anerkennung gefunden hatte. Intuition und Inspiration waren schon immer Teil seines Wesens, und der gewöhnlichen Vernunft widerstand er auf jene sanfte Weise, die ihn bei der jungen Bohème so beliebt machte. Mit zwanzig Jahren übersetzte er Goethes *Faust* ins Französische, obwohl er über kaum mehr als rudimentäre Deutschkenntnisse verfügte. Goethe pries die Übersetzung als ausgezeichnet. 1831 verliebte er sich, verfiel dem Zauber Jenny Colons oder wurde von einer unerwiderten Leidenschaft für sie erfaßt. Jenny Colon, eine unberechenbare zweitklassige Schauspielerin, kann nur als Gegenstand der immerwährenden Leidenschaft Nervals Anspruch auf Unsterblichkeit erheben. Die oberflächlichen Parallelen zwischen Nervals liebevoll gepflegter Wunde und dem eigenen bittersüßen Wunschtraum seiner Jugendliebe inspirierte Heine zu zahllosen Scherzen, aber in diesem Fall enthielt er sich jeder möglicherweise verletzenden Bemerkung. Er faßte eine tiefe Zuneigung zu Gérard, vermutlich seinem engsten französischen Freund. Trotz aller äußerlichen Unterschiede schienen sie einander in einer merkwürdigen poetischen und zweifellos auch gefühlsmäßigen Verwandtschaft zugehörig. Das könnte die erstaunliche Vollkommenheit erklären, mit der Nervals Heine-Übersetzungen den Geist des Originals erfassen. Nach Nervals erstem Zusammenbruch im Jahre 1841 wurde die Beziehung zu ihm zunehmend schwierig. Obwohl er sich immer wieder in Heilanstalten begeben mußte und sonst meist obdachlos war, schrieb er mehrere eindrucksvolle Werke, die er selbst als *super-naturalistes* bezeichnete. Später sollten sich sowohl Symbolisten als auch Surrealisten auf sie berufen.

Heine war über seinen Selbstmord zu einer Zeit, in der er besonders verwundbar war, tief erschüttert. In der Vorrede zu *Poèmes et légendes*, einer französischen Ausgabe seiner Gedichte, die im Frühjahr 1855 herauskam, verzichtete er ausnahmsweise auf die übliche ironische Distanz und schrieb seinem Freund eine ehrliche und von Herzen kommende Würdigung:

Ich habe dem schmerzlichen Vergnügen nicht widerstehen können, in diesem Buch die anmutigen Seiten wieder abzudrucken, die mein verstorbener Freund Gérard de Nerval dem ›Intermezzo‹ und der ›Nordsee‹ vorangestellt hat. Ich vermag nicht ohne eine tiefe Rührung an die Abende des Monats März 1848 zu denken, als der gute und sanfte Gérard mich alle Tage in meinem Schlupfwinkel an der Barrière de la Santé besuchen kam, um ruhig mit mir an der Übersetzung meiner friedlichen deutschen Träumereien zu arbeiten, während um uns herum alle politischen Leidenschaften tobten und die alte Welt mit einem entsetzlichen Getöse zusammenbrach! [...] Unglücklicherweise war mein Freund Gérard selbst in seinen lichten Tagen ein Opfer fortgesetzter Zerstreutheit, und ich entdeckte, jedoch zu spät, um Abhilfe zu schaffen, daß ihm sieben Stücke aus der Serie, die die ›Nordsee‹ bildet, abhanden gekommen waren. Ich habe diese Lücke in meinem Poem gelassen, um nicht dem Ganzen zu schaden, dessen harmonische Einheit der Farbe und des Rhythmus durch die Einfügung von Stücken, die der groben Arbeit meiner eigenen Feder zu verdanken sind, hätte verdorben werden können. Die Sprache Gérards floß in einer köstlichen Reinheit dahin, die unnachahmlich war und die nur der unvergleichlichen Anmut seiner Seele glich. Er war wirklich mehr Seele als Mensch, ich möchte sagen: eine Engelsseele, so banal das Wort auch ist. Diese Seele war vor allem mitfühlend, und ohne viel von der deutschen Sprache zu verstehen, erriet Gérard den Sinn eines in Deutsch geschriebenen Gedichtes besser als diejenigen, die dieses Idiom ihr ganzes Leben lang studiert hatten. Und er war ein großer

Künstler […]. Dennoch kannte er keinen künstlerischen Egoismus; er war ganz kindliche Arglosigkeit; er besaß die Zartheit einer Mimose; er war gut, er liebte jedermann; er beneidete niemanden; er hat niemals auch nur einer Fliege ein Leid angetan; er zuckte mit den Schultern, wenn ihn zufällig ein Köter gebissen hatte. – Und trotz all dieser Vorzüge des Talents, der Freundlichkeit und Güte endete mein Freund Gérard in dieser gemeinen Gasse de la Vieille-Lanterne auf eine Weise, die Sie kennen.
Die Armut ist nicht die Ursache dieses unheilvollen Ereignisses gewesen, doch hat sie ihm nicht entgegengewirkt. Immerhin ist erwiesen, daß der Unglückliche zu jener verhängnisvollen Stunde nicht einmal ein einigermaßen sauberes und gut durchwärmtes Zimmer zu seiner Verfügung hatte, wo man es sich bequem hätte machen können, um …
Armes Kind! Du verdientest wohl die Tränen, die zu deinem Andenken geflossen sind, und ich kann die meinen nicht zurückhalten, während ich diese Zeilen schreibe. Aber deine irdischen Leiden haben aufgehört, während die deines Mitarbeiters von der Barrière de la Santé immer noch andauern. – Betrübe dich nicht zu sehr, lieber Leser, bei diesen Worten; der Tag ist vielleicht nicht fern, an dem du dein ganzes Mitgefühl für dich selbst nötig haben wirst! Weißt du, wie du enden wirst?[156]

*

Im Winter 1854/55 nahm Heines Zustand eine deutliche Wendung zum Schlechteren. Noch immer bewältigte er ein großes Arbeitspensum: Gedichte, Übersetzungen, neue Vorreden, redaktionelle Arbeiten an den bevorstehenden französischen Ausgaben, die in rascher Folge gedruckt wurden. Dazu kamen mindestens 130 Briefe, die er in den dreizehn Monaten von Januar bis zu seinem Tod im darauffolgenden Jahr schrieb. Aber seine Kräfte schwanden sichtlich. In manchen Wochen fühlte er sich außerstande, irgendwelche alltäglichen Arbeiten zu erledigen. Dann waren die Gedichte, die er nachts verfaßte, sein einziger Trost. Neben allen anderen Leiden führte eine schwere Halsentzündung zu einem quälenden Husten, der längere Gespräche immer schwieriger machte. Das war ein besonders harter Schlag, da die Pariser Weltausstellung Tausende von Besuchern aus Deutschland anzog. Darunter waren viele, mit denen er sehr gern gesprochen hätte. Fanny Lewald, die ihn im Frühjahr besuchte, berichtet, daß sie bei ihm zum ersten Mal eine Spur Verzweiflung spürte: »Stellen Sie sich vor, daß ich, der ich die Kunst liebe, jetzt seit vollen sieben Jahren kein Bild mehr gesehen habe. Ueberhaupt! Wer denkt meinen Zustand aus? Die Parole meines Daseins ist das Wort ›nicht mehr!‹ Haben Sie wohl darüber nachgedacht, welch' ein furchtbares Wort das ist? Nicht mehr gehen! Nicht mehr sehen! Nicht mehr! Wie eine schwere erdrückende Walze wälzt es sich an uns heran, auf Alles rollt sie nieder – und zuletzt liegen auch wir unter ihr, und das Nichtmehr ist vollendet!«[157] Fanny Lewald schlug den Beistand eines Geistlichen vor, was aber schweigend überhört wurde.

Anfang Juni erfuhr Heine, daß sein Bruder Gustav die Ausstellung besuchen wollte, und flehte ihn an, unterwegs in Hamburg zu unterbrechen und ihre Schwester Charlotte mitzubringen, »denn ohne Deinen Machtspruch und Deinen positiven Willen läßt man sie dort nicht herkommen«. Und im selben Brief schrieb er: »Ich war nämlich diesen ganzen Winter hindurch oft so krank daß ich meinem Ende entgegensah und ich oft in Begriff war an Lottchen zu schreiben, daß sie hierherkommen möge, um sich vor meinem Ableben mit mir noch einmal zu besprechen und mir dadurch einen großen Trost zu der ewigen Reise zu bereiten. [...] Sie wird Dir hier keinen Sous kosten, indem meine Frau ihr in meiner Wohnung schon ihr Zimmer bereit hält, und sie soll Dich auch nicht geniren, da ich sie hernach allein und frankirt nach Hamburg zurückschicke; es ist alles jetzt so leicht und sie ist kein Kind mehr um nicht mit der Eisenbahn allein nach Hamburg zu rutschen. [...] Ich bin sehr krank, liebster Bruder, und ich bitte dich drauf zu dringen daß Lottchen wenigstens im Laufe dieses Sommers hierherkommt«.[158]

Und dann arrangierte einige Wochen später, Mitte Juni, die Göttin der Poesie oder eine andere höhere Macht, die sich auf Herzen und Blumen, Geigen und Hollywood-Sonnenuntergänge versteht, ein auf den ersten Blick höchst unwahrscheinliches letztes Kapitel.

XVIII

Ihr Erscheinen in der Avenue de Matignon am Morgen des 19. Juni 1855 hatte etwas unbestimmt Geheimnisvolles. Aber ein Hauch von Geheimnis und Rätselhaftigkeit umgab sie ihr Leben lang, und erst lange nach ihrem Tod konnten einige Fragen wenigstens versuchsweise beantwortet werden.

Damals nannte sie sich Elise Krinitz. Sie hat die Geschichte viele Jahre später selbst erzählt. Ein befreundeter Komponist, der ihre Bewunderung für Heine teilte, hatte einige von Heines Gedichten vertont. Er bat sie, da sie nach Paris reisen wollte, die Partituren dem Dichter persönlich zu übergeben. Sie tat es. »Nachdem ich mich meines Auftrags entledigt hatte und nun gehen wollte, ertönte im Zimmer nebenan ein ziemlich schriller Klingelzug, und der Klang einer etwas herrischen Stimme, die mich zum Bleiben einlud, schlug an mein Ohr. Eine Thüre öffnete sich, und vor mir lag ein Zimmer, dessen Dunkelheit mich beim Eintreten gegen einen mit Papier bekleideten Wandschirm stoßen ließ. Auf einem ziemlich niedrigen Lager hinter demselben ruhte ein kranker, halb blinder Mann, der bedeutend jünger aussah, als er es in Wirklichkeit war, und dessen Züge von einem eigentümlich fesselnden Interesse waren: ich glaubte einen Christuskopf vor mir zu sehen, über dessen Gesicht Mephistos Lächeln glitt. Der Kranke richtete sich empor, und, mir die Hand reichend, drückte er seine Freude darüber aus, eine Persönlichkeit bei sich zu sehen, die ›da unten‹ gewesen war. [...] im Angesichte des Todes wird ein Freundschaftsbund schnell geknüpft, [...] und als ich aufbrach, gab mir Heine ein Buch und bat mich, wiederzukommen. Diese Einladung hielt ich damals für eine bloße Form der Höflichkeit und folgte ihr nicht, da ich auch den Kranken zu beunruhigen fürchtete. Nun wurde die Einladung schriftlich wiederholt, und der sie begleitende Vorwurf erregte mich ebenso, als er mir schmeichelhaft war.«[159]

Vermutlich hat sich das Treffen ungefähr so abgespielt. Aber Elise Krinitz hat aus Gründen, die sie am besten kennen mußte, Heine oder die Nachwelt nicht wissen lassen, daß sie zwei Jahre lang die Geliebte von Heines engem Freund Alfred Meißner gewesen war. Ihr Schweigen über diese Angelegenheit sollte zu ihren Gunsten ausgelegt werden. Vermutlich haben sie weniger unaufrichtige Beweggründe als vielmehr ein gewisses Taktgefühl, eine glückliche Einfühlungsgabe schweigen lassen. Es bedurfte keiner großen Klugheit des Herzens für sie, Heines Gefühlsverwirrung zu bemerken; er jedenfalls war weit davon entfernt, sie zu verbergen. Es war der berühmte *coup de foudre*, die Liebe auf den ersten Blick; noch ein letztes Mal rebellierte Eros gegen Thanatos. Vergeblich, wie immer; in diesem Fall klammerte sich ein Ertrinkender an einen Traum.

Aber einen kurzen Augenblick lang schien Leben wieder möglich. Am nächsten Tag schrieb er ihr:

> Sehr liebenwürdige und charmante Person!
> Ich bedauere sehr, daß ich Sie letzthin nur wenige Augenblicke sehen konnte. Sie haben einen äußerst vortheilhaften Eindruck hinterlassen und ich sehne mich nach dem Vergnügen, Sie recht bald wiederzusehen. –

Wenn es Ihnen möglich ist, kommen Sie morgen, in jedem Fall, so bald es Ihnen Ihre Zeit erlaubt, Sie kündigen sich an wie letzthin. Den ganzen Tag bin ich zu jeder Stunde bereit, Sie zu empfangen. Die liebste Zeit wäre mir von 4 Uhr bis so spät Sie wollen. – Trotz meiner Augenleiden schreibe ich eigenhändig, weil ich jetzt keinen vertrauten Sekretär besitze. – Ich habe viel Peinliches um die Ohren und bin sehr leidend noch immer. – Ich weiß nicht, warum Ihre liebreiche Theilnahme mir so wohl thut, und ich abergläubischer Mensch mir einbilden will, eine gute Fee besuche mich in trüber Stunde. Sie war die rechte Stunde. – Oder sind Sie eine böse Fee? Ich muß das bald wissen.[160]

*

Ihr Mädchenname ist bis heute unbekannt. Inzwischen geht man aber allgemein davon aus, daß sie 1828 in Prag als uneheliche Tochter eines Grafen Nostiz geboren und an eine deutsche Familie namens Krinitz zur Adoption gegeben wurde. Diese Familie lebte dann in Paris, wo sie zweisprachig aufwuchs. Ihr gesetzlicher Name lautete Elise Krinitz. Aber sie war eine solche Meisterin romantischer Verschleierung – oder süchtig danach –, daß Meißner sie lange Zeit nur als »Margot« kannte. Es wird von einer frühen Ehe berichtet, die damit endete, daß ihr brutaler Ehemann sie zwangsweise in eine englische Heilanstalt brachte, ein traumatisches Zwischenspiel, das bei ihr eine mehrere Monate andauernde Sprachstörung hinterließ. Das ist nicht ganz undenkbar, kann aber auch einer leicht überhitzten Einbildungskraft entsprungen sein. Jedenfalls kehrte sie, nachdem sie ihre Sprache und schließlich auch ihre Freiheit wiedererlangt hatte, nach Paris zurück, wo sie, siebenundzwanzigjährig, ihre schicksalhafte Begegnung mit Heine hatte. Ernsthaft, klein, mit verträumten, feinen Gesichtszügen, war sie erfahren und anpassungsfähig genug, um mit großem Geschick die Rolle zu übernehmen, die ihr der sterbende Dichter zugedacht hatte. Es kostete sie keine wirkliche Überwindung, denn sie verehrte ihn ganz offensichtlich. Wie sie später im Leben beweisen sollte, hatte sie aber auch einen soliden inneren Kern. 1858 wurde sie, als Camille Selden wiedergeboren oder umgetauft, die Geliebte des erbittert gegenromantischen französischen Kritikers und Historikers Hippolyte Taine. Sie verfaßte neben einem Roman mehrere Arbeiten über deutsche Literatur und eine Übersetzung von Goethes *Wahlverwandtschaften* ins Französische. Als Taine sie nach zehn Jahren verließ, gelang es ihr, eine Stelle als Lehrerin an einer Mädchenschule in Rouen zu erhalten. 1884 veröffentlichte sie ihre Erinnerungen an Heine, *Les Derniers jours de H. Heine*. Obwohl es gelegentlich ins Sentimentale abgleitet, ist das Buch im ganzen bemerkenswert einfühlsam und aufschlußreich. Es zeigt die Intelligenz der Verfasserin und ist, mit der bei allen derartigen Memoiren nötigen Skepsis gelesen, eine wichtige Informationsquelle für Heines letzte Tage. Sie hinterließ uns darin zum Beispiel eine anschauliche Schilderung von Heines Haushalt im Jahre 1855, die sich im großen und ganzen mit anderen unabhängigen Schilderungen deckt:

> Zu einer Zeit, wo jeder Künstler sich ein, wenn auch nicht malerisches, so doch wenigstens hübsch und behaglich ausgestattetes Heim zu schaffen strebte, mußte es mich ganz besonders betroffen machen, Heine in Räumen zu finden, die auch nicht eine Spur von Eleganz, nicht den mindestens Komfort zeigten, und

deren Mobiliar einer längst entschwundenen Epoche angehörte. Es drängte sich mir die Frage auf, was diesem Dichterheime eine solche Färbung gegeben haben könne; etwa bloße Sorglosigkeit, ein an Äußerlichkeiten achtlos vorübergehender Sinn? Oder sollte vielleicht die bleierne Schwere erzwungener Sparsamkeit auf dem Haushalte lasten?

Als ich Heine zum ersten Mal sah, wohnte er nicht weit von den elysäischen Feldern, im fünften Stockwerke eines in der Matignon-Allee gelegenen Hauses. [...] Die Ausstattung des Krankenzimmers bestand aus einem ziemlich niedrigen Bette hinter einem Wandschirme, einigen Stühlen und einem Schreibtische aus Nußbaumholz, welcher der Tür gegenüber stand. [...]

Bis dahin hatte keine Spur auf die waltende Hand der Frau vom Hause gedeutet. [...]

Der Wirklichkeit entsprach das Bild, das meine Phantasie sich von Frau Heine geschaffen hatte, keineswegs. Eine schöne, elegante, zierliche Gestalt, mit bleichen interessanten Zügen und großen rätselvollen Augen – so hatte ich sie mir ausgemalt. Nun aber stand eine brünette, ziemlich starke Dame vor mir, welche harmlos-vergnügt aussah und sich, nach ihrer frischen gesunden Gesichtsfarbe zu schließen, viel im Freien bewegte. Ein schmerzlich ergreifender Anblick war es, dieses Bild des Lebens und der Gesundheit neben jener bleichen Leidensgestalt zu sehen [...]. Doch dieser Kranke, den nur noch ein dünner, loser Faden ans Leben knüpfte, schaffte und wirkte immerfort für das tägliche Brot und die schönen Kleider seiner Frau. Was Biographen über das Verhältnis der beiden Gatten und den Mann zu faseln belieben, der zu

> verliebt war, um nicht verschwenderisch zu sein, kann keinen Augenzeugen täuschen. Zu einer Idylle machen zu wollen, was der Dichter selbst nie für eine solche auszugeben gedachte, hieße Poesie auf Kosten der Wahrheit schaffen; sollte diese aber, die das Andenken des Toten nur ehren kann, hier nicht besser am Platze sein?[161]

In einigen Punkten mag man auch nach dreißig Jahren noch Zweifel an der Objektivität der Verfasserin haben. Mathilde faßte sofort eine Abneigung gegen den jungen Eindringling mit dem frischen Gesicht, der im Deutschen wie Französischen zu Hause war. Ihr mißfiel die Vertrautheit, die schnell zwischen Camille Selden und Heine entstand. Aber wenn sie sonst ihrer berechtigten oder unberechtigten Eifersucht freien Lauf ließ, verzichtete sie in diesem Fall auf ihre gewohnten Temperamentsausbrüche und duldete im allgemeinen, wenn auch widerwillig, die Gegenwart der Rivalin. Sie weigerte sich aber kategorisch, sie zum Essen einzuladen oder sie gar bei Tisch mit den übrigen Mitgliedern des Haushaltes mitessen zu lassen – obwohl Heine sie wiederholt darum bat. Sie wollte mit »dieser Frau« einfach nicht das Brot brechen.

Heine gab ihr den Namen Mouche, zu dem er sich vom Wappen ihres Siegelrings inspirieren ließ. Von allen angenommenen Namen ist sie unter diesem unsterblich geworden.

»Allersüßeste fine mouche«, schrieb er ihr Mitte Juli, knapp einen Monat nach ihrer ersten Begegnung. »Oder soll ich Sie, statt nach dem Emblême Ihres Petschafts, nach dem Dufte Ihres Briefes tituliren? In diesem Fall müßte ich Sie holdseligste Bisamkatze nennen. – Vorgestern erhielt ich Ihr

Schreiben, die Pattes de mouche krabbeln mir beständig im Kopfe herum und vielleicht sogar im Gemüthe. Herzlichen Dank für die viele Liebe, die Sie mir widmen! Die Gedichte sind sehr schön, und ich wiederhole in dieser Beziehung, was ich Ihnen schon gesagt. Auch ich freue mich, Sie bald wieder zu sehen et de poser une empreinte vivante sur les traits suaves et quelque peu souabes – ach! wäre ich noch ein Mann, diese Phrase bekäme eine minder platonische Tournüre. Aber ich bin nur noch ein Geist, was vielleicht Ihnen, aber nicht mir sonderlich zusagt. – Meine französische Gedicht Ausgabe ist erschienen und macht furore. [...] Ja ich freue mich, Sie wiederzusehen! Fine mouche de mon âme! Holdeste Bisamkatze, die aber zugleich so sanft ist wie eine Angorakatze, meine Lieblingsgattung – Lange Zeit liebte ich Tigerkatzen, aber die sind zu gefährlich et les empreintes vivantes, die sie zuweilen in meinem Gesichte zurückließen, waren nicht sehr angenehm. – Ich befinde mich noch immer sehr schlecht; beständige Krämpfe und Aergernisse – Aerger über meinen Zustand, der hoffnungslos. Ein Todter, lechzend nach den lebendigsten Lebensgenüssen! Das ist schrecklich. Leben sie wohl! Möge das Bad Sie erquiken und kräftigen.«[162]

*

Sie war in dem Augenblick in sein Leben getreten, als er begonnen hatte, sich davon zu lösen. »*Quelque moribond qu'on soit, l'homme doit faire son devoir de vivant jusqu'au dernier moment.* Wie todkrank er auch immer sein mag, der Mensch muß bis zum letzten Augenblick die Pflicht des Lebenden tun«[163], hatte er zwei Jahre zuvor geschrieben. Aber die Pflicht war zunehmend zu einer Belastung geworden, und die drückende hochsommerliche Hitze tat ein übriges. Die erste französische Ausgabe von *Lutezia* kam im Juni heraus. Für die Deutschen waren diese Artikel Neuigkeiten von gestern aus einem fremden Land; für die Franzosen waren sie ihre eigene jüngste Geschichte und sorgten für erhebliche Aufregung. Aber nicht einmal das konnte ihn aufheitern.

»Der Erfolg meines Buchs Lutetia, von welchem ganz Paris seit zwei Wochen spricht, hat mich sehr erschreckt. Die Wahrheit sagen ist ein gefährliches Metier, besonders für einen Kranken, der Ruhe braucht. Deshalb werde ich mich hüten, zu meinen Lebzeiten noch ein ebenso freies Buch, ebenso unerbittlich aufrichtig geschrieben, zu veröffentlichen. Das Beste, was ich über unsere gegenwärtige Gesellschaft zu sagen habe, werden Sie eines Tages in meinen nachgelassenen Memoiren lesen.«[164]

Das Erscheinen einer jungen ehrerbietigen Bewunderin an seinem Lager kam gerade zur rechten Zeit, um seinen sinkenden Lebensmut wiederzubeleben. Daß er sich sofort in sie verliebte, zeigt, daß unter der Asche noch Glut war. Die Entdeckung, daß sie nicht nur ihren eigenen Kopf hatte, sondern auch eine recht gute Bildung besaß, muß ihn aber doch ziemlich erschreckt haben, vor allem wenn man seine Einstellung zu Frauen bedenkt. Als sein neuer Sekretär Zichlinsky ihn wiederholt versetzte, begann er, wie sie schüchtern bemerkte, »gerne von den kleinen Talenten seiner Mouche Gebrauch«[165] zu machen. Trotz einiger kleinerer Probleme mit den Feinheiten der deutschen Grammatik und – was Heine besonders erregte – mit der Kalligraphie deutscher Großbuchstaben, erwies sie sich als recht fähige zweisprachige Sekretärin. Sie begann auch, einige seiner Gedichte zu übersetzen; eines erschien in der *Revue des Deux Mondes* und begründete ihr literarisches Debüt.

Aber auch das emotionale Glück konnte nicht mehr länger die sich verstärkenden körperlichen Symptome in den

Hintergrund drängen. Schmerzzerquälte Nächte oder tagelange, lähmende Kopfschmerzen zwangen ihn immer häufiger, Zusammenkünfte mit der Mouche abzusagen und Besucher nicht zu empfangen. Im Juli entstand ein Testamentsentwurf, »Letzter Wille und Testament«, der wohl in einigen Bestimmungen unklug gewesen sein mag, aber eindeutig dem Eindruck, den Mouche von seiner Ehe gewann, widersprach. Mathilde war zur Alleinerbin eingesetzt mit allen Rechten an gegenwärtigem und künftigem Eigentum, insbesondere dem an seinem literarischen Werk.

»Ich setze Mathilde Crescence Heine, geborne Mirat, meine Ehefrau, zur Universalerbin meiner Hinterlassenschaft ein, und ich vermache ihr als volles und gänzliches Eigentum, ohne irgendwelche Einschränkung, alles, was ich besitze, alle meine Rechte auf gegenwärtigen oder künftigen Besitz jeglicher Art, besonders meine Rechte, die sich aus der Ausbeutung meiner literarischen Werke ergeben. Ich erkläre ausdrücklich, daß ich M. C. Heine, geborne Mirat, nicht allein als meine rechtmäßige Ehefrau zur einzigen Erbin mache, sondern auch aus Zuneigung und Dankbarkeit; ich wollte durch diesen Akt meine Freundschaft für die Frau beweisen, die zwanzig Jahre lang meine geliebte und treue Gefährtin in den wechselhaften Umständen des Exils war und mich während der furchtbaren Jahre jener grausamen und launischen Krankheit, an der ich leide, mit unerschütterlicher Aufopferung umsorgt hat. [...] Ich bitte meine Frau sobald ich todt bin, alle meine Briefschaften und Papiere in Gewahrsam zu nehmen und damit nach der Instrukzion, die ich ihr schriftlich oder mündlich hinterlassen werde, zu verfahren.«[166] (Das Testament wurde nie rechtsgültig. Damit wurde die Verfügung vom November 1851 zum gültigen Testament.)

Wenn er sich körperlich dazu in der Lage fühlte, arbeitete

er weiter an der französischen Ausgabe seiner gesammelten Werke, wozu ihn die erklärte Notwendigkeit, Geld zu verdienen, trieb. Sie war zu einer Art Zwangsvorstellung geworden. Er habe, wie er seinem Bruder schrieb, ein festes Jahreseinkommen von nur 12 000 Franc, während er wegen seiner Krankheit 24 000 benötige. Folglich könne er ohne die Tantiemen für seine Schriften in Deutschland und Frankreich, wo sie »einen miraculösen Erfolg« hätten, nicht auskommen. »[...] mit Campe stehe ich in Unterhandlungen [...]. Er ist jetzt noch verdrießlich über den Nachdruck meiner Werke in Amerika, der aber dort meine Reputation so sehr förderte, daß ein amerikanischer Literat dieses Jahr in New-York und Albany Vorlesungen über mich hält, eine Ehre wie sie noch keinem lebenden Dichter passirte.«[167] Es gibt keine Bestätigung für die Vorlesungen, aber eine nicht autorisierte Fassung der *Reisebilder* kam 1855 heraus. Ihr folgten 1856 die Bände I und II einer Ausgabe seiner gesammelten Werke.

Auch seine Streitigkeiten verfolgten ihn bis zu seinem Tod. Oder er sie. Sein letzter Streit betrifft einen obskuren österreichischen Komponisten namens Joseph Dessauer, in dem Heine ein Geschöpf Meyerbeers sah und den er in einem der vermutlich Jahre zuvor verfaßten Zusätze zu *Lutezia* beschuldigte, sich mit einer Liebesaffäre mit George Sand gebrüstet zu haben. Dessauer schlug zurück und beschuldigte Heine, er habe einmal versucht, ihn um fünfhundert Franc für eine günstige Kritik zu erpressen. George Sand entlastete Dessauer öffentlich. Heine sah darin eine Intrige Meyerbeers, die dieser im Verein mit den Feinden Heines in dessen eigener Familie ausgeheckt hätte. Bruder Gustav griff plump und ungeschickt ein und machte die Dinge nur noch schlimmer. Schließlich kam der Fall nach Heines Tod vor Gericht. Wie die Sache ausging, ist nicht bekannt. Aber da niemand je wirklich klären konnte, worum es eigentlich ging, ist das auch kaum von Bedeutung.

Als der Herbst begann, wartete Heine immer sehnsüchtiger darauf, seine Schwester noch einmal zu sehen. Da Bruder Gustav mit der Postkutsche kam, drängte er ihn im Oktober, sich in Bewegung zu setzen, sonst komme er zu spät. »Ich bin leider sehr, sehr krank. Es geht mit mir zu Ende. Ich freue mich dennoch unendlich Euch zu sehen [...] – obgleich ich fürchte daß die Reise Euch nicht sehr amusiren wird [...]. Aber es würde doch eine Beruhigung für Dich seyn wenn Du mich noch einmal gesehen bevor meinem Abrutschen. – Die Feinde können mir nicht viel anhaben und an Lug und Trug bin ich bey ihnen gewohnt, aber die Freunde haben mir desto mehr das Leben zu verbittern gewußt und mir den *Ketz* gegeben. Ich verschweige aus Klugheit wie sehr mein Körperzustand mich am Arbeiten hindert.«[168]

*

Charlotte Embden und Gustav Heine trafen am 4. November in Paris ein. Es sollte ein letzter Abschied sein, also für alle Beteiligten eine sehr emotionale Angelegenheit. Aber letzten Endes gewann jeder einen anderen Eindruck. Da ist zunächst der gewissermaßen offizielle Bericht über das Zusammentreffen in der scheppernden Prosa des von sich überzeugten Barons Gustav von Heine-Geldern. Seine ungeheuerliche Beschränktheit läßt an der Existenz der genetischen Verbindung zu seinem Bruder Zweifel aufkommen:

> Meine Reise nach Paris ging von hier über Hamburg, da mein Bruder unsere daselbst wohnende Schwester Charlotte Embden noch einmal zu sehen wünschte.

[…] Es war Mitternacht, als wir in Paris eintrafen. Wir mußten den Besuch daher auf den nächsten Morgen verschieben. Es gab in der That ein furchtbares Wiedersehen! Da lag der arme Kranke noch immer so gelähmt, wie ich ihn vor vier Jahren verlassen! Charlotte war trotz meiner früheren Schilderung so ergriffen, daß sie für mehrere Tage leidend war.
[…] kaum entfernte sich jedoch Charlotte, so sprach er in sichtbarer Hast zu mir: ›Eilen wir zu unseren Angelegenheiten, denn ein kranker Mann wie ich darf keine Zeit verlieren!‹ Er hatte mich nämlich gebeten nach Paris zu kommen, um uns gegenseitig über seinen Nachlaß zu besprechen, auch sollte ich gemeinsam mit ihm seine sämmtlichen Angelegenheiten ordnen, und nach seinem Tode die Ueberwachung derselben übernehmen.
Ich gestehe offen, daß ich, wenn ich an seine neuesten Werke dachte, und ihn jetzt so ohne Rücksicht auf gewöhnliche Lebensklugheit sprechen hörte, zuweilen irre wurde, ob es wirklich mein Bruder Heinrich Heine sei, der da auf seinem Krankenlager mit mir plauderte. Sieben Jahre, in stetem körperlichen Leide zugebracht, hatten ihn der Außenwelt entfremdet, er schien gänzlich unbekannt zu sein mit dem Gang und Wandel der irdischen Dinge. Es war eine ganz neue Welt, die er sich auf seinem Schmerzensbette geschaffen.[169]

Charlottes Erinnerungen zeigen demgegenüber echte schwesterliche Liebe, auch wenn sie für die Nachwelt vielleicht etwas geschönt sein mögen:

Als ich an sein Lager trat, schloß er mich mit dem Ausruf: ›Mein liebes Lottchen!‹ lange in seine Arme ohne zu sprechen, lehnte dann den Kopf an meine Schulter und reichte seinem Bruder die Hand. – Seine Freude, mich wiederzusehen, war unbeschreiblich, und durfte ich außer der Tischzeit sein Bett bis Abends spät nicht verlassen. Nach den bisherigen Berichten, welche ich über die Krankheit meines Bruders erfahren, fürchtete ich, daß der erste Anblick seiner Leiden mich tief erschüttern würde, aber da ich nur den Kopf sah, welcher, von wunderbarer verklärter Schönheit, mich anlächelte, konnte ich mich ganz der ersten Freude des Wiedersehens hingeben. – Als jedoch gegen Nachmittag die Wärterin meinen Bruder auf den Armen nach einer Chaise longue trug, um das Bett aufzumachen, und ich den zusammengeschrumpften Körper, an dem die Beine leblos herabhingen, erblickte, mußte ich alle meine Kräfte zusammennehmen, um ruhig diesen schrecklichen Anblick zu ertragen. [...]

Mathilde lebte mit mir im besten gegenseitigen Einverständniß, nicht so mit Gustav, der kein Französisch sprach, und sich nicht mit ihr verständigen konnte, welches eine gegenseitige Spannung herbeiführte. Außerdem hielt Gustav die Neigungsheirath seines Bruders für ein großes Unglück und nach seinem Dafürhalten die Quelle seines Ungemachs und seiner Leiden.

[...] und ich war froh, als Gustav, mich in Paris lassend, nach Wien zurückkehrte [...].

[Mein Bruder erzählte mir:] vor kurzem sei ein seltsam begabtes anmuthiges Wesen zu ihm gekommen, eine Deutsche, ein munteres Schwabenkind, welche französischen Esprit mit deutscher Innigkeit verbinde. Mit klangvoller Stimme lese sie ihm vor, und sei im französischen so bewandert, daß er ihr die Correctur seiner Arbeiten überlassen könne. Sie sei etwas unpäßlich gewesen, würde nächstens wiederkommen, und wäre neugierig, welchen Eindruck sie auf mich machen würde. –

Mouche, wie mein Bruder sie nannte [...], war in der That eine liebreizende jugendliche Erscheinung, die auch mir bei meinem vorübergehenden Aufenthalt höchst sympathisch wurde. Von Gestalt mittelgroß, mehr anmuthig als schön, umrahmten braune Locken ihr feines Gesicht, aus dem schelmische Augen über ein Stumpfnäschen hervorblickten, und ein kleiner Mund, welcher beim sprechen oder lächeln eine Reihe perlender Zähne zeigte. Hände und Füße waren klein und zierlich, und alle ihre Bewegungen hatten etwas ungemein graziöses. [...]

Mouche kam täglich einige Stunden zu meinem Bruder, und seine Verehrung für die muntere Kleine erregte leider bei Mathilden einen krankhaften Grad von Eifersucht, welche zuletzt in Animosität ausartete. Der Wunsch ihres Gatten, Mouche zeitweilig am Mittagsmahle theilnehmen zu lassen, ward von Mathilde trotzig abgelehnt, deren freundliche Begrüßung kaum erwiedert und das Krankenzimmer bei ihrem Erscheinen sofort verlassen. [...] Anfangs December erhielt ich die Nachricht der plötzlichen Erkrankung eines meiner Kinder und faßte daher den Entschluß, nach Hamburg zurück zu kehren. Vorher fragte ich Dr. Gruby, was er vom Zustande meines Bruders halte, worauf ich die beruhigende Erklärung erhielt, daß, wenn kein unerwarteter Zwischenfall eintrete, er noch 2 bis 3 Jahre leben könne.[170]

Camille Selden erwähnt in ihren Memoiren das Zusammentreffen nur kurz, betont aber auch die unmittelbare Freundschaft zwischen ihr und Charlotte. Einziges zeitgenössisches Zeugnis ist ein Brief Heines an sie unter dem Datum vom Samstag, dem 10. November 1855, der die Situation in einer beiläufigen Randbemerkung schildert: »Süßeste Person! Ich habe heut entsetzliches Kopfweh und werde wohl morgen die Nachgeburt desselben genießen müssen. – Ich bitte Sie daher, nicht morgen (Sonntag), sondern Montag zu kommen, – es sey denn, daß der Weg Sie in meine Nähe führte, in diesem Fall können Sie auch morgen auf eigne Gefahr kommen. – Ich sehne mich sehr nach Dir, letzte Blume meines larmoyanten Herbstes, holdselige Närrin! – Ich verharre zärtlich toll Dein ergebenster H. H. Mein Bruder schwatzt mich todt – leide sehr – komme Du bald!«[171]

*

Anfang Dezember war Heine in derart schlechter Verfassung, daß, wie er seinem französischen Verleger schrieb, viele Deutsche, die zur Weltausstellung gekommen waren, ihre Abreise in der Hoffnung verschoben, dann auch seiner Beerdigung beiwohnen zu können. Die Tatsache, daß James de Rothschild nicht nur günstig auf Heines Bitte reagierte, sondern auch aus eigener Initiative stillschweigend Aktien verschiedener neuer Emissionen auf Heines Namen gezeichnet hatte, ermunterte ihn, sein Glück auch bei Baron Anselm, dem Oberhaupt des österreichischen Zweigs des Rothschild-Imperiums, zu versuchen. Er forderte ihn als »Alliierte Macht« auf wenig subtile Weise zur Solidarität »in einem Kampfe, der fast schon zwey Jahrtausende dauert«, auf.[172] In seiner prompten und liebenswürdigen Antwort machte ihm Anselm, indem er der Unterstützung den Anschein einer regulären kommerziellen Transaktion gab, in Wirklichkeit ein Geschenk von hundert Aktien. Das entsprach noch einer sehr persönlichen Art von Philanthropie, die *noblesse oblige* mit den traditionellen ethischen Grundsätzen der Väter verband. Sie diente den Rothschilds bei ihren bahnbrechenden Leistungen auf diesem Gebiet als Richtschnur.

Zum neuen Jahr schickte Heine der Mouche eine Schachtel Schokoladenkonfekt mit einer Art Entschuldigung:

> Ich weiß sehr gut, daß es Dir nicht ganz recht ist, wenn ich dergleichen Convenienzen beobachte, aber es geschieht auch unserer äußeren Umgebung wegen, die in der Nichtbeobachtung der üblichen Aufmerksamkeiten einen Mangel an wechselseitiger Estime sehen würde. Ich liebe Dich so sehr, daß ich für meine Person garnicht nöthig hätte, Dich zu estimiren. Du bist meine liebe Mouche und ich fühle minder meine Schmerzen, wenn ich an Deine Zierlichkeit, an die Anmuth Deines Geistes denke. Leider kann ich nichts für Dich thun, als Dir solche Worte, ›Gemünzte Luft‹ sagen. Meine besten Wünsche zum neuen Jahr – ich spreche sie nicht aus, Worte! Worte!
> Ich bin vielleicht morgen im Stande, meine Mouche zu sehen, dann laß ich es ihr wissen. Jedenfalls aber kommt sie übermorgen (Donnerstag) zu ihrem
> Nebukatnetzar II
> ehemaliger königl Preuß Atheist
> jetzt aber Lotosblumen Anbeter.[173]

Aber seine Kräfte schwanden schnell. Am folgenden Tag teilte er ihr mit, daß er nach vierundzwanzigstündigem Husten nun von schrecklichen Kopfschmerzen geplagt sei und sie erst frühestens Freitag sehen könne. »Ich werde fast wahnsinnig vor Aerger, Schmerz und Ungeduld. Ich werde den lieben Gott, der so grausam an mir handelt, bey der Thierquälergesellschaft verklagen.«[174]

Am 22. Januar 1856 sagte er wiederum einen ihrer Besuche ab: »My brain is full of madness and my heart is full of sorrow! Nie war ein Poet elender in der Fülle des Glückes, das meiner zu spotten scheint! Je pose une empreinte vivante auf alle Deine Herlichkeiten – aber nur in Gedanken – das ist alles, was Du von mir haben kannst poor girl!«[175] Am folgenden Tag klagte er, daß auch sein rechtes Auge ihm Schwierigkeiten bereite und Schreiben fast unmöglich mache. »Aber ich liebe Dich sehr und denke viel an Dich, du Süßeste. Die Novelle hat mich gar nicht ennuyirt und giebt gute Hoffnung für die Zukunft. Du bist nicht so dumm, wie Du aussiehst; zierlich bist Du über alle Maßen, und daran erfreut sich mein Sinn. [...] Eine weinerliche Verstimmung überwältigt mich. Mein Herz gähnt spasmatisch. Diese baillements sind unerträglich. Ich wolte ich wäre todt oder ein gesunder Mops, der keine Lâvements mehr nöthig hat –«[176]

*

Nicht nur war sie nicht so dumm, wie sie aussah, sie war wahrscheinlich auch nicht so jung und unschuldig, wie er gedacht haben mochte. Aber in den Grenzen seines Zimmers, in seinem Geist und seinem Herzen war sie all das für ihn, was er brauchte. Sie brachte Licht in seine fast ununterbrochene Dunkelheit, bot ihm das Gefühl zu leben, schenkte ihm noch einmal Zeit, gab ihm etwas, auf das er sich freuen konnte, etwas anderes als Korrekturfahnen, Opium und Tod:

Laß mich mit glühnden Zangen kneipen,
Laß grausam schinden mein Gesicht;
Laß mich mit Ruthen peitschen, stäupen,
Doch warten, warten laß mich nicht![177]

In fünf oder sechs von der Mouche inspirierten Gedichten, seinen letzten überhaupt, erreicht Heine eine durchsichtige, fast spielerische Einfachheit der Sprache, die seine besondere Mischung aus Ironie und Resignation auf eine höhere Ebene hebt. In ihnen kommt er der Weisheit nahe und jenem Trotz angesichts des Todes, der weit über bloßen Mut hinausgeht:

Wahrhaftig wir beide bilden
Ein kurioses Paar
Die Liebste ist schwach auf den Beinen
Der Liebhaber lahm sogar.

Sie ist ein leidendes Kätzchen
Und Er ist krank wie ein Hund;
Ich glaube im Kopfe sind beide
Nicht sonderlich gesund.[178]

Es ist nicht ganz klar, ob, wie Meißner behauptet, das sechste und längste Gedicht – 148 Zeilen – wirklich Heines letztes war, das er drei Wochen vor seinem Tod schrieb. (Von Meißner stammt auch der Titel »Für die Mouche«, unter dem es berühmt wurde.) Die Umstände seiner Entstehung, Heines sich rasch verschlechternde körperliche Verfassung, legen die Vermutung nahe, daß es tatsächlich im November 1855 geschrieben wurde, aber das Datum spielt eigentlich keine Rolle. Kraftvoller und eindringlicher als je zuvor, ist dieses Gedicht in sehr realistischem Sinne eine letzte Zusammenfassung seines Themas. Es ist der ewige und unversöhnliche Kampf zwischen Nazarener und Hellenen, der sich jeder poetischen Synthese entzieht. Der Dichter liegt im prunkvollen, mit Skulpturen aus seiner klassischen und biblischen Herkunft verzierten Sarkophag und träumt von einer Passionsblume, die sich in die stumme, unerreichbare Geliebte verwandelt. Die Skulpturen unterbrechen ihr schweigendes Zwiegespräch, erwachen zum Leben und rüsten sich noch einmal zur Schlacht:

O dieser Streit wird end'gen nimmermehr,
Stets wird die Wahrheit hadern mit dem Schönen,
Stets wird geschieden seyn der Menschheit Heer
In zwey Partey'n, Barbaren und Helenen.[179]

»Für die Mouche« war Heines Abschied von der Liebe und der Welt. Ein seiner würdiger Abgesang.

XIX

Bedenkt man, daß Heine entgegen allen Erwartungen einen geradezu unwahrscheinlichen Überlebensrekord aufstellte, kann man Dr. Gruby schwerlich die Prognose verübeln, sein Patient werde noch ein oder zwei Jahre, wenn nicht gar ewig weiterleben. Aber Ende 1855 hatte sich Heines Zustand in besorgniserregender Weise verschlechtert, und mit dem neuen Jahr kam der fast völlige Zusammenbruch. Auch jetzt arbeitete er immer noch täglich einige Stunden, wenn es seine lähmenden Kopfschmerzen erlaubten.

Camille Selden sah Heine am Mittwoch, dem 13. Februar, zum letzten Mal. Sie war selbst krank gewesen, und er schien noch schwächer als sonst. Sie war von ihrer Begegnung verständlicherweise niedergedrückt. Sie sollte am folgenden Tag wiederkommen, aber er sandte ihr seine vermutlich letzten Zeilen überhaupt: »Liebste! Komme heute (Donnerstag) nicht. Ich habe die entsetzlichste Migraine. Komm morgen (Freytag). Dein leidender H. H.«[180] Am Freitag war sie nicht wohlauf und sagte die Verabredung ab. Und am Samstag ging es Heine so schlecht, daß sie nicht mehr vorgelassen werden konnte. Dr. Gruby verordnete verschiedene Medikamente, aber gegen Abend wies Heine jede weitere Arznei zurück. In ihrem Brief vom 11. März berichtet die Pflegerin Catherine Bourlois an Heines Schwester Charlotte, daß er ihr am Tage vor seinem Tod gesagt habe, wie glücklich er sei, seine Familie gesehen zu haben, »denn ich sehe sie nicht mehr wieder«[181], und daß es ihm leid tue, nicht am Mittwoch geschrieben zu haben, als er dazu noch in der Lage gewesen sei:

> In der letzten Nacht sagte er immer wieder, wie schon in der Nacht von Freitag: ›Es ist aus.‹ Während dieser schrecklichen Nacht hatte ich eine Wache mit mir, und ich ging Fräulein Pauline zu wecken; als ich das Ende nahe sah, hätte ich auch gerne Frau Heine gerufen, aber der geringste Lärm konnte die letzten Augenblicke des Sterbenden verschlimmern, und ich fürchtete die Wirkung, die der Tod des Gatten auf eine Frau ausüben muß; indessen lief Pauline im allerletzten Augenblick zu Frau Heine, und ich hatte gerade noch die Zeit, ihr auf der Türschwelle zuzurufen: ›Es ist alles vorbei!‹ –
>
> Eine Viertelstunde vor seinem Tode war Herr Heine noch bei vollem Bewußtsein. Ich habe ihm fortwährend Mut gemacht und ihn nach meinem Besten getröstet, aber er wie wir sahen, daß die Medikamente keine Besserung mehr hervorriefen. Seine Liebe zu Ihnen wie auch Ihre Bitte an mich, die Sie vor Ihrer Abreise aussprachen, machen es mir zur Pflicht, Ihnen zu schreiben. Ich habe das ohne Madame Heines Wissen getan und wäre Ihnen dankbar, wenn Sie meine Briefe ihr gegenüber nicht erwähnen würden. […] Ich füge hinzu, daß mich mein Herr am Samstag Nachmittag von 4 bis 5 dreimal zu sich rief und mich schreiben hieß – aber da ich den Sinn seiner Worte nicht verstand und ihn nicht wiederholen lassen wollte, antwortete ich: ›Ja‹. Kurz darauf sagte ich zu ihm: ›Wenn Ihre Brechanfälle aufhören, werden Sie

selbst schreiben‹, und er entgegnete: ›Ich werde sterben.‹[182]

So sind Heines letzte Worte anscheinend für die Welt verlorengegangen, aber es kann sein, daß sie weit weniger zitierenswert waren als seine berühmte, aber wohl apokryphe Antwort an einen wohlmeinenden Freund, Frédéric Baudry, der ihn auf dem Totenbett bedrängte, seinen Frieden mit Gott zu machen: »[Dieu] me pardonnera; c'est son métier. Er wird mir vergeben; das ist sein Beruf.«[183]

Er starb um fünf Uhr früh am folgenden Morgen, dem 17. Februar 1856, im Alter von achtundfünzig Jahren und zwei Monaten.

*

Die Beerdigung fand am 20. Februar, einem kühlen Mittwochmorgen, statt. Als sich die Trauergesellschaft in der Wohnung versammelte, stellte man zur allgemeinen Verwunderung fest, daß die Witwe anderthalb Stunden zuvor verschwunden war. Mathilde gab ihrem Mann nicht das letzte Geleit; sie tauchte erst einige Monate später wieder auf. In einem Brief an Engels anläßlich Heines Tod zitiert Marx einige Zeilen des Dichters, die ihm geradezu prophetisch erschienen:

Um sechse des Morgens ward er gehenkt,
Um sieben ward er in's Grab gesenkt;
Sie aber schon um achte
Trank rothen Wein und lachte.[184]

»Über Heine habe ich allerlei Details erhalten, die Reinhardt meiner Frau in Paris erzählt. Darüber ausführlicher ein andermal. Nur aber das für jetzt, daß das ›Sie aber schon um achte / Trank roten Wein und lachte‹ literally bei ihm eingetroffen«, schrieb Marx. »Seine Leiche stand noch im Sterbehaus – am Tag des Begräbnisses –, als der Maquereau der Mathilde mit ihrer Engelsmilde schon vor der Tür stand und sie in der Tat abholte.«[185] Marx hatte sie immer gehaßt, er wußte wenig von den Menschen, sich selbst eingeschlossen. Das widerspricht indessen nicht notwendigerweise seiner zynischen Meinung über die rätselhafte Mathilde und ihr unerklärliches Verhalten.

Bei der schlichten Feier auf dem Friedhof Montmartre waren ungefähr hundert Menschen zugegen, darunter Alexandre Dumas père, Théophile Gautier, der Historiker François Mignet und Camille Selden. Der einfache Grabstein wurde in späteren Jahren durch eine Büste ersetzt.

*

Es hätte Heine vermutlich gefallen, daß er wie im Leben auch im Tod eine umstrittene Figur blieb.

Kurz nach seinem Tod suchte Campe für die Gesamtausgabe nach den noch unveröffentlichten Gedichten. Aber welche Wege menschliche oder göttliche Gerechtigkeit auch gehen mag: poetische Gerechtigkeit scheint sich manchmal durchzusetzen. Ohne seine starrköpfige Knauserigkeit und Gier hätte Campe zweifellos die Rechte für vergleichsweise wenig Geld von Heine selbst erstehen können; nun hatte er es aber nicht mit einem Dichter zu tun, den er – nicht ganz zu Unrecht – als geschäftlich dumm bezeichnet hatte, sondern mußte es mit der Witwe aufnehmen. Nachdem sie wieder aufgetaucht war, wo auch immer sie die Monate ihrer Abwesenheit verbracht haben mochte – die treue Pauline hatte in der Zwischenzeit, ohne sie zu verraten, die Vermittlerin zur Außenwelt gespielt –, tat Mathilde sich mit Henri Julia, einem Juristen, zusammen. Heine hatte mit ihm seit 1832 auf freundschaftlichem Fuße gestanden und ihn zu seinem Testamentsvollstrecker ernannt. Im Testament von 1851 hatte er unter anderem festgelegt, daß alle seine Papiere an Charlottes Sohn, Ludwig von Embden, gehen sollten. Aber Mathilde und Julia beschlossen, diese Klausel zu ignorieren. Entschlossen, einen möglichst hohen Preis für die beachtliche Menge unveröffentlichter Schriften zu verlangen, versuchten sie eine Art Auswahl zu treffen. Da aber beide die deutsche Sprache nicht beherrschten, konnten sie nur die Prosa von dem, was wie Gedichte aussah, unterscheiden und beauftragten schließlich 1856 Meißner, einen Band lyrischer Texte für Campe zusammenzustellen. Mathilde lehnte es indessen ab, sich von den Originalen zu trennen, und Campe seinerseits weigerte sich, Kopien zu akzeptieren – schon die Originale waren, wie er richtig bemerkte, kaum lesbar. Um die Sache noch verworrener zu machen, ließ Meißner die Gedichte an die Mouche weg, vermutlich aus persönlichen Gründen. So fehlte in der ersten Ausgabe der gesammelten Werke von 1861 der gesamte literarische Nachlaß. Aus reiner Gier verkauften Mathilde und Julia Einzelstücke. Sie versuchten sogar, die preußische und die österreichische Regierung zu einem vorsorglichen Erwerb der Heine-Papiere zu bewegen, um eine mögliche Veröffentlichung zu vermeiden. Wie bei solchen Freunden üblich, überwarfen sich die beiden schließlich wegen Geldangelegenheiten. 1869 verkaufte Mathilde mit Ausnahme der *Memoiren* alles für zehntausend Franc an Campe. Nach ihrem Tod im Jahre 1883 verkaufte Julia die *Memoiren* schließlich auch an Campe, der sie zusammen mit einigen Gedichten im zweiten Zusatzband zu den gesammelten Werken herausbrachte.

*

Im 1871 von Bismarck unter preußischer Schutzherrschaft nach der Niederlage der Franzosen gegründeten Deutschen Kaiserreich galt Heine allgemein als subversiv, frankophil und vor allem jüdisch. Das sind drei nicht unzutreffende, wenn auch vereinfachende Charakterisierungen. Aus jedem einzelnen machten teutomanische Querköpfe, die im kulturellen und literarischen Leben des neuen Staates eine immer wichtigere Rolle spielten, ein Kapitalverbrechen. Hervorstechendes Beispiel war der höchst einflußreiche Historiker Heinrich von Treitschke, für den Heine der Todfeind Preußens im Solde Frankreichs war: »Mit Börne und Heine, mit dem Einbruch des Judentums, kündigte sich eine neue literarische Epoche an, die zum Glück nicht lange währen sollte, die häßlichste und unfruchtbarste Zeit unserer neuen Literaturgeschichte.«[186] Tatsächlich ging sie im März 1933 endgültig zu Ende, als Treitschkes Urteil von seinen braunhemdigen geistigen Nachkommen in die Tat umgesetzt wurde und Heines Schriften überall in Deutschland in öffentlichen Bücherverbrennungen vernichtet wurden. Wie viele unter den Millionen, die die Scheiterhaufen auf den Marktplätzen brennen sahen, haben sich wohl an die prophetischen Zeilen aus Heines *Almansor* erinnert:

»Das war ein Vorspiel nur, dort wo man Bücher / Verbrennt, verbrennt man auch am Ende Menschen.«[187]

Der Mann, der sein ganzes Leben Kontroversen provozierte, ist in seinem Heimatland bis heute stets eine umstrittene Figur geblieben. Das ist an sich keine schlechte Leistung, sagt aber letzten Endes mehr über Deutschland als über Heine, ohne indessen für Verallgemeinerungen zu taugen. Sicherlich gab es Treitschke, den Vertreter des immer heftiger werdenden rassistischen Nationalismus, der in der letzten Götterdämmerung endete. Aber Heines Bücher verkauften sich weiterhin gut, und es gab auch abweichende Meinungen, bis sie der Naziterror zum Schweigen brachte. Nietzsche nannte Heine den größten Lyriker deutscher Sprache. »Er besass jene göttliche Bosheit, ohne die ich mir das Vollkommne nicht zu denken vermag«.[188] Auch die »Endlösung« war für Heine keine endgültige. Die Unruhen, die er im Deutschland der Nachkriegszeit verursachte – einige hatten groteske Züge –, beweisen, daß er, anders als der nachweislich teutonische *Dichter und Denker* klassischen Formats, der längst auf dem Dachboden schlummert, immer noch für Aufruhr gut ist – sogar in effigie. Versuche, Heine in verschiedenen westdeutschen Städten ein Denkmal zu errichten, führten zu Protestkundgebungen und lokalen Regierungskrisen, und der Vorschlag, die Universität seiner Heimatstadt Düsseldorf nach ihm zu benennen, wurde 1972 nach sieben Jahren erbitterter Debatte eindeutig zurückgewiesen.[189] Im ehemaligen Ostdeutschland wurde er dagegen als Kultfigur zur Rechtfertigung des kommunistischen Regimes benutzt und zusammen mit Marx und Engels als verbannter Revolutionär und energischer Gegner der Bourgeoisie gefeiert.

Diese vereinfachende Politisierung hat die Persönlichkeit dieses Mannes verzerrt, zumal sein Ruhm als Dichter im Deutschland des Ersten Weltkrieges mit dem Aufstieg der modernistischen Bewegung verblaßte. Für Dichter wie Stefan George, Rainer Maria Rilke, Hugo von Hofmannsthal war der romantische, volkstümliche, in allen Anthologien zu findende und vertonte Heine des *Buchs der Lieder* weder Vorbild noch würdiger Vorfahre. Heine seinerseits hätte sie wohl auch nicht als geistige Nachfahren in Anspruch genommen. Vielleicht haben aus diesem Grund die Gedichte seiner späteren Jahre, insbesondere das seinem siebenjährigen qualvollen Sterben abgerungene Werk, zumindest in Deutschland nie die verdiente Aufmerksamkeit gefunden. Frankreich dagegen reagierte auf Heine von Anfang an mit überschwenglicher Begeisterung. Die radikale Aufbruchstimmung seiner späten Gedichte wurde sofort erkannt. Dank einiger ausgezeichneter Übersetzungen und seiner eigenen tatkräftigen Mitarbeit bei der Vorbereitung der Herausgabe seiner Werke wurde er in Frankreich fast soviel gelesen wie in Deutschland und sicherlich mit sehr viel weniger zwiespältigen Gefühlen geschätzt. Als nach dem Zweiten Weltkrieg der Heine-Nachlaß aus der bedeutenden Sammlung Schocken auf den Markt kam, ordnete de Gaulle persönlich an, jedes Gebot aus dem Ausland zu überbieten, um sicherzustellen, daß der Nachlaß in Frankreich bleibe. Heute befindet er sich in der Bibliothèque Nationale.

*

Auch viele der wärmsten Verehrer Heines haben sich aufgerufen gefühlt, ihn moralisch zu verurteilen und ihm seine Schwächen vorzuwerfen. Oft war er kleinlich, nachtragend, neigte zu Verleumdung, Selbstmitleid und Selbstüberschätzung, wechselte seine Meinung, wollte sich nicht festlegen. Daß er auch freundlich und großzügig sein konnte, seine Frau mit ungewöhnlicher Zuneigung behandelte, fiel dabei kaum ins Gewicht.

Etwas Wahres ist an fast allem, was man über ihn sagen kann. Vielleicht können die zahlreichen Facetten seines Charakters seine immer noch vorhandene Fähigkeit aufzurütteln erklären. Zuletzt gewann er indessen in zwei entscheidenden Bereichen seines Lebens klare Konturen:

Er war ein Dichter. Daß er sich selbst als »deutscher Dichter« sah, war eine nur zu verständliche Illusion in einer Zeit, als Juden gerade zu glauben begannen, sie könnten Deutsche sein. Er schrieb ein Deutsch, dessen nur wenige Deutsche fähig waren, und gewann seine Inspiration – ob er sich dessen bewußt war oder nicht – aus einer langen Ahnenreihe von Skeptikern. So wurde er zum rätselhaften Symbol einer Emanzipation, die von Anfang an zum Scheitern verurteilt war – zum Außenseiter, weder Jude noch Deutscher.

Mit seinem Sterben ging er auf eine Weise um, die mehr als mutig war. Er verlieh diesem Sterben einen Sinn, den ihm nur wenige abringen können. Mögen diejenigen, die mit der Verurteilung seiner allzu menschlichen Schwächen schnell bei der Hand sind, es ihm im Sterben an Größe gleichtun.

ANMERKUNGEN

1 Heinrich Heine, *Säkularausgabe. Werke, Briefwechsel, Lebenszeugnisse*, hg. von den Nationalen Forschungs- und Gedenkstätten der klassischen deutschen Literatur in Weimar und dem Centre National de la Recherche Scientifique in Paris, Berlin und Paris 1970 ff., Bd. 22, Nr. 1177, S. 246. Im weiteren zitiert als *HSA*.

2 Heine wollte gerne der erste Mann im neuen Jahrhundert sein (vgl. *Die Bäder von Lukka*, in: Heinrich Heine, *Historisch-kritische Gesamtausgabe der Werke*, hg. von Manfred Windfuhr im Auftrag der Landeshauptstadt Düsseldorf, Hamburg 1973 ff., Bd. VII, S. 106. Im weiteren zitiert als *DHA*.). Die Forschung hat sich inzwischen aber auf 1797 als Geburtsjahr Heines geeinigt.

3 *Begegnungen mit Heine. Berichte der Zeitgenossen*, hg. von Michael Werner in Fortführung von H. H. Houbens »Gespräche mit Heine«, Hamburg 1973, Bd. I, Nr. 270, S. 204. Im weiteren zitiert als *Begegnungen.*

4 *HSA*, Bd. 21, Nr. 595, S. 162.

5 Es kam zu einem jahrelangen Erbschaftsstreit zwischen den Vettern Carl und Heinrich Heine. Vgl. hierzu *Begegnungen*, Bd. II, Kommentar zu Nr. 694, S. 586 f.; *HSA*, Bd. 26, Nr. 732, S. 123 f., und Kommentar, Bd. 26 K, S. 135; ebd., Bd. 22, Nr. 1175, S. 244 f.

6 Karl Marx und Friedrich Engels, *Werke*, Berlin 1963, Bd. 27, S. 45.

7 *HSA*, Bd. 23, Nr. 1281, S. 23.

8 *HSA*, Bd. 22, Nr. 1263, S. 311.

9 *HSA*, Bd. 20, Nr. 193, S. 265.

10 *HSA*, Bd. 21, Nr. 409, S. 40.

11 »Nachtgedanken«, in: *DHA*, Bd. II, Nr. XXIV, S. 129.

12 *DHA*, Bd. XI, S. 37.

13 »Zum Lazarus«, in: *DHA*, Bd. III/1, S. 198.

14 *HSA*, Bd. 21, Nr. 391, S. 28.

15 Alexis de Tocqueville, *Erinnerungen*, Stuttgart 1954, S. 52 f.
16 Marx und Engels, *Werke*, a. a. O., Bd. 29, S. 72 f.
17 *Begegnungen*, Bd. II, Nr. 752, S. 21.
18 *Begegnungen*, Bd. II, Nr. 754, S. 23 f.
19 *Begegnungen*, Bd. II, Nr. 753, S. 22.
20 Marx und Engels, *Werke*, a. a. O., Bd. 27, S. 45.
21 *Begegnungen*, Bd. II, Nr. 764, S. 45.
22 Ebd., S. 51 f.
23 Marie d'Agoult unter ihrem Pseudonym Daniel Stern, »Études sur l'Allemagne«, in: *Revue des Deux Mondes*, Jg. XIII – Nouvelle Série, Bd. 8, Paris 1843, S. 854.
24 *DHA*, Bd. IV/1, S. 10.
25 Ebd.
26 *HSA*, Bd. 22, Nr. 1175, S. 245.
27 *Begegnungen*, Bd. II, Nr. 749, S. 16.
28 *Begegnungen*, Bd. II, Nr. 809, S. 100 f.
29 *HSA*, Bd. 22, Nr. 1216, S. 271.
30 *HSA*, Bd. 22, Nr. 1214, S. 269.
31 Artikel vom 3. 3. 1848, in: *DHA*, Bd. XIV/1, S. 287 f.
32 *DHA*, Bd. XIV/1, S. 297–299.
33 *HSA*, Bd. 22, Nr. 1231, S. 284 f. Deutsch aus: Heinrich Heine, *Werke und Briefe*, Berlin und Weimar 1980, Bd. 9, S. 290.
34 *HSA*, Bd. 22, Nr. 1217, S. 272 f.
35 *DHA*, Bd. III/1, S. 181.
36 *Begegnungen*, Bd. II., Nr. 817, S. 115 f.
37 *Begegnungen*, Bd. II., Nr. 815, S. 112.
38 *HSA*, Bd. 22, Nr. 1222, S. 277.
39 Ebd., S. 278 f.
40 Hamburg war seit 1815 einer der vier Stadtstaaten des Deutschen Bundes. Rechtsordnungen des Bundes erhielten Rechtskraft nur durch einzelstaatliche Gesetzgebung. Zensurbestimmungen des Deutschen Bundes sind von Hamburg offenbar nicht umgesetzt worden. Vgl. Art. 25 der Wiener Schlußakte von 1820, Satz 1: »Die Aufrechterhaltung der inneren Ruhe und Ordnung in den Bundesstaaten steht den Regierungen allein zu.«
41 Tocqueville, *Erinnerungen*, a. a. O., S. 202.
42 *HSA*, Bd. 22, Nr. 1234, S. 286.
43 *HSA*, Bd. 22, Nr. 1238, S. 289. Deutsch aus: Heine, *Werke und Briefe*, a. a. O., Bd. 9, S. 296 f.

44 *DHA*, Bd. III/1, S. 325.
45 *HSA*, Bd. 22, Nr. 1247, S. 296. Deutsch aus: Heine, *Werke und Briefe*, a. a. O., Bd. 9, S. 306.
46 *Begegnungen*, Bd. II., Nr. 961, S. 381.
47 *Begegnungen*, Bd. II., Nr. 834, S. 132.
48 *HSA*, Bd. 22, Nr. 1247, S. 296. Deutsch aus: Heine, *Werke und Briefe*, a. a. O., Bd. 9, S. 306.
49 *Gespräche mit Heine*, hg. von Heinrich Hubert Houben, Potsdam (2. Aufl.) 1948, Nr. 628, S. 699–701. Meißner merkt an, daß er zwei der Namen leicht verändert habe.
50 *Begegnungen*, Bd. I, Nr. 559, S. 458.
51 *HSA*, Bd. 22, Nr. 1261, S. 308 f.
52 *HSA*, Bd. 23, Nr. 1279, S. 19 f.
53 *Begegnungen*, Bd. II., Nr. 861, S. 195.
54 *Begegnungen*, Bd. II., Nr. 864, S. 206.
55 *Begegnungen*, Bd. II., Nr. 841, S. 148 f.
56 *Begegnungen*, Bd. II., Nr. 881, S. 251.
57 *DHA*, Bd. III/1, S. 117 und 119.
58 *HSA*, Bd. 23, Nr. 1304, S. 52.
59 *HSA*, Bd. 22, Nr. 1278, S. 322.
60 *HSA*, Bd. 23, Nr. 1318, S. 79 f.
61 *HSA*, Bd. 23, Nr. 1305, S. 56.
62 *HSA*, Bd. 23, Nr. 1284, S. 28 f.
63 *HSA*, Bd. 23, Nr. 1282, S. 26.
64 Ebd.
65 *Begegnungen*, Bd. II, Nr. 866, S. 214.
66 *Begegnungen*, Bd. II, Nr. 905, S. 293 f.
67 *HSA*, Bd. 23, Nr. 1282, S. 26 f.
68 *HSA*, Bd. 23, Nr. 1281, S. 23 f.
69 *Begegnungen*, Bd. II, Nr. 863, S. 204.
70 *HSA*, Bd. 23, Nr. 1297, S. 43.
71 Alfred Meißner, *Heinrich Heine. Erinnerungen*, Hamburg (2. Aufl.) 1856, S. 155.
72 *Begegnungen*, Bd. II, Nr. 872, S. 237.
73 *Begegnungen*, Bd. II, Nr. 861, S. 195.
74 *HSA*, Bd. 23, Nr. 1371, S. 147.
75 *Begegnungen*, Bd. II, Nr. 844, S. 155.
76 *HSA*, Bd. 20, Nr. 158, S. 227.
77 *HSA*, Bd. 20, Nr. 162, S. 235.

78 *HSA*, Bd. 20, Nr. 158, S. 227.
79 *DHA*, Bd. I/1, S. 529.
80 *HSA*, Bd. 10, S. 36; vgl. *DHA*, Bd. XIII/1, S. 51–54 und 983–1000.
81 *Begegnungen*, Bd. II, Nr. 889, S. 259 f.
82 *HSA*, Bd. 23, Nr. 1324, S. 90.
83 *Begegnungen*, Bd. II, Nr. 943, S. 353.
84 *Begegnungen*, Bd. II, Nr. 900, S. 279 f.
85 *HSA*, Bd. 23, Nr. 1319, S. 85.
86 *HSA*, Bd. 23, Nr. 1327, S. 95.
87 Vgl. *DHA*, Bd. III/2, S. 442 f., und Bd. IX, S. 712 ff.
88 *HSA*, Bd. 23, Nr. 1355, S. 126 f.
89 *HSA*, Bd. 23, Nr. 1379, S. 160.
90 *DHA*, Bd. I/1, S. 568. Deutsch aus: Heine, *Werke und Briefe*, a. a. O., Bd. 7, S. 328.
91 *DHA*, Bd. III/1, S. 177 f.
92 *DHA*, Bd. III/1, S. 120 f.
93 »Prinzessin Sabbath«, in: *DHA*, Bd. III/1, S. 128.
94 *DHA*, Bd. III/1, S. 172.
95 *Begegnungen*, Bd. II, Nr. 974, S. 400.
96 *Begegnungen*, Bd. I, Nr. 394, S. 305.
97 »Zum Lazarus«, in: *DHA*, Bd. III/1, S. 199.
98 *Gespräche mit Heine*, hg. von Houben, a. a. O., Nr. 684, S. 867.
99 *Begegnungen*, Bd. II, Nr. 897, S. 269.
100 *HSA*, Bd. 23, Nr. 1460, S. 250 f.
101 *HSA*, Bd. 23, Nr. 1433, S. 210.
102 *Begegnungen*, Bd. II, Nr. 932, S. 332.
103 Jules Ferry, *Les Comptes fantastiques d'Haussmann*, o. O. und J., S. 8.
104 *HSA*, Bd. 23, Nr. 1515, S. 296 f.
105 *HSA*, Bd. 23, Nr. 1555, S. 342.
106 *HSA*, Bd. 23, Nr. 1563, S. 351.
107 *DHA*, Bd. XIII/1, S. 34–38.
108 Ebd., S. 43.
109 Ebd., S. 44.
110 *DHA*, Bd. XIII/1, S. 294 f.
111 *HSA*, Bd. 23, Nr. 1647, S. 425.
112 *HSA*, Bd. 20, Nr. 235, S. 301 f.
113 *HSA*, Bd. 23, Nr. 1310, S. 62.
114 *HSA*, Bd. 20, Nr. 47, S. 73.
115 *HSA*, Bd. 21, Nr. 622, S. 189.

116 *HSA*, Bd. 21, Nr. 624, S. 193.

117 *HSA*, Bd. 21, Nr. 658, S. 229.

118 *HSA*, Bd. 21, Nr. 828, S. 381.

119 *Begegnungen*, Bd. II, Nr. 844, S. 155 f.

120 *HSA*, Bd. 23, Nr. 1527, S. 309.

121 Vgl. u. a. *Reise von München nach Genua*, in: *DHA*, Bd. VII, S. 74.

122 *HSA*, Bd. 23, Nr. 1523, S. 302.

123 *Begegnungen*, Bd. II, Nr. 929, S. 327 f.

124 *Begegnungen*, Bd. II, Nr. 985, S. 422 f.

125 *HSA*, Bd. 24, Nr. 134, S. 188.

126 *HSA*, Bd. 23, Nr. 1527, S. 306.

127 *HSA*, Bd. 23, Nr. 1530, S. 312–314.

128 *HSA*, Bd. 23, Nr. 1538, S. 319 f. und 322.

129 *HSA*, Bd. 23, Nr. 1540, S. 325. »M b°« bedeutet Mark Banco. Bei der Banco-Mark handelte es sich um eine Hamburger Währung, in der lediglich Bankgeschäfte abgewickelt wurden.

130 *HSA*, Bd. 23, Nr. 1542, S. 329 f.

131 *HSA*, Bd. 23, Nr. 1553, S. 341.

132 *HSA*, Bd. 23, Nr. 1551, S. 339 f.

133 *DHA*, Bd. XIII/1, S. 129 f.

134 *DHA*, Bd. XV, S. 37.

135 *Begegnungen*, Bd. II, Nr. 883, S. 253.

136 *DHA*, Bd. XV, S. 17.

137 Ebd., S. 18 f.

138 Ebd., S. 30 f.

139 Ebd., S. 39.

140 Ebd.

141 Karl Kraus, »Heine und die Folgen«, in: ders., *Werke*, hg. von Heinrich Fischer, Bd. 8, München 1960, S. 193.

142 *DHA*, Bd. XIV/2, S. 1207.

143 *DHA*, Bd. XIV/1, S. 267 f.

144 *DHA*, Bd. XIV/1, S. 276, und Bd. XIV/2, S. 1310.

145 »Ruhelechzend«, in: *DHA*, Bd. III/1, S. 185.

146 »Im May«, in: *DHA*, Bd. III/1, S. 186.

147 »Das Sklavenschiff«, in: *DHA*, Bd. III/1, S. 195.

148 »Die Wahlverlobten«, in: *DHA*, Bd. III/1, S. 212.

149 »Erinnerung aus Krähwinkels Schreckenstagen«, in: *DHA*, Bd. III/1, S. 727 f.

150 »Epilog«, in: *DHA*, Bd. III/1, S. 236.
151 *Begegnungen*, Bd. II, Nr. 986, S. 425.
152 *HSA*, Bd. 23, Nr. 1600, S. 390.
153 *HSA*, Bd. 23, Nr. 1594, S. 387.
154 *HSA*, Bd. 23, Nr. 1601, S. 393.
155 *HSA*, Bd. 23, Nr. 1620, S. 406 f.
156 *DHA*, Bd. I/1, S. 568 f. Deutsch aus: Heine, *Werke und Briefe*, a. a. O., Bd. 7, S. 327–329.
157 *Begegnungen*, Bd. II, Nr. 991, S. 433.
158 *HSA*, Bd. 23, Nr. 1648, S. 426.
159 *Begegnungen*, Bd. II, Nr. 964, S. 385 f.
160 *HSA*, Bd. 23, Nr. 1649, S. 427.
161 *Begegnungen*, Bd. II, Nr. 965 f., S. 386–388.
162 *HSA*, Bd. 23, Nr. 1661, S. 434 f.
163 *HSA*, Bd. 23, Nr. 1482, S. 269. Deutsch aus: Heine, *Werke und Briefe*, a. a. O., Bd. 9, S. 533.
164 *HSA*, Bd. 23, Nr. 1657, S. 432.
165 *Begegnungen*, Bd. II, Nr. 980, S. 411.
166 *HSA*, Bd. 23, Nr. 1670, S. 438 f. Deutsch aus: Heine, *Werke und Briefe*, a. a. O., Bd. 7, S. 459.
167 *HSA*, Bd. 23, Nr. 1680, S. 446 f.
168 *HSA*, Bd. 23, Nr. 1709, S. 464.
169 *Begegnungen*, Bd. II, Nr, 1002, S. 449–451.
170 *Begegnungen*, Bd. II, Nr. 1003, S. 453–456.
171 *HSA*, Bd. 23, Nr. 1720, S. 469.
172 *HSA*, Bd. 23, Nr. 1727, S. 473.
173 *HSA*, Bd. 23, Nr. 1732, S. 476.
174 *HSA*, Bd. 23, Nr. 1733, S. 477.
175 *HSA*, Bd. 23, Nr. 1738, S. 479.
176 *HSA*, Bd. 23, Nr. 1739, S. 479.
177 *DHA*, Bd. III/1, S. 390.
178 *DHA*, Bd. III/1, S. 391.
179 *DHA*, Bd. III/1, S. 396.
180 *HSA*, Bd. 23, Nr. 1746, S. 482.
181 *Begegnungen*, Bd. II, Nr. 1019, S. 475.
182 Ebd., S. 475 f., und in: Ludwig von Embden, *Heinrich Heines Familienleben*, Hamburg 1892, S. 314.
183 *Begegnungen*, Bd. II, Nr. 1030, S. 492.
184 »Ein Weib«, in: *DHA*, Bd. II, S. 75.

185 Marx und Engels, *Werke*, a. a. O., Bd. 29, S. 72.

186 Heinrich von Treitschke, *Geschichte der deutschen Literatur von Friedrich dem Großen bis zur Märzrevolution*, Berlin 1927, S. 144.

187 *DHA*, Bd. V, S. 16.

188 Friedrich Nietzsche, *Ecce homo*, in: ders., *Kritische Studienausgabe*, hg. von Giorgio Colli und Mazzino Montinari, Bd. 6, München 1988, S. 286.

189 Seit Dezember 1988 heißt die Düsseldorfer Universität Heinrich Heine Universität.

PERSONENREGISTER